传染病预防法律法规学习读本

传染病检疫法律法规

王金锋　主编

加大全民普法力度，建设社会主义法治文化，树立宪法法律
至上、法律面前人人平等的法治理念。

——中国共产党第十九次全国代表大会《决胜全面建
成小康社会 夺取新时代中国特色社会主义伟大胜利》

汕头大学出版社

图书在版编目（CIP）数据

传染病检疫法律法规／王金锋主编. -- 汕头：汕
头大学出版社，2023.4（重印）
（传染病预防法律法规学习读本）
ISBN 978-7-5658-2945-1

Ⅰ. ①传… Ⅱ. ①王… Ⅲ. ①传染病-国境检疫-法
规-中国-学习参考资料 Ⅳ. ①D922. 164

中国版本图书馆 CIP 数据核字（2018）第 034925 号

传染病检疫法律法规　　　CHUANRANBING JIANYI FALÜ FAGUI

主　　编：王金锋
责任编辑：邹　峰
责任技编：黄东生
封面设计：大华文苑
出版发行：汕头大学出版社
　　　　　广东省汕头市大学路 243 号汕头大学校园内　　邮政编码：515063
电　　话：0754-82904613
印　　刷：三河市元兴印务有限公司
开　　本：690mm×960mm 1/16
印　　张：18
字　　数：226 千字
版　　次：2018 年 5 月第 1 版
印　　次：2023 年 4 月第 2 次印刷
定　　价：59. 60 元（全 2 册）
ISBN 978-7-5658-2945-1

前　言

习近平总书记指出："推进全民守法，必须着力增强全民法治观念。要坚持把全民普法和守法作为依法治国的长期基础性工作，采取有力措施加强法制宣传教育。要坚持法治教育从娃娃抓起，把法治教育纳入国民教育体系和精神文明创建内容，由易到难、循序渐进不断增强青少年的规则意识。要健全公民和组织守法信用记录，完善守法诚信褒奖机制和违法失信行为惩戒机制，形成守法光荣、违法可耻的社会氛围，使遵法守法成为全体人民共同追求和自觉行动。"

中共中央、国务院曾经转发了中央宣传部、司法部关于在公民中开展法治宣传教育的规划，并发出通知，要求各地区各部门结合实际认真贯彻执行。通知指出，全民普法和守法是依法治国的长期基础性工作。深入开展法治宣传教育，是全面建成小康社会和新农村的重要保障。

普法规划指出：各地区各部门要根据实际需要，从不同群体的特点出发，因地制宜开展有特色的法治宣传教育坚持集中法治宣传教育与经常性法治宣传教育相结合，深化法律进机关、进乡村、进社区、进学校、进企业、进单位的"法律六进"主题活动，完善工作标准，建立长效机制。

特别是农业、农村和农民问题，始终是关系党和人民事业发展的全局性和根本性问题。党中央、国务院发布的《关于推进社会主义新农村建设的若干意见》中明确提出要"加强农村法制建设，深入开展农村普法教育，增强农民的法制观念，提高农民依法行使权利和履行义务的自觉性。"多年普法实践证明，普及法律知识，提高法制观念，增强全社会依法办事意识具有重要作用。特别是在广大农村进行普法教育，是提高全民法律素质的需要。

多年来，我国在农村实行的改革开放取得了极大成功，农村发生了翻天覆地的变化，广大农民生活水平大大得到了提高。但是，由于历史和社会等原因，现阶段我国一些地区农民文化素质还不高，不学法、不懂法、不守法现象虽然较原来有所改变，但仍有相当一部分群众的法制观念仍很淡化，不懂、不愿借助法律来保护自身权益，这就极易受到不法的侵害，或极易进行违法犯罪活动，严重阻碍了全面建成小康社会和新农村步伐。

为此，根据党和政府的指示精神以及普法规划，特别是根据广大农村农民的现状，在有关部门和专家的指导下，特别编辑了这套《全国普法学习读本》。主要包括了广大人民群众应知应懂、实际实用的法律法规。为了辅导学习，附录还收入了相应法律法规的条例准则、实施细则、解读解答、案例分析等；同时为了突出法律法规的实际实用特点，兼顾地方性和特殊性，附录还收入了部分某些地方性法律法规以及非法律法规的政策文件、管理制度、应用表格等内容，拓展了本书的知识范围，使法律法规更"接地气"，便于读者学习掌握和实际应用。

在众多法律法规中，我们通过甄别，淘汰了废止的，精选了最新的、权威的和全面的。但有部分法律法规有些条款不适应当下情况了，却没有颁布新的，我们又不能擅自改动，只得保留原有条款，但附录却有相应的补充修改意见或通知等。众多法律法规根据不同内容和受众特点，经过归类组合，优化配套。整套普法读本非常全面系统，具有很强的学习性、实用性和指导性，非常适合用于广大农村和城乡普法学习教育与实践指导。总之，是全国全民普法的良好读本。

目　录

中华人民共和国传染病防治法实施办法

中华人民共和国国境卫生检疫法

中华人民共和国国境卫生检疫法实施细则

中华人民共和国传染病
防治法实施办法

（1991 年 10 月 4 日国务院国批准，1991 年 12 月 6 日
卫生部令第 17 号发布施行）

第一章　总　则

第一条　根据《中华人民共和国传染病防治法》（以下简称
《传染病防治法》）的规定，制定本办法。

第二条　国家对传染病实行预防为主的方针，各级政府在制定
社会经济发展规划时，必须包括传染病防治目标，并组织有关部门
共同实施。

第三条　各级政府卫生行政部门对传染病防治工作实施统一监
督管理。

受国务院卫生行政部门委托的其他有关部门卫生主管机构，在
本系统内行使《传染病防治法》第三十二条第一款所列职权。

军队的传染病防治工作，依照《传染病防治法》和本办法中的
有关规定以及国家其他有关规定，由中国人民解放军卫生主管部门
实施监督管理。

第四条　各级各类卫生防疫机构按照专业分工承担传染病监测
管理的责任和范围，由省级政府卫生行政部门确定。

铁路、交通、民航、厂（场）矿的卫生防疫机构，承担本系统

传染病监测管理工作，并接受本系统上级卫生主管机构和省级政府卫生行政部门指定的卫生防疫机构的业务指导。

第五条　各级各类医疗保健机构承担传染病防治管理的责任和范围，由当地政府卫生行政部门确定。

第六条　各级政府对预防、控制传染病做出显著成绩和贡献的单位和个人，应当给予奖励。

第二章　预　防

第七条　各级政府应当组织有关部门，开展传染病预防知识和防治措施的卫生健康教育。

第八条　各级政府组织开展爱国卫生活动。

铁路、交通、民航部门负责组织消除交通工具的鼠害和各种病媒昆虫的危害。

农业、林业部门负责组织消除农田、牧场及林区的鼠害。

国务院各有关部委消除钉螺危害的分工，按照国务院的有关规定办理。

第九条　集中式供水必须符合国家《生活饮用水卫生标准》。

各单位自备水源，未经城市建设部门和卫生行政部门批准，不得与城镇集中式供水系统连接。

第十条　地方各级政府应当有计划地建设和改造公共卫生设施。

城市应当按照城市环境卫生设施标准修建公共厕所、垃圾粪便的无害化处理场和污水、雨水排放处理系统等公共卫生设施。

农村应当逐步改造厕所，对粪便进行无害化处理，加强对公共生活用水的卫生管理，建立必要的卫生管理制度。饮用水水源附近禁止有污水池、粪堆（坑）等污染源。禁止在饮用水水源附近洗刷便器和运输粪便的工具。

第十一条　国家实行有计划的预防接种制度。

中华人民共和国境内的任何人均应按照有关规定接受预防接种。

各省、自治区、直辖市政府卫生行政部门可以根据当地传染病的流行情况，增加预防接种项目。

第十二条 国家对儿童实行预防接种证制度。

适龄儿童应当按照国家有关规定，接受预防接种。适龄儿童的家长或者监护人应当及时向医疗保健机构申请办理预防接种证。

托幼机构、学校在办理入托、入学手续时，应当查验预防接种证，未按规定接种的儿童应当及时补种。

第十三条 各级各类医疗保健机构的预防保健组织或者人员，在本单位及责任地段内承担下列工作：

（一）传染病疫情报告和管理；

（二）传染病预防和控制工作；

（三）卫生行政部门指定的卫生防疫机构交付的传染病防治和监测任务。

第十四条 医疗保健机构必须按照国务院卫生行政部门的有关规定，严格执行消毒隔离制度，防止医院内感染和医源性感染。

第十五条 卫生防疫机构和从事致病性微生物实验的科研、教学、生产等单位必须做到：

（一）建立健全防止致病性微生物扩散的制度和人体防护措施；

（二）严格执行实验操作规程，对实验后的样品、器材、污染物品等，按照有关规定严格消毒后处理；

（三）实验动物必须按照国家有关规定进行管理。

第十六条 传染病的菌（毒）种分为下列 3 类：

一类：鼠疫耶尔森氏菌、霍乱弧菌；天花病毒、艾滋病病毒；

二类：布氏菌、炭疽菌、麻风杆菌；肝炎病毒、狂犬病毒、出血热病毒、登革热病毒；斑疹伤寒立克次体；

三类：脑膜炎双球菌、链球菌、淋病双球菌、结核杆菌、百日咳嗜血杆菌、白喉棒状杆菌、沙门氏菌、志贺氏菌、破伤风梭状杆菌；钩端螺旋体、梅毒螺旋体；乙型脑炎病毒、脊髓灰质炎病毒、流感病毒、流行性腮腺炎病毒、麻疹病毒、风疹病毒。

国务院卫生行政部门可以根据情况增加或者减少菌（毒）种的种类。

第十七条　国家对传染病菌（毒）种的保藏、携带、运输实行严格管理：

（一）菌（毒）种的保藏由国务院卫生行政部门指定的单位负责。

（二）一、二类菌（毒）种的供应由国务院卫生行政部门指定的保藏管理单位供应。三类菌（毒）种由设有专业实验室的单位或者国务院卫生行政部门指定的保藏管理单位供应。

（三）使用一类菌（毒）种的单位，必须经国务院卫生行政部门批准；使用二类菌（毒）种的单位必须经省级政府卫生行政部门批准；使用三类菌（毒）种的单位，应当经县级政府卫生行政部门批准。

（四）一、二类菌（毒）种，应派专人向供应单位领取，不得邮寄；三类菌（毒）种的邮寄必须持有邮寄单位的证明，并按照菌（毒）种邮寄与包装的有关规定办理。

第十八条　对患有下列传染病的病人或者病原携带者予以必要的隔离治疗，直至医疗保健机构证明其不具有传染性时，方可恢复工作：

（一）鼠疫、霍乱；

（二）艾滋病、病毒性肝炎、细菌性和阿米巴痢疾、伤寒和副伤寒、炭疽、斑疹伤寒、麻疹、百日咳、白喉、脊髓灰质炎、流行性脑脊髓膜炎、猩红热、流行性出血热、登革热、淋病、梅毒；

（三）肺结核、麻风病、流行性腮腺炎、风疹、急性出血性结膜炎。

第十九条　从事饮水、饮食、整容、保育等易使传染病扩散工作的从业人员，必须按照国家有关规定取得健康合格证后方可上岗。

第二十条　招用流动人员200人以上的用工单位，应当向当地政府卫生行政部门指定的卫生防疫机构报告，并按照要求采取预防控制传染病的卫生措施。

第二十一条　被甲类传染病病原体污染的污水、污物、粪便，有关单位和个人必须在卫生防疫人员的指导监督下，按照下列要求进行处理：

（一）被鼠疫病原体污染

1. 被污染的室内空气、地面、四壁必须进行严格消毒，被污染的物品必须严格消毒或者焚烧处理；

2. 彻底消除鼠疫疫区内的鼠类、蚤类；发现病鼠、死鼠应当送检：解剖检验后的鼠尸必须焚化；

3. 疫区内啮齿类动物的皮毛不能就地进行有效的消毒处理时，必须在卫生防疫机构的监督下焚烧。

（二）被霍乱病原体污染

1. 被污染的饮用水，必须进行严格消毒处理；

2. 污水经消毒处理后排放；

3. 被污染的食物要就地封存，消毒处理；

4. 粪便消毒处理达到无害化；

5. 被污染的物品，必须进行严格消毒或者焚烧处理。

第二十二条 被伤寒和副伤寒、细菌性痢疾、脊髓灰质炎、病毒性肝炎病原体污染的水、物品、粪便，有关单位和个人应当按照下列要求进行处理：

（一）被污染的饮用水，应当进行严格消毒处理；

（二）污水经消毒处理后排放；

（三）被污染的物品，应当进行严格消毒处理或者焚烧处理；

（四）粪便消毒处理达到无害化。

死于炭疽的动物尸体必须就地焚化，被污染的用具必须消毒处理，被污染的土地、草皮消毒后，必须将10厘米厚的表层土铲除，并在远离水源及河流的地方深埋。

第二十三条 出售、运输被传染病病原体污染或者来自疫区可能被传染病病原体污染的皮毛、旧衣物及生活用品等，必须按照卫生防疫机构的要求进行必要的卫生处理。

第二十四条 用于预防传染病的菌苗、疫苗等生物制品，由各省、自治区、直辖市卫生防疫机构统一向生物制品生产单位订购，其他任何单位和个人不得经营。

用于预防传染病的菌苗、疫苗等生物制品必须在卫生防疫机构监督指导下使用。

第二十五条 凡从事可能导致经血液传播传染病的美容、整容等单位和个人，必须执行国务院卫生行政部门的有关规定。

第二十六条 血站（库）、生物制品生产单位，必须严格执行国务院卫生行政部门的有关规定，保证血液、血液制品的质量，防止因输入血液、血液制品引起病毒性肝炎、艾滋病、疟疾等疾病的发生。任何单位和个人不准使用国务院卫生行政部门禁止进口的血液和血液制品。

第二十七条 生产、经营、使用消毒药剂和消毒器械、卫生用品、卫生材料、一次性医疗器材、隐形眼镜、人造器官等必须符合国家有关标准，不符合国家有关标准的不得生产、经营和使用。

第二十八条 发现人畜共患传染病已在人、畜间流行时，卫生行政部门与畜牧兽医部门应当深入疫区，按照职责分别对人、畜开展防治工作。

传染病流行区的家畜家禽，未经畜牧兽医部门检疫不得外运。

进入鼠疫自然疫源地捕猎旱獭应按照国家有关规定执行。

第二十九条 狂犬病的防治管理工作按照下列规定分工负责：

（一）公安部门负责县以上城市养犬的审批与违章养犬的处理，捕杀狂犬、野犬。

（二）畜牧兽医部门负责兽用狂犬病疫苗的研制、生产和供应；对城乡经批准的养犬进行预防接种、登记和发放"家犬免疫证"；对犬类狂犬病的疫情进行监测和负责进出口犬类的检疫、免疫及管理。

（三）乡（镇）政府负责辖区内养犬的管理，捕杀狂犬、野犬。

（四）卫生部门负责人用狂犬病疫苗的供应、接种和病人的诊治。

第三十条 自然疫源地或者可能是自然疫源地的地区计划兴建大型建设项目时，建设单位在设计任务书批准后，应当向当地卫生防疫机构申请对施工环境进行卫生调查，并根据卫生防疫机构的意见采取必要的卫生防疫措施后，方可办理开工手续。

兴建城市规划内的建设项目，属于在自然疫源地和可能是自然疫源地范围内的，城市规划主管部门在核发建设工程规划许可证明中，必须有卫生防疫部门提出的有关意见及结论。建设单位在施工过程中，必须采取预防传染病传播和扩散的措施。

第三十一条　卫生防疫机构接到在自然疫源地和可能是自然疫源地范围内兴办大型建设项目的建设单位的卫生调查申请后，应当及时组成调查组到现场进行调查，并提出该地区自然环境中可能存在的传染病病种、流行范围、流行强度及预防措施等意见和结论。

第三十二条　在自然疫源地或者可能是自然疫源地内施工的建设单位，应当设立预防保健组织负责施工期间的卫生防疫工作。

第三十三条　凡在生产、工作中接触传染病病原体的工作人员，可以按照国家有关规定申领卫生防疫津贴。

第三章　疫情报告

第三十四条　执行职务的医疗保健人员、卫生防疫人员为责任疫情报告人。

责任疫情报告人应当按照本办法第三十五条规定的时限向卫生行政部门指定的卫生防疫机构报告疫情，并做疫情登记。

第三十五条　责任疫情报告人发现甲类传染病和乙类传染病中的艾滋病、肺炭疽的病人、病原携带者和疑似传染病病人时，城镇于 6 小时内，农村于 12 小时内，以最快的通讯方式向发病地的卫生防疫机构报告，并同时报出传染病报告卡。

责任疫情报告人发现乙类传染病病人、病原携带者和疑似传染病病人时，城镇于 12 小时内，农村于 24 小时内向发病地的卫生防疫机构报出传染病报告卡。

责任疫情报告人在丙类传染病监测区内发现丙类传染病病人时，应当在 24 小时内向发病地的卫生防疫机构报出传染病报告卡。

第三十六条 传染病暴发、流行时，责任疫情报告人应当以最快的通讯方式向当地卫生防疫机构报告疫情。接到疫情报告的卫生防疫机构应当以最快的通讯方式报告上级卫生防疫机构和当地政府卫生行政部门，卫生行政部门接到报告后，应当立即报告当地政府。

省级政府卫生行政部门接到发现甲类传染病和发生传染病暴发、流行的报告后，应当于6小时内报告国务院卫生行政部门。

第三十七条 流动人员中的传染病病人、病原携带者和疑似传染病病人的传染病报告、处理由诊治地负责，其疫情登记、统计由户口所在地负责。

第三十八条 铁路、交通、民航、厂（场）矿的卫生防疫机构，应当定期向所在地卫生行政部门指定的卫生防疫机构报告疫情。

第三十九条 军队的传染病疫情，由中国人民解放军卫生主管部门根据军队有关规定向国务院卫生行政部门报告。

军队的医疗保健和卫生防疫机构，发现地方就诊的传染病病人、病原携带者、疑似传染病病人时，应当按照本办法第三十五条的规定报告疫情，并接受当地卫生防疫机构的业务指导。

第四十条 国境口岸所在地卫生行政部门指定的卫生防疫机构和港口、机场、铁路卫生防疫机构和国境卫生检疫机关在发现国境卫生检疫法规定的检疫传染病时，应当互相通报疫情。

发现人畜共患传染病时，卫生防疫机构和畜牧兽医部门应当互相通报疫情。

第四十一条 各级政府卫生行政部门指定的卫生防疫机构应当对辖区内各类医疗保健机构的疫情登记报告和管理情况定期进行核实、检查、指导。

第四十二条 传染病报告卡片邮寄信封应当印有明显的"红十字"标志及写明××卫生防疫机构收的字样。

邮电部门应当及时传递疫情报告的电话或者信卡，并实行邮资总付。

第四十三条 医务人员未经县级以上政府卫生行政部门批准，不得将就诊的淋病、梅毒、麻风病、艾滋病病人和艾滋病病原携带者及其家属的姓名、住址和个人病史公开。

第四章 控 制

第四十四条 卫生防疫机构和医疗保健机构传染病的疫情处理实行分级分工管理。

第四十五条 艾滋病的监测管理按照国务院有关规定执行。

第四十六条 淋病、梅毒病人应当在医疗保健机构、卫生防疫机构接受治疗。尚未治愈前，不得进入公共浴池、游泳池。

第四十七条 医疗保健机构或者卫生防疫机构在诊治中发现甲类传染病的疑似病人，应当在二日内作出明确诊断。

第四十八条 甲类传染病病人和病原携带者以及乙类传染病中的艾滋病、淋病、梅毒病人的密切接触者必须按照有关规定接受检疫、医学检查和防治措施。

前款以外的乙类传染病病人及病原携带者的密切接触者，应当接受医学检查和防治措施。

第四十九条 甲类传染病疑似病人或者病原携带者的密切接触者，经留验排除是病人或者病原携带者后，留验期间的工资福利待遇由所属单位按出勤照发。

第五十条 发现甲类传染病病人、病原携带者或者疑似病人的污染场所，卫生防疫机构接到疫情报告后，应立即进行严格的卫生处理。

第五十一条 地方各级政府卫生行政部门发现本地区发生从未有过的传染病或者国家已宣布消除的传染病时，应当立即采取措施，必要时，向当地政府报告。

第五十二条 在传染病暴发、流行区域，当地政府应当根据传染病疫情控制的需要，组织卫生、医药、公安、工商、交通、水利、城建、农业、商业、民政、邮电、广播电视等部门采取下列预防、控制措施：

（一）对病人进行抢救、隔离治疗；

（二）加强粪便管理，清除垃圾、污物；

（三）加强自来水和其他饮用水的管理，保护饮用水源；

（四）消除病媒昆虫、钉螺、鼠类及其他染疫动物；

（五）加强易使传染病传播扩散活动的卫生管理；

（六）开展防病知识的宣传；

（七）组织对传染病病人、病原携带者、染疫动物密切接触人群的检疫、预防服药、应急接种等；

（八）供应用于预防和控制疫情所必需的药品、生物制品、消毒药品、器械等；

（九）保证居民生活必需品的供应。

第五十三条　县级以上政府接到下一级政府关于采取《传染病防治法》第二十五条规定的紧急措施报告时，应当在二十四小时内做出决定。下一级政府在上一级政府作出决定前，必要时，可以临时采取《传染病防治法》第二十五条第一款第（一）、（四）项紧急措施，但不得超过二十四小时。

第五十四条　撤销采取《传染病防治法》第二十五条紧急措施的条件是：

（一）甲类传染病病人、病原携带者全部治愈，乙类传染病病人、病原携带者得到有效的隔离治疗；病人尸体得到严格消毒处理；

（二）污染的物品及环境已经过消毒等卫生处理；有关病媒昆虫、染疫动物基本消除；

（三）暴发、流行的传染病病种，经过最长潜伏期后，未发现新的传染病病人，疫情得到有效的控制。

第五十五条　因患鼠疫、霍乱和炭疽病死亡的病人尸体，由治疗病人的医疗单位负责消毒处理，处理后应当立即火化。

患病毒性肝炎、伤寒和副伤寒、艾滋病、白喉、炭疽、脊髓灰质炎死亡的病人尸体，由治疗病人的医疗单位或者当地卫生防疫机构消毒处理后火化。

不具备火化条件的农村、边远地区，由治疗病人的医疗单位或者当地卫生防疫机构负责消毒后，可选远离居民点 500 米以外、远离饮用水源 50 米以外的地方，将尸体在距地面两米以下深埋。

民族自治地方执行前款的规定，依照《传染病防治法》第二十八条第三款的规定办理。

第五十六条 医疗保健机构、卫生防疫机构经县级以上政府卫生行政部门的批准可以对传染病病人尸体或者疑似传染病病人的尸体进行解剖查验。

第五十七条 卫生防疫机构处理传染病疫情的人员，可以凭当地政府卫生行政部门出具的处理疫情证明及有效的身份证明，优先在铁路、交通、民航部门购票，铁路、交通、民航部门应当保证售给最近 1 次通往目的地的车、船、机票。

交付运输的处理疫情的物品应当有明显标志，铁路、交通、民航部门应当保证用最快通往目的地的交通工具运出。

第五十八条 用于传染病监督控制的车辆，其标志由国务院卫生行政部门会同有关部门统一制定。任何单位和个人不得阻拦依法执行处理疫情任务的车辆和人员。

第五章 监 督

第五十九条 地方各级政府卫生行政部门、卫生防疫机构和受国务院卫生行政部门委托的其他有关部门卫生主管机构推荐的传染病管理监督员，由省级以上政府卫生行政部门聘任并发给证件。

省级政府卫生行政部门聘任的传染病管理监督员，报国务院卫生行政部门备案。

第六十条 传染病管理监督员执行下列任务：

（一）监督检查《传染病防治法》及本办法的执行情况；

（二）进行现场调查，包括采集必需的标本及查阅、索取、翻印复制必要的文字、图片、声象资料等，并根据调查情况写出书面报告；

（三）对违法单位或者个人提出处罚建议；

（四）执行卫生行政部门或者其他有关部门卫生主管机构交付的任务；

（五）及时提出预防和控制传染病措施的建议。

第六十一条　各级各类医疗保健机构内设立的传染病管理检查员，由本单位推荐，经县级以上政府卫生行政部门或受国务院卫生行政部门委托的其他部门卫生主管机构批准并发给证件。

第六十二条　传染病管理检查员执行下列任务：

（一）宣传《传染病防治法》及本办法，检查本单位和责任地段的传染病防治措施的实施和疫情报告执行情况；

（二）对本单位和责任地段的传染病防治工作进行技术指导；

（三）执行卫生行政部门和卫生防疫机构对本单位及责任地段提出的改进传染病防治管理工作的意见；

（四）定期向卫生行政部门指定的卫生防疫机构汇报工作情况遇到紧急情况及时报告。

第六十三条　传染病管理监督员、传染病管理检查员执行任务时，有关单位和个人必须给予协助。

第六十四条　传染病管理监督员的解聘和传染病管理检查员资格的取消，由原发证机关决定，并通知其所在单位和个人。

第六十五条　县级以上政府卫生行政部门和受国务院卫生行政部门委托的部门，可以成立传染病技术鉴定组织。

第六章　罚　则

第六十六条　有下列行为之一的，由县级以上政府卫生行政部门责令限期改正，可以处 5000 元以下的罚款；情节较严重的，可以处 5000 元以上 2 万元以下的罚款，对主管人员和直接责任人员由其所在单位或者上级机关给予行政处分：

（一）集中式供水单位供应的饮用水不符合国家规定的《生活饮用水卫生标准》的；

（二）单位自备水源未经批准与城镇供水系统连接的；

（三）未按城市环境卫生设施标准修建公共卫生设施致使垃圾、粪便、污水不能进行无害化处理的；

（四）对被传染病病原体污染的污水、污物、粪便不按规定进行消毒处理的；

（五）对被甲类和乙类传染病病人、病原携带者、疑似传染病病人污染的场所、物品未按照卫生防疫机构的要求实施必要的卫生处理的；

（六）造成传染病的医源性感染、医院内感染、实验室感染和致病性微生物扩散的；

（七）生产、经营、使用消毒药剂和消毒器械、卫生用品、卫生材料、一次性医疗器材、隐形眼镜、人造器官等不符合国家卫生标准，可能造成传染病的传播、扩散或者造成传染病的传播、扩散的；

（八）准许或者纵容传染病病人、病原携带者和疑似传染病病人，从事国务院卫生行政部门规定禁止从事的易使该传染病扩散的工作的；

（九）传染病病人、病原携带者故意传播传染病，造成他人感染的；

（十）甲类传染病病人、病原携带者或者疑似传染病病人，乙类传染病中艾滋病、肺炭疽病人拒绝进行隔离治疗的；

（十一）招用流动人员的用工单位，未向卫生防疫机构报告并未采取卫生措施，造成传染病传播、流行的；

（十二）违章养犬或者拒绝、阻挠捕杀违章犬，造成咬伤他人或者导致人群中发生狂犬病的。

前款所称情节较严重的，是指下列情形之一：

（一）造成甲类传染病、艾滋病、肺炭疽传播危险的；

（二）造成除艾滋病、肺炭疽之外的乙、丙类传染病暴发、流行的；

（三）造成传染病菌（毒）种扩散的；

（四）造成病人残疾、死亡的；

（五）拒绝执行《传染病防治法》及本办法的规定，屡经教育仍继续违法的。

第六十七条 在自然疫源地和可能是自然疫源地的地区兴建大型建设项目未经卫生调查即进行施工的，由县级以上政府卫生行政部门责令限期改正，可以处 2000 元以上 2 万元以下的罚款。

第六十八条 单位和个人出售、运输被传染病病原体污染和来自疫区可能被传染病病原体污染的皮毛、旧衣物及生活用品的，由县级以上政府卫生行政部门责令限期进行卫生处理，可以处出售金额 1 倍以下的罚款；造成传染病流行的，根据情节，可以处相当出售金额 3 倍以下的罚款，危害严重，出售金额不满 2000 元的，以 2000 元计算；对主管人员和直接责任人员由所在单位或者上级机关给予行政处分。

第六十九条 单位和个人非法经营、出售用于预防传染病菌苗、疫苗等生物制品的，县级以上政府卫生行政部门可以处相当出售金额 3 倍以下的罚款，危害严重，出售金额不满 5000 元的，以 5000 元计算；对主管人员和直接责任人员由所在单位或者上级机关根据情节，可以给予行政处分。

第七十条 有下列行为之一的单位和个人，县级以上政府卫生行政部门报请同级政府批准，对单位予以通报批评；对主管人员和直接责任人员由所在单位或者上级机关给予行政处分：

（一）传染病暴发、流行时，妨碍或者拒绝执行政府采取紧急措施的；

（二）传染病暴发、流行时，医疗保健人员、卫生防疫人员拒绝执行各级政府卫生行政部门调集其参加控制疫情的决定的；

（三）对控制传染病暴发、流行负有责任的部门拒绝执行政府有关控制疫情决定的；

（四）无故阻止和拦截依法执行处理疫情任务的车辆和人员的。

第七十一条 执行职务的医疗保健人员、卫生防疫人员和责任单位，不报、漏报、迟报传染病疫情的，由县级以上政府卫生行政部门责令限期改正，对主管人员和直接责任人员由其所在单位或者上级机关根据情节，可以给予行政处分。

个体行医人员在执行职务时，不报、漏报、迟报传染病疫情的，由县级以上政府卫生行政部门责令限期改正，限期内不改的，可以处 100 元以上 500 元以下罚款；对造成传染病传播流行的，可以处 200 元以上 2000 元以下罚款。

第七十二条 县级政府卫生行政部门可以作出处 1 万元以下罚款的决定；决定处 1 万元以上罚款的，须报上一级政府卫生行政部门批准。

受国务院卫生行政部门委托的有关部门卫生主管机构可以作出处 2000 元以下罚款的决定；决定处 2000 元以上罚款的，须报当地县级以上政府卫生行政部门批准。

县级以上政府卫生行政部门在收取罚款时，应当出具正式的罚款收据。罚款全部上缴国库。

第七章　附　则

第七十三条 《传染病防治法》及本办法的用语含义如下：

传染病病人、疑似传染病病人：指根据国务院卫生行政部门发布的《中华人民共和国传染病防治法规定管理的传染病诊断标准》，符合传染病病人和疑似传染病病人诊断标准的人。

病原携带者：指感染病原体无临床症状但能排出病原体的人。

暴发：指在 1 个局部地区，短期内，突然发生多例同 1 种传染病病人。

流行：指 1 个地区某种传染病发病率显著超过该病历年的一般发病率水平。

重大传染病疫情：指《传染病防治法》第二十五条所称的传染病的暴发、流行。

传染病监测：指对人群传染病的发生、流行及影响因素进行有计划地、系统地长期观察。

疫区：指传染病在人群中暴发或者流行，其病原体向周围传播时可能波及的地区。

人畜共患传染病：指鼠疫、流行性出血热、狂犬病、钩端螺旋体病、布鲁氏菌病、炭疽、流行性乙型脑炎、黑热病、包虫病、血吸虫病。

自然疫源地：指某些传染病的病原体在自然界的野生动物中长期保存并造成动物间流行的地区。

可能是自然疫源地：指在自然界中具有自然疫源性疾病存在的传染源和传播媒介，但尚未查明的地区。

医源性感染：指在医学服务中，因病原体传播引起的感染。

医院内感染：指就诊患者在医疗保健机构内受到的感染。

实验室感染：指从事实验室工作时，因接触病原体所致的感染。

消毒：指用化学、物理、生物的方法杀灭或者消除环境中的致病性微生物。

卫生处理：指消毒、杀虫、灭鼠等卫生措施以及隔离、留验、就地检验等医学措施。

卫生防疫机构：指卫生防疫站、结核病防治研究所（院）、寄生虫病防治研究所（站）、血吸虫病防治研究所（站）、皮肤病性病防治研究所（站）、地方病防治研究所（站）、鼠疫防治站（所）、乡镇预防保健站（所）及与上述机构专业相同的单位。

医疗保健机构：指医院、卫生院（所）、门诊部（所）、疗养院（所）、妇幼保健院（站）及与上述机构业务活动相同的单位。

第七十四条 省、自治区、直辖市政府可以根据《传染病防治法》和本办法制定实施细则。

第七十五条 本办法由国务院卫生行政部门负责解释。

第七十六条 本办法自发布之日起施行。

附 录

血液制品管理条例

中华人民共和国国务院令
第 666 号

《国务院关于修改部分行政法规的决定》已经 2016 年 1 月 13 日国务院第 119 次常务会议通过，现予公布，自公布之日起施行。

总理 李克强
2016 年 2 月 6 日

（1996 年 12 月 30 日中华人民共和国国务院令第 208 号发布；根据 2016 年 2 月 6 日《国务院关于修改部分行政法规的决定》修订）

第一章 总 则

第一条 为了加强血液制品管理，预防和控制经血液途径传播的疾病，保证血液制品的质量，根据药品管理法和传染病防治法，制定本条例。

第二条 本条例适用于在中华人民共和国境内从事原料血浆的采集、供应以及血液制品的生产、经营活动。

第三条 国务院卫生行政部门对全国的原料血浆的采集、供应和血液制品的生产、经营活动实施监督管理。

县级以上地方各级人民政府卫生行政部门对本行政区域内的原料血浆的采集、供应和血液制品的生产、经营活动，依照本条例第三十条规定的职责实施监督管理。

第二章 原料血浆的管理

第四条 国家实行单采血浆站统一规划、设置的制度。

国务院卫生行政部门根据核准的全国生产用原料血浆的需求，对单采血浆站的布局、数量和规模制定总体规划。省、自治区、直辖市人民政府卫生行政部门根据总体规划制定本行政区域内单采血浆站设置规划和采集血浆的区域规划，并报国务院卫生行政部门备案。

第五条 单采血浆站由血液制品生产单位设置或者由县级人民政府卫生行政部门设置，专门从事单采血浆活动，具有独立法人资格。其他任何单位和个人不得从事单采血浆活动。

第六条 设置单采血浆站，必须具备下列条件：

（一）符合单采血浆站布局、数量、规模的规划；

（二）具有与所采集原料血浆相适应的卫生专业技术人员；

（三）具有与所采集原料血浆相适应的场所及卫生环境；

（四）具有识别供血浆者的身份识别系统；

（五）具有与所采集原料血浆相适应的单采血浆机械及其他设施；

（六）具有对采集原料血浆进行质量检验的技术人员以及必要的仪器设备。

第七条 申请设置单采血浆站的，由县级人民政府卫生行政部门初审，经设区的市、自治州人民政府卫生行政部门或者省、自治区人民政府设立的派出机关的卫生行政机构审查同意，报省、自治区、直辖市人民政府卫生行政部门审批；经审查符合条件的，由省、自治区、直辖市人民政府卫生行政部门核发《单采血浆许可证》，并报国务院卫生行政部门备案。

单采血浆站只能对省、自治区、直辖市人民政府卫生行政部门划定区域内的供血浆者进行筛查和采集血浆。

第八条　《单采血浆许可证》应当规定有效期。

第九条　在一个采血浆区域内，只能设置一个单采血浆站。

严禁单采血浆站采集非划定区域内的供血浆者和其他人员的血浆。

第十条　单采血浆站必须对供血浆者进行健康检查；检查合格的，由县级人民政府卫生行政部门核发《供血浆证》。

供血浆者健康检查标准，由国务院卫生行政部门制定。

第十一条　供血浆证、由省、自治区、直辖市人民政府卫生行政部门负责设计和印制。《供血浆证》不得涂改、伪造、转让。

第十二条　单采血浆站在采集血浆前，必须对供血浆者进行身份识别并核实其《供血浆证》，确认无误的，方可按照规定程序进行健康检查和血液化验；对检查、化验合格的，按照有关技术操作标准及程序采集血浆，并建立供血浆者健康检查及供血浆记录档案；对检查、化验不合格的，由单采血浆站收缴《供血浆证》，并由所在地县级人民政府卫生行政部门监督销毁。

严禁采集无《供血浆证》者的血浆。

血浆采集技术操作标准及程序，由国务院卫生行政部门制定。

第十三条　单采血浆站只能向一个与其签订质量责任书的血液制品生产单位供应原料血浆，严禁向其他任何单位供应原料血浆。

第十四条　单采血浆站必须使用单采血浆机械采集血浆，严禁手工操作采集血浆。采集的血浆必须按单人份冰冻保存，不得混浆。

严禁单采血浆站采集血液或者将所采集的原料血浆用于临床。

第十五条　单采血浆站必须使用有产品批准文号并经国家药品生物制品检定机构逐批检定合格的体外诊断试剂以及合格的一次性采血浆器材。

采血浆器材等一次性消耗品使用后，必须按照国家有关规定予以销毁，并作记录。

第十六条　单采血浆站采集的原料血浆的包装、储存、运输，必须符合国家规定的卫生标准和要求。

第十七条 单采血浆站必须依照传染病防治法及其实施办法等有关规定，严格执行消毒管理及疫情上报制度。

第十八条 单采血浆站应当每半年向所在地的县级人民政府卫生行政部门报告有关原料血浆采集情况，同时抄报设区的市、自治州人民政府卫生行政部门或者省、自治区人民政府设立的派出机关的卫生行政机构及省、自治区、直辖市人民政府卫生行政部门。省、自治区、直辖市人民政府卫生行政部门应当每年向国务院卫生行政部门汇总报告本行政区域内原料血浆的采集情况。

第十九条 国家禁止出口原料血浆。

第三章 血液制品生产经营单位管理

第二十条 新建、改建或者扩建血液制品生产单位，经国务院卫生行政部门根据总体规划进行立项审查同意后，由省、自治区、直辖市人民政府卫生行政部门依照药品管理法的规定审核批准。

第二十一条 血液制品生产单位必须达到国务院卫生行政部门制定的《药品生产质量管理规范》规定的标准，经国务院卫生行政部门审查合格，并依法向工商行政管理部门申领营业执照后，方可从事血液制品的生产活动。

第二十二条 血液制品生产单位应当积极开发新品种，提高血浆综合利用率。

血液制品生产单位生产国内已经生产的品种，必须依法向国务院卫生行政部门申请产品批准文号；国内尚未生产的品种，必须按照国家有关新药审批的程序和要求申报。

第二十三条 严禁血液制品生产单位出让、出租、出借以及与他人共用《药品生产企业许可证》和产品批准文号。

第二十四条 血液制品生产单位不得向无《单采血浆许可证》的单采血浆站或者未与其签订质量责任书的单采血浆站及其他任何单位收集原料血浆。

血液制品生产单位不得向其他任何单位供应原料血浆。

第二十五条　血液制品生产单位在原料血浆投料生产前，必须使用有产品批准文号并经国家药品生物制品检定机构逐批检定合格的体外诊断试剂，对每一人份血浆进行全面复检，并作检测记录。

原料血浆经复检不合格的，不得投料生产，并必须在省级药品监督员监督下按照规定程序和方法予以销毁，并作记录。

原料血浆经复检发现有经血液途径传播的疾病的，必须通知供应血浆的单位单采血浆站，并及时上报所在地省、自治区、直辖市人民政府卫生行政部门。

第二十六条　血液制品出厂前，必须经过质量检验；经检验不符合国家标准的，严禁出厂。

第二十七条　开办血液制品经营单位，由省、自治区、直辖市人民政府卫生行政部门审核批准。

第二十八条　血液制品经营单位应当具备与所经营的产品相适应的冷藏条件和熟悉所经营品种的业务人员。

第二十九条　血液制品生产经营单位生产、包装、储存、运输、经营血液制品，应当符合国家规定的卫生标准和要求。

第四章　监督管理

第三十条　县级以上地方各级人民政府卫生行政部门依照本条例的规定负责本行政区域内的牟采血浆站、供血浆者、原料血浆的采集及血液制品经营单位的监督管理。

省、自治区、直辖市人民政府卫生行政部门依照本条例的规定负责本行政区域内的血液制品生产单位的监督管理。

县级以上地方各级人民政府卫生行政部门的监督人员执行职务时，可以按照国家有关规定抽取样品和索取有关资料，有关单位不得拒绝和隐瞒。

第三十一条　省、自治区、直辖市人民政府卫生行政部门每年组织一次对本行政区域内单采血浆站的监督检查并进行年度注册。

设区的市、自治州人民政府卫生行政部门或者省、自治区人民政府设立的派出机关的卫生行政机构每半年对本行政区域内的单采血浆站进行一次检查。

第三十二条　国家药品生物制品检定机构及国务院卫生行政部门指定的省级药品检验机构，应当依照本条例和国家规定的标准和要求，对血液制品生产单位生产的产品定期进行检定。

第三十三条　国务院卫生行政部门负责全国进出口血液制品的审批及监督管理。

第五章　罚　则

第三十四条　违反本条例规定，未取得省、自治区、直辖市人民政府卫生行政部门核发的《单采血浆许可证》，非法从事组织、采集、供应、倒卖原料血浆活动的，由县级以上地方人民政府卫生行政部门予以取缔，没收违法所得和从事违法活动的器材、设备；造成经血液途径传播的疾病传播、人身伤害等危害，构成犯罪的，依法追究刑事责任。

第三十五条　单采血浆站有下列行为之一的，由县级以上地方人民政府卫生行政部门责令限期改正，处5万元以上10万元以下的罚款；有第八项所列行为的，或者有下列其他行为并且情节严重的，由省、自治区、直辖市人民政府卫生行政部门吊销《单采血浆许可证》，构成犯罪的，对负有直接责任的主管人员和其他直接责任人员依法追究刑事责任：

（一）采集血浆前，未按照国务院卫生行政部门颁布的健康检查标准对供血浆者进行健康检查和血液化验的；

（二）采集非划定区域内的供血浆者或者其他人员的血浆的，或者不对供血浆者进行身份识别，采集冒名顶替者、健康检查不合格者或者无《供血浆证》者的血浆的；

（三）违反国务院卫生行政部门制定的血浆采集技术操作标准和程序，过频过量采集血浆的；

（四）向医疗机构直接供应原料血浆或者擅自采集血液的；

（五）未使用单采血浆机械进行血浆采集的；

（六）未使用有产品批准文号并经国家药品生物制品检定机构

逐批检定合格的体外诊断剂以及合格的一次性采血浆器材的；

（七）未按照国家规定的卫生标准和要求包装、储存、运输原料血浆的；

（八）对国家规定检测项目检测结果呈阳性的血浆不清除，不及时上报的；

（九）对污染的注射器、采血浆器材及不合格血浆等不经消毒处理，擅自倾倒，污染环境，造成社会危害的；

（十）重复使用一次性采血浆器材的；

（十一）向与其签订质量责任书的血液制品生产单位以外的其他单位供应原料血浆的。

第三十六条 单采血浆站已知其采集的血浆检测结果呈阳性，仍向血液制品生产单位供应的，由省、自治区、直辖市人民政府卫生行政部门吊销《革采血浆许可证》由县级以上地方人民政府卫生行政部门没收违法所得，并处 10 万元以上 30 万元以下的罚款；造成经血液途径传播的疾病传播、人身伤害等危害，构成犯罪的，对负有直接责任的主管人员和其他直接责任人员依法追究刑事责任。

第三十七条 涂改、伪造、转让《供血浆证》的，由县级人民政府卫生行政部门收缴《供血浆证》，没收违法所得，并处违法所得 3 倍以上 5 倍以下的罚款，没有违法所得的，并处：万元以下的罚款；构成犯罪的，依法追究刑事责任。

第三十八条 血液制品生产单位有下列行为之一的，由省级以上人民政府卫生行政部门依照药品管理法及其实施办法等有关规定，按照生产假药、劣药予以处罚；构成犯罪的，对负有直接责任的主管人员和其他直接责任人员依法追究刑事责任：

（一）使用无《单采血浆许可证》的单采血浆站或者未与其签订质量责任书的单采血浆站及其他任何单位供应的原料血浆的，或者非法采集原料血浆的；

（二）投料生产前未对原料血浆进行复检的，或者使用没有产品批准文号或者未经国家药品生物制品检定机构逐批检定合格的体外诊断试剂进行复检的，或者将检测不合格的原料血浆投入生产的；

（三）擅自更改生产工艺和质量标准的，或者将检验不合格的产品出厂的；

（四）与他人共用产品批准文号的。

第三十九条 血液制品生产单位违反本条例规定，擅自向其他单位出让、出租、出借以及与他人共用《药品生产企业许可证》、产品批准文号或者供应原料血浆的，由省级以上人民政府卫生行政部门没收违法所得，并处违法所得 5 倍以上 10 倍以下的罚款，没有违法所得的，并处 5 万元以上 10 万元以下的罚款。

第四十条 违反本条例规定，血液制品生产经营单位生产、包装、储存、运输、经营血液制品不符合国家规定的卫生标准和要求的，由省、自治区、直辖市人民政府卫生行政部门责令改正，可以处 1 万元以下的罚款。

第四十一条 在血液制品生产单位成品库待出厂的产品中，经抽检有一批次达不到国家规定的指标，经复检仍不合格的，由国务院卫生行政部门撤销该血液制品批准丈号。

第四十二条 违反本条例规定，擅自进出口血液制品或者出口原料血浆的，由省级以上人民政府卫生行政部门没收所进出口的血液制品或者所出口的原料血浆和违法所得，并处所进出口的血液制品或者所出口的原料血浆总值 3 倍以上 5 倍以下的罚款。

第四十三条 血液制品检验人员虚报、瞒报、涂改、伪造检验报告及有关资料的，依法给予行政处分；构成犯罪的，依法追究刑事责任。

第四十四条 卫生行政部门工作人员滥用职权、玩忽职守、徇私舞弊、索贿受贿，构成犯罪的，依法追究刑事责任；尚不构成犯罪的，依法给予行政处分。

第六章 附 则

第四十五条 本条例下列用语的含义：

血液制品，是特指各种人血浆蛋白制品。

原料血浆，是指由单采血浆站采集的专用于血液制品生产原料的血浆。

供血浆者，是指提供血液制品生产用原料血浆的人员。

单采血浆站，是指根据地区血源资源，按照有关标准和要求并经严格审批设立，采集供应血液制品生产用原料血浆的单位。

第四十六条 本条例施行前已经设立的单采血浆站和血液制品生产经营单位应当自本条例施行之日起 6 个月内，依照本条例的规定重新办理审批手续；凡不符合本条例规定的，一律予以关闭。

本条例施行前已经设立的单采血浆站适用本条例第六条第五项的时间，由国务院卫生行政部门另行规定。

第四十七条 本条例自发布之日起施行。

传染性非典型肺炎防治管理办法

中华人民共和国卫生部令
第 35 号

《传染性非典型肺炎防治管理办法》已于 2003 年 5 月
4 日经卫生部部务会议讨论通过，现予以发布，自发布之
日起施行。

卫生部部长
二〇〇三年五月十二日

第一章　总　则

第一条　为了有效预防和控制传染性非典型肺炎（严重急性呼
吸综合征）的发生与流行，保障公众的身体健康和生命安全，根据
《中华人民共和国传染病防治法》（以下简称传染病防治法）和
《突发公共卫生事件应急条例》（以下简称条例），制定本办法。

第二条　传染性非典型肺炎列入传染病防治法法定传染病管
理。传染性非典型肺炎的预防、疫情报告、控制和救治工作按照传
染病防治法、条例和本办法的规定执行。

第三条　传染性非典型肺炎防治工作坚持预防为主，防治结
合，分级负责，依靠科学，依法管理的原则。

第四条　卫生部对全国传染性非典型肺炎的疾病防治工作实施
统一监督管理。

县级以上地方卫生行政部门对本行政区域传染性非典型肺炎的
疾病防治工作实施监督管理。

各级疾病预防控制机构按照专业分工，承担责任范围内的传染
性非典型肺炎监测管理工作；各级各类医疗机构承担责任范围内的
传染性非典型肺炎防治管理任务。

第五条 大力开展爱国卫生运动，加强传染性非典型肺炎健康教育和法制宣传，清洁环境，提高群众防治意识，发动社会力量群防群控，切断传播途径。

第六条 按照国家规定，对参加传染性非典型肺炎防治工作的医疗卫生人员，给予适当补助和保健津贴；对参加防治工作作出贡献的人员，给予表彰和奖励；对参与防治工作发生疾病、残疾、死亡的人员，给予相应的补助和抚恤。

第七条 卫生部及省、自治区、直辖市卫生行政部门应当及时组织开展地区之间、医疗机构之间和疾病预防控制机构之间防治经验的交流；积极开展传染性非典型肺炎防治的科学技术研究工作；鼓励、支持开展传染性非典型肺炎防治的科学研究和技术的国际交流与合作。

第八条 任何单位和个人，必须接受疾病预防控制机构、医疗机构、卫生监督机构有关传染性非典型肺炎的查询、检验、调查取证、监督检查以及预防控制措施，并有权检举、控告违反本办法的行为。

第二章 通报公布

第九条 任何单位和个人发现传染性非典型肺炎病人或者疑似传染性非典型肺炎病人（以下简称病人或者疑似病人）时，都应当及时向当地疾病预防控制机构报告。

医疗机构及其医务人员、疾病预防控制机构的工作人员发现病人或者疑似病人，必须立即向当地疾病预防控制机构报告。疾病预防控制机构发现疫情或者接到疫情报告，应当立即报告上级疾病预防控制机构和当地卫生行政部门。卫生行政部门接到报告后应当立即报告本级人民政府，同时报告上级卫生行政部门和国务院卫生行政部门。

第十条 任何单位和个人对传染性非典型肺炎疫情，不得隐瞒、缓报、谎报或者授意他人隐瞒、缓报、谎报。

第十一条 卫生部根据传染性非典型肺炎疫情情况，及时向国务院有关部门和各省、自治区、直辖市卫生行政部门以及军队卫生主管部门通报。

传染性非典型肺炎疫情发生地的省、自治区、直辖市卫生行政部门，应当及时向毗邻省、自治区、直辖市卫生行政部门通报。

接到通报的省、自治区、直辖市卫生行政部门，必要时，应当及时通知本行政区域内的医疗卫生机构，做好预防控制工作。

第十二条　卫生部及时、如实向社会公布疫情；省、自治区、直辖市卫生行政部门及时、如实公布本行政区域的疫情。

第十三条　县级以上卫生行政部门应当加强农村疫情监测和疫情报告体系建设，建立健全县、乡、村三级疫情信息网络。

第三章　预防与控制

第十四条　各级疾病预防控制机构履行下列职责：

（一）对传染性非典型肺炎疫情进行监测与预警；

（二）对疫情报告进行汇总、分析、评估；

（三）对病人或者疑似病人及其密切接触者进行流行病学调查；

（四）对病人或者疑似病人的密切接触者采取必要的医学观察措施；

（五）对医疗机构的消毒、隔离工作进行技术指导；

（六）对疫点进行隔离控制和消毒；

（七）对医疗机构外死亡的病人或者疑似病人的尸体进行消毒处理；

（八）对疾病预防控制人员进行专门的业务培训；

（九）对公众开展健康教育和医学咨询服务；

（十）依据有关规定实施其他疾病预防控制措施。

必要时，向集中收治病人或者疑似病人的医疗机构派驻人员，协助医疗机构开展预防控制工作。

第十五条　疾病预防控制机构、医疗机构、从事传染性非典型肺炎科学研究机构，必须严格执行有关管理制度、操作规程，防止医源性感染、医院内感染、实验室感染和致病性微生物的扩散。

对从事传染性非典型肺炎预防控制、医疗救治、科学研究的人员，所在单位应当根据有关规定，采取有效的防护措施和医疗保健措施。

第十六条 有关单位和个人必须按照疾病预防控制机构的要求，对被传染性非典型肺炎病原体污染的污水、污物、粪便进行严密消毒后处理。

第十七条 医疗机构、疾病预防控制机构发现传染性非典型肺炎病人或者疑似病人时，应当及时采取控制措施。

第十八条 传染性非典型肺炎暴发、流行时，县级以上地方卫生行政部门应当及时报请当地政府根据传染病防治法第二十五条的规定采取相应措施。

第十九条 疾病预防控制机构发现传染性非典型肺炎疫情或者接到疫情报告时，应当立即采取以下控制措施：

（一）及时到达现场，调查登记病人或者疑似病人的密切接触者；

（二）对密切接触者按照有关规定进行流行病学调查，并根据情况采取集中隔离或者分散隔离的方法进行医学观察；

（三）对医疗机构外被病人或者疑似病人污染的场所、物品进行卫生处理。

第二十条 病人或者疑似病人以及密切接触者及其他有关单位和人员，应当配合疾病预防控制机构和医疗机构采取预防控制措施。拒绝配合的，请公安机关按照条例第四十四条的规定予以协助。

第二十一条 传染性非典型肺炎病人死亡后，尸体处理按照传染病防治法第二十八条的有关规定和卫生部、民政部《关于做好传染性非典型肺炎患者遗体处理和丧葬活动的紧急通知》的规定，立即消毒、就地火化。

医疗机构、疾病预防控制机构必要时可以对尸体进行解剖查验。

第二十二条 交通工具上发现病人或者疑似病人的，以及国境口岸和入出境人员、交通工具、货物、集装箱、行李、邮包等需要采取传染性非典型肺炎应急控制措施的，按照条例第三十八条的规定执行。

第四章 医疗救治

第二十三条 县级以上地方卫生行政部门应当指定专门的医疗机构负责收治病人或者疑似病人；指定专门机构和车辆负责转运工作，并建立安全的转诊制度。

收治病人或者疑似病人的医疗机构应当符合卫生行政部门规定的隔离、消毒条件，配备必要的救治设备；对病人和疑似病人应当分开隔离治疗；采取有效措施，避免交叉感染。

卫生行政部门对定点医疗机构的建设应当给予必要的支持。

第二十四条 县级以上地方卫生行政部门应当指定医疗机构设立发热门诊和隔离观察室，负责收治可疑发热病人，实行首诊负责制。发现病人或者疑似病人时，应当采取应急控制措施，并及时报告当地疾病预防控制机构。

乡（镇）卫生院应当根据县级以上卫生行政部门的要求设立发热病人隔离观察室，发现可疑发热病人时，及时通知县级医疗机构派专门技术人员诊断或者转诊。

县级以上地方卫生行政部门应当加强县级医院、乡（镇）卫生院传染病医疗救治设施的改造和建设。

第二十五条 各级各类医疗机构应当设立预防保健组织或者人员，承担本单位和责任地段的传染病预防、控制和疫情管理工作。

第二十六条 医疗机构履行下列职责：

（一）及时、如实报告疫情；

（二）承担责任范围内的传染性非典型肺炎的预防、诊断、治疗任务，改善服务质量，提高治疗水平；

（三）对医疗机构内病人或者疑似病人污染的场所、物品、排泄物进行严格的卫生处理；

（四）负责对医疗机构内死亡的病人或者疑似病人的尸体进行

消毒处理；

（五）对医护人员进行专门的业务培训；

（六）宣传疾病防治科学知识；

（七）依据有关规定开展其他防治工作。

第二十七条 医疗机构应当执行卫生部关于医院感染管理规范、医院消毒卫生标准等有关规定，采取严格的防护措施，使用有效防护用品，防止医务人员感染。

医务人员应当增强传染病防治的法律意识，接受专门的业务培训，遵守操作常规，按照有关规定做好个人防护。

第二十八条 对流动人口中的病人、疑似病人应当按照就地隔离、就地观察、就地治疗的原则，及时送当地指定的专门收治病人和疑似病人的医疗机构治疗。

第二十九条 医疗机构收治病人或者疑似病人，实行先收治、后结算的办法，任何医疗机构不得以费用为由拒收病人。对农民（含进城务工农民）和城镇困难群众中的传染性非典型肺炎病人实行免费医疗，所发生救治费用由政府负担，具体办法按国家有关部门规定执行。

第三十条 医疗机构购进医疗防护用品、药品和医用器械，必须按照卫生行政部门规定的渠道和办法进行，确保质量和安全。

第五章　监督管理

第三十一条 卫生部对全国传染性非典型肺炎防治工作进行督察、指导。

省、自治区、直辖市卫生行政部门对本行政区域的传染性非典型肺炎防治工作进行督察、指导。

第三十二条 各级卫生监督机构在卫生行政部门的领导下，对下列事项进行监督检查：

（一）医疗机构和疾病预防控制机构的疫情报告；

（二）医疗机构、留验站（所）的隔离、消毒、防护和医疗废弃物处理；

（三）公共场所的消毒；

（四）密切接触者的医学观察、疫点的环境消毒；

（五）生产、经营和使用单位的消毒产品、防护用品的质量；

（六）依法开展其他监督检查工作。

第三十三条　卫生部和省、自治区、直辖市卫生行政部门建立领导、协调机构，组建预防控制专家组和医疗救治专家组，组织和协调技术攻关。

卫生部组织制定传染性非典型肺炎防治的指导原则和技术规范。

第三十四条　设区的市级以上地方卫生行政部门应当组织疾病预防控制人员和医疗救治队伍，加强对农村及传染性非典型肺炎疫情严重地区的疫情控制、业务培训和技术指导，提高农村地区控制疫情的能力和诊断、治疗水平。

第三十五条　卫生部根据需要在全国范围内统筹协调卫生资源，调集医疗卫生人员参加防治工作；县级以上地方卫生行政部门在本行政区域内指定医疗机构承担医疗救治任务，组织医疗卫生人员参加防治工作。

疾病预防控制机构和医疗机构及其人员必须服从卫生行政部门的调遣。

第六章　罚　则

第三十六条　县级以上地方卫生行政部门有下列行为之一的，由上级卫生行政部门责令改正，通报批评，给予警告，对其主要负责人由有关部门依法给予降级或者撤职的行政处分；造成传染性非典型肺炎传播、流行或者对社会公众健康造成其他严重危害后果的，依法给予开除的行政处分；构成犯罪的，依法追究刑事责任：

（一）未按照规定履行报告职责，隐瞒、缓报、谎报或授意他人隐瞒、缓报、谎报疫情的；

（二）在防治工作中玩忽职守，失职、渎职的；

（三）对上级卫生行政部门的督察、指导不予配合，或者采取其他方式阻碍、干涉的。

第三十七条 疾病预防控制机构和医疗机构及其人员有下列行为之一的，由县级以上卫生行政部门责令改正，通报批评，给予警告；情节严重的，依法吊销医疗机构执业许可证，并由有关部门对主要负责人给予降级或者撤职的行政处分；对有关医疗卫生人员，由其所在单位或者上级机关给予纪律处分，并由县级以上卫生行政部门依法吊销执业证书；造成传染性非典型肺炎传播、流行或者对社会公众健康造成其他严重危害后果，构成犯罪的，依法追究刑事责任：

（一）未依法履行疫情报告职责，隐瞒、缓报或者谎报的；

（二）拒绝服从卫生行政部门调遣的；

（三）未按照规定及时采取预防控制措施的；

（四）拒绝接诊病人或者疑似病人的；

（五）未按照规定履行监测职责的。

第三十八条 有关单位和人员有下列行为之一的，由县级以上卫生行政部门责令改正，可以处五千元以下罚款，情节较严重的，可以处五千元以上两万元以下的罚款；对主管人员和直接责任人员，由所在单位或有关部门给予行政处分；构成犯罪的，依法追究刑事责任：

（一）对传染性非典型肺炎病原体污染的污水、污物、粪便不按规定进行消毒处理的；

（二）造成传染性非典型肺炎的医源性感染、医院内感染、实验室感染或者致病性微生物扩散的；

（三）生产、经营、使用消毒产品、隔离防护用品等不符合规定与标准，可能造成传染病的传播、扩散或者造成传染病的传播、扩散的；

（四）拒绝、阻碍或者不配合现场调查、资料收集、采样检验以及监督检查的；

（五）拒绝执行疾病预防控制机构提出的预防、控制措施的；

2

（六）病人或者疑似病人故意传播传染性非典型肺炎，造成他人感染的。

第七章　附　则

第三十九条　中国人民解放军、武装警察部队医疗卫生机构参与传染性非典型肺炎防治工作的，参照本办法的规定执行。

第四十条　本办法自发布之日起施行。

地震灾区鼠疫疫情应急处理预案

(2008 年 5 月 18 日卫生部办公厅公布)

鼠疫原发于鼠疫自然疫源地中的啮齿类动物之间，主要通过媒介跳蚤的叮咬或直接接触传播到人类，引起人间鼠疫。鼠疫是《中华人民共和国传染病防治法》规定管理的甲类传染病。

2008 年 5 月 12 日，四川省汶川地区的大地震直接破坏了当地的基本生活设施，并造成了大量的人员伤亡。保证震灾之后无大疫是抗震救灾的一项重要任务。四川甘孜州的石渠县为青海田鼠鼠疫疫源县、德格县为 2007 年确定的喜马拉雅旱獭鼠疫疫源地。2006 至 2007 年攀枝花地区在农村家犬血中检出 1 份鼠疫 F1 抗体。地震波及的甘肃、青海、云南、贵州等地区都分布有鼠疫疫源地。地震使环境遭到严重破坏，导致人与疫源动物及媒介的接触发生变化，存在造成鼠疫流行的风险。为指导地震灾区做好鼠疫疫情的预防控制工作，依据相关法律法规和工作规范，特制定本预案。

一、应急准备及救灾人员的注意事项

(一) 完善突发公共卫生事件应急机制，加强应急管理，提高预防和处置鼠疫突发疫情的能力。

(二) 各级疾病预防控制机构及鼠疫防治机构应及时掌握本地区的疫情动态，做好应对突发疫情的各种准备。一旦发生疫情，立即出发。

(三) 各级疾病预防控制机构及鼠疫防治机构为了能够及时、有效地进行疫区处理，平时应配备好疫情处理箱和相应物资，包括治疗药品，消毒、杀虫、灭鼠的药品器械，标本采集和细菌学、血清学检验设备及试剂，以及进入疫区接触患者的个人防护用品等。

(四) 各级医疗卫生机构，平时应加强对广大基层卫生人员的培训，使他们熟悉鼠疫流行病学、临床诊断与治疗，正确地采取和运送检验材料以及疫区处理等鼠疫防治知识。

（五）地震发生后，进入鼠疫地区从事野外作业的人员，需要注意采取如下预防措施：

1. 不要在鼠洞、旱獭洞附近坐、卧、休息，以避免被蚤类叮咬。需要在鼠疫活动地区内宿营时，最好能在宿营地周围喷洒一些杀虫药剂，杀灭可能侵袭人类的吸血昆虫。

2. 不要捕捉旱獭，更不要捕猎和食用那些因患病而行动缓慢，容易捕获的动物；不要剥食不明原因死亡的藏系绵羊；这些动物体表的蚤类不活跃，只要人类不主动接触它们，就会减少和避免感染鼠疫的危险。

3. 如果发现啮齿动物，包括野生的如黄鼠、沙鼠、旱獭等或家栖的鼠类，不明原因地大量死亡，应当及时报告当地的防疫机构，以便采取适当的措施。自然情况下死亡的鼠类，其尸体很少在地面出现，如果在没有使用杀鼠药物的情况下，连续在地面上见到鼠类尸体，应提高警惕。

4. 在存在动物间鼠疫的地区，或在 10 日内到达过这样地区的人员，突然发生高热，病程进展迅速，并发生明显的淋巴结肿大，应考虑感染鼠疫的可能性。应立即向防疫机构报告，并采取措施，避免病人与更多的人接触。

二、疫情报告

（一）报告人

1. 各级各类医疗卫生人员是人间鼠疫疫情的责任报告人；各级疾病预防控制机构和鼠疫防治专门机构为网络直报的责任报告单位。

2. 病人家属、邻居，所在工矿、企事业单位、机关、团体、部队、学校等单位负责人，病人所乘交通工具（车、船、飞机等）和公共场所（车站、码头、机场、旅社等）负责人均为义务报告人。

（二）报告内容

1. 在鼠疫流行季节，鼠疫疫区、历史疫区或疑似疫区内，或10天内去过上述地区，诊断不明且有下列症状之一者，均应作为疑似鼠疫病人报告。

（1）高热、感染性中毒及意识不清；

（2）无外伤感染而淋巴结肿大并伴剧烈疼痛和高热；

（3）高热并伴有咳嗽、胸痛、咯血；

（4）高热伴皮肤水泡或溃疡；

2. 在鼠疫流行季节内，鼠疫疫区、历史疫区或疑似疫区内，或10天内去过上述地区，病程极短，急剧死亡者，应作为急死病人上报。

（三）报告方法与途径

1. 发现疑似鼠疫病人或急死病人，责任报告人和义务报告人应立即报告所属单位、疾病预防控制机构或当地政府。

2. 疾病预防控制机构或鼠疫防治专业机构接到疫情报告后，应立即指派专业人员赶赴现场对疫情进行核实，做出初步诊断并向单位领导报告。

3. 疾病预防控制机构或鼠疫防治专业机构对核实后的疫情立即报告同级卫生行政部门及上级专业机构，由卫生行政部门报告当地政府及上级卫生行政部门；具备网络直报条件的应同时进行网络直报。

4. 疑似鼠疫病人及其接触者，不应亲自外出报告，应委托他人报告。

5. 发现疑似鼠疫病人或急死病人时，在疾病控制专业技术人员尚未到达前，当地负责人应制止无关人员与患者接触，劝阻接触者不要外出活动，并向所在地的疾病预防控制机构或鼠疫防治专业机构报告。

三、确定疫情

人间鼠疫疫区处理是一项非常紧急的工作，为了及时救治病人，迅速扑灭疫情，要求乡（镇）村卫生人员接到人间鼠疫疫情报告后，必须在1小时内出发，迅速赶往现场，将病人与其家庭进行初步封锁隔离，对重危病人及时抢救治疗，同时立即上报政府主管部门或鼠疫防治专业机构。县级以上专业机构接到疫情报告后，必须在2小时内出发，乘快速交通工具迅速赶赴疫区，核实疫情，检查和完善初步封锁隔离措施。

（一）流行病学调查

首先应将疫情报告中所述情况通过有关的医务人员、基层干部及病人家属予以对证核实。主要了解以下情况：

1. 发病时间、地点、人数、经过及主要症状；

2. 病人居住分布情况，病人之间的传播关系；

3. 当地是否有病、死鼠（獭）或其他死亡动物（如猫、兔、狐狸、狗等）；

4. 是否到过鼠疫动物病流行区；

5. 是否接触过鼠疫疫区内的疫源动物；

（二）诊察病人

专业人员进入病人房间时须做好自身防护，在进入室内时，必须先进行空气喷雾消毒和撒布粉剂药物灭蚤，以防自身感染，然后对病人逐一进行检查，根据病人的症状、体征以及可能提供的流行病学线索，做出初步的临床诊断。在治疗之前，应根据不同病型，分别采取血液、淋巴穿刺液、痰液及咽喉分泌物等。如果病人已死亡，则应对尸体进行全身检查，重点观察有无淋巴结肿大，皮肤有无溃疡、瘀斑、皮疹以及皮肤颜色等，还应检查口鼻有无血痕，肛门、阴道有无出血等。同时采取检验材料。若为疑似鼠疫尸体时，则应通过当地政府部门及患者家属，对尸体进行解剖。

通过流行病学调查和对患者的诊察，专业人员应立即对疫情做出客观判断。一般情况下，除非有可靠证据可以排除鼠疫，如明确的服毒史等，均应判定为疑似鼠疫，立即向当地卫生主管部门和上级专业机构报告。并立即按《人间鼠疫疫区处理标准及原则》的要求，将其所在地视为疫区，进行鼠疫疫区处理工作。

四、现场处置

（一）成立鼠疫疫情处理指挥部

人间鼠疫疫情确定之后，要立即组成由当地政府主要领导、各有关部门参加的疫情处理指挥部，负责领导和组织疫情处理工作，全面实施疫区处理。疫情处理指挥部的主要职责如下：

1. 确定疫区的封锁，划定大、小隔离圈；

2. 决定建立临时病院或健康隔离处所；

3. 决定鼠疫病人及尸体的处理；

4. 组织对密切接触者的检诊检疫；

5. 组织对疫区内进行消毒、灭鼠、灭虫等卫生措施；

6. 疫区处理物质及生活用品的供应；

7. 疫情动态和工作进展的汇报；

8. 与相关部门（铁路、毗邻地区等）进行疫情通报；

9. 开展防病知识宣传及医务人员培训。

10. 疫区封锁的解除和工作总结上报。

（二）组建疫情处理专业工作队

根据需要，疫情处理专业工作队可分为以下几个小组：

1. 流行病学调查组：负责疫区及周围地区人间和动物鼠疫的流行病学调查，追查传染源和接触者，确定大、小隔离圈和警戒圈的范围，进行封锁隔离和尸体处理，采取一切可检材料送检。

2. 医疗救治组：负责建立临时隔离病院和健康隔离所，对所有病人进行诊断、治疗，对接触者进行隔离观察。

3. 检验组：对一切可检材料进行相应的细菌学和血清学检验。

4. 消、杀、灭组：负责大、小隔离圈和警戒圈内的消毒、杀虫和灭鼠工作。

5. 检诊检疫组：对疫区内的铁路、公路、港口和机场等实施卫生检疫，对隔离区内居民进行检诊工作。

6. 预防组：负责大、小隔离圈及警戒圈内人群的预防性投药等工作。

（三）实施封锁隔离

1. 小隔离圈划定。

诊断为鼠疫病人（或尸体）的疫区，必须划定小隔离圈进行封锁隔离。以鼠疫病人（或尸体）所在住处为中心，将其周围被污染的邻舍划定为小隔离圈，如一个庭院，一栋房子等。牧区可将一项帐蓬或相连的几顶帐蓬划为小隔离圈，病人（或尸体）发生在城镇居民区时，可将其中一栋楼房或病人（或尸体）所在的一个独立单元划定为小隔离圈。人间鼠疫病例发生较少时，可在小隔离圈内设立隔离病房，就地隔离和治疗病人，对小隔离圈内原居住的其他人员均须实行健康隔离，并进行预防性投药治疗，在封锁期间内一律不得外出，严禁与其他人员接触。除工作外，严禁其他人员出入小隔离圈。

2. 大隔离圈划定。

以发生人间鼠疫病人（或尸体）的住房为中心，将其所在的村（屯）、街道的一部分或全部划定为大隔离圈。牧区则以病家住宅为中心，将其附近常有人来往的地域，一般 1—2Km 以内的区域划为大隔离圈。

大隔离圈内可在临时指挥部的统一安排下，组织居民进行生产活动，但不准外出，活动范围限定在大隔离圈内。

3. 警戒圈划定。

根据人间鼠疫病型、传染来源以及污染范围等具体情况，可以大隔离圈为中心，将其周围 5—10Km 范围内的所有居民点划为警戒区。如发生在城镇，可视患家位置和城镇大小，将城镇的一部分或全部划为警戒圈。如发生在牧区，居民分散时，只须在大警戒范围内的各路口设立岗哨即可，可不必划分警戒圈。

4. 对直接接触者实施健康隔离。

对直接接触者的健康隔离是控制疫情扩大蔓延的重要措施，除对小隔离圈内原住人口实施健康隔离外，对与鼠疫病人近 9 日内有直接接触或与鼠疫尸体接触的人员，都应实施健康隔离措施。如直接接触者已离开本地，应通过各种渠道找到其下落并就地隔离。所有接触者在隔离期间均应进行预防性治疗 9 天。隔离期间如发现高热者或可疑似鼠疫病人，应立即单独隔离。健康隔离的处所可视具体情况而定，一般可在直接接触者原住宅另室隔离，必要时可设立临时健康隔离所，健康隔离所应设在居民点中孤立一角的房舍中，周围设岗，严防出入。

5. 特殊情况下的封锁隔离。

（1）人间鼠疫病人（或尸体）发生在人烟稀少、居住分散的山区或牧区时，只划定小隔离圈。

（2）人口密集地区人间鼠疫多点同时暴发流行时，可不划大隔离圈，根据病人分布可将整个村寨或几个村寨划定为封锁隔离区域。

（3）鼠疫病人发生在旅途或医院时，先将病人所在车厢及车站或医院等被污染的场所迅速封锁隔离，立即与非污染场所人群分开，尽快查清直接接触者，并就地隔离留验。

（四）患者的处置及治疗

1. 在病人较少的情况下，一般就地隔离治疗，在疫情严重，病人较多且分散的情况下，须建立临时隔离病院，隔离病房必须经过彻底的消毒、灭蚤、灭鼠后方可收容病人。疫情发生在城市时，应将病人集中在指定的传染病院。各型病人应分别隔离，肺鼠疫、肠鼠疫病人单间隔离。

2. 送往医院的病人，应在病家先做好初步消毒及灭蚤工作，途中防止污染，肺鼠疫及其可疑者应戴口罩，备痰盒（内装消毒剂），禁止抛弃废物，护送车辆到达目的地后，对车辆及车上所有的物品要彻底消毒。入院后先将病人送入卫生处置室进行卫生处理，更换衣物，然后送入病室。

3. 入院病人应进行详细登记，由主管医师进行仔细检查，并进一步核实流行病学及发病情况，填写入院志，确定病型及治疗方案。值班医生和护士应仔细观察病情，认真做好病程记录，定期检查患者体温、脉搏、呼吸、血压等。

4. 医护人员进入病房必须穿戴全套防护服装，病房先用有效消毒剂喷雾消毒后再进入，出病房后经喷雾消毒，然后脱去防护服装。防护服装应按以下顺序脱下：眼镜、衣服、口罩、手套、胶靴等。防护服装每次用后都要彻底消毒，如用有效消毒剂浸泡或高压消毒等。

5. 治疗病人。

（1）一般治疗。鼠疫多为重症病人，应由专门护理人员护理，急性发热期病人应给予易消化、高蛋白、高维生素的流质或半流质饮食。肿大淋巴结的局部治疗初期多采用冷敷法，可用 20—30% 酒精或 5—10% 鱼石脂酒精涂布，或 10% 雷弗诺尔冷敷，急性炎症消退后，可敷以稀薄的水银软膏，促进炎症的吸收，对腺肿软化不能吸收者，可切开排脓。眼鼠疫的局部治疗可用金霉素、四环素、氯霉素等眼药点眼，炎症反应严重者亦可加用含有激素的眼药点眼。对症治疗包括镇静、解热止痛、保护心脏功能、补充体液、抢救中毒性休克等。

（2）特效治疗。目前鼠疫的治疗仍以链霉素为首选，链霉素的用量根据病型不同而异，肺鼠疫和败血型鼠疫用药量大，腺鼠疫及其它各型鼠疫用药量较小，但不论哪一型鼠疫，均应早期、足量给药。

①腺鼠疫：链霉素用量一般为 2—3g/日，首次肌注 1.0g，以后每 4—6h0.5g。治疗过程中可根据病情好转和体温下降情况安全减量。病人全身症状消失，体温恢复正常后，应继续用药 3—5 天，以防止复发。

②肺鼠疫和败血型鼠疫：链霉素 4—6g/日，每 4—6h 注射 1.0g，持续用药 3—5 天后，根据患者体温，全身和局部症状好转情况逐渐减量用药至痊愈。为了彻底消灭体内鼠疫菌，防止再燃，应在各种症状消失后继续用药 3—5 天，最后经血、痰检菌阴性后方可停药。

除链霉素外，其他一些抗菌素对鼠疫也有肯定疗效，因此也可将链霉素减量后与其它抗菌素联合使用或单独使用，如四环素、庆大霉素、丁胺卡那霉素、氯霉素、喹诺酮类及磺胺等。但应注意，链霉素与其他氨基甙类药物联合用药，有毒性相加作用。对链霉素过敏的患者可用四环素或其他抗菌素取代链霉素进行治疗，四环素成人口服剂量为每日 30—40mg/kg 体重，分 4—6 次服用，病情缓解后，可将剂量减为每日 25—30mg/kg 体重，分 4 次口服直到第 10 日。对重症病例和持续高温者，可在开始治疗时静脉滴注四环素 10mg/kg 体重，以后每日 15mg/kg 体重，至体温恢复正常后，用一般剂量口服数日，以巩固治疗。

（3）预防性治疗。对鼠疫患者的直接接触者、被疫区跳蚤叮咬的人、接触了染疫动物分泌物及血液者，以及鼠疫实验室工作人员操作鼠疫菌时发生意外事故的，均应进行鼠疫预防性治疗。药物可选用四环素、强力霉素、磺胺等。WHO 新编《鼠疫手册》推荐的剂量是：四环素 1—2g／日，分 2—4 次口服，9 岁儿童 25—50mg／日，分 2—4 次口服；强力霉素 100—200mg／日，1 次或分 2 次口服，9 岁儿童剂量及服法相同；磺胺类药（含增效剂）1.6g／日，2 个月小儿 40mg／日，分 2 次口服。必要时可肌注链霉素进行预防性治疗。

（五）疫区消毒、灭蚤、灭鼠

1. 消毒。

对鼠疫病人居住的房间可用 5% 来苏儿或 0.5% 过氧乙酸、1000mg/L 二氧化氯溶液喷雾消毒（300ml／m³），每天 1 次，肺鼠疫患者房间每天消毒两次。

棉衣、被褥等用蒸汽消毒或 0.105Mpa20min 高压消毒，单衣、夹衣可用 5% 来苏儿水溶液或 1000mg/L 二氧化氯溶液浸泡 24h，洗净后晾干。

不能用浸泡或蒸汽消毒的衣物，皮毛类、书籍等，可用甲醛熏蒸，药量为 50ml／m³，密闭 24h，或用环氧乙烷熏蒸，所需药量为 1.5—2.0ml/L。方法是将待消毒的物品装入塑料袋内，倒入环氧乙烷，用铝夹封好袋口，在大于 15℃ 的室温下作用 16—24h 自然气化消毒。

贵重仪器、钟表、电视机等可用 75% 酒精擦拭，或用环氧乙烷熏蒸，作用 16—24h 消毒。

餐具用煮沸法消毒，粮食用炒、煮和曝晒方法消毒。

病人的排泄物、分泌物等，可用 5% 来苏儿水溶液浸泡或漂白粉（200—400g/kg）消毒 24h 后掩埋，垃圾焚烧后掩埋。

运送病人的车辆用 5% 来苏儿水溶液或 1000mg/L 二氧化氯溶液喷雾消毒。

病人治愈出院或尸体移出病房后要对病房进行终末消毒。

2. 灭蚤。

鼠疫疫区判定后，在救治病人的同时，应把患者的衣服、被褥全部更换下来进行消毒、灭蚤处理。对病人及直接接触者住处的所有房屋、地面、墙壁、炕面、室内物品等普遍喷洒灭蚤药物，进行初步灭蚤。此时暂不搬动室内物品，以免蚤类四散逃逸而增加感染机会。初步灭蚤后，接着进行第二次彻底普遍的药物灭蚤。对大、小隔离圈首先进行环境灭蚤，同时进行鼠洞灭蚤处理。

根据流行动态和当地游离蚤的严重程度，灭蚤工作可扩大到警戒区或更大范围。所使用的灭蚤药物可重复或交替使用。对猫、犬等动物严加管理，要求栓养并用药物灭蚤。当疫情严重，有发展趋势时可将猫、犬等家养动物全部处死。

隔离圈外围如果是动物鼠疫疫区时，要使用鼠蚤并灭的熏蒸药物处理鼠洞。使用毒饵法灭鼠时，必须及时堵洞，防止蚤类游离洞外。

灭蚤可使用敌敌畏、溴氰菊酯、奋斗呐、灭害灵等。

灭蚤后使室内达到用粘蚤纸法（每间房 5 张）和集土法（每间房 $5m^2$）检不到跳蚤的标准。

3. 灭鼠。

人间鼠疫疫区内的灭鼠工作，必须在灭蚤的基础上或与灭蚤同时进行。大、小隔离圈的室内外灭鼠，应选用高效灭鼠剂，采用熏蒸法或毒饵法进行。除疾控人员为了检验目的外，严禁器械灭鼠，以防止鼠疫感染和疫蚤游离。大、小隔离圈内经灭鼠处理后，无论家鼠、野鼠都要达到无鼠无洞的标准。

已证实鼠疫病人的感染来源于当地动物鼠疫疫区时，灭鼠范围要扩大到隔离圈以外属于动物鼠疫疫区范围内的居民区及邻近地区，对野外疫区施行鼠蚤并灭的熏蒸剂灭鼠。

灭鼠可使用敌鼠钠盐、溴敌隆、磷化锌、磷化铝、氯化苦等。

在地广人稀而灭鼠范围大的偏远地区，不具备施用熏蒸剂条件而代之以毒饵灭鼠时，必须在灭鼠的同时，进行洞内投药或堵洞等灭蚤措施。投药者应注意个人防护。

（六）检诊、检疫

1. 检诊。

小隔离圈内由医疗卫生人员负责，大隔离圈或隔离区域可由基层卫生人员负责，每天检诊两次，早晚各 1 次。如发现体温在 37℃以上的可疑病人，尤其是有密切接触史者，需要严密观察。在不能排除鼠疫时，应取材送检并进行预防性治疗，及时做出细菌学、血清学诊断。

2. 检疫。

一般情况下，在车站或港口设立检疫站，在交通要道设路卡，进行检疫。要注意观察过往行人的健康状况，对车辆进行消毒处理，严禁各种车辆在疫区内停留，限制货物外运。如遇情况特殊，货物必须运出时，可由疫情处理指挥部批准，并对货物及车辆进行严格的消毒、杀虫、灭鼠等卫生处理后方可运出。

发生鼠疫病人的疫区及附近 10km 之内所有汽车站、火车站、飞机场、港口等，是否封锁交通，要根据疫情发展和严重程度来决定。必要时可实施交通封锁。实行交通封锁应由省（市、自治区）人民政府批准，并报请中华人民共和国卫生部、铁道部、交通部、民航总局等备案；属跨省（市、区）的，需经有关省（市、区）人民政府和国家有关部、委、局批准，由当地人民政府及有关部门执行。

（七）尸体处理

对鼠疫尸体和疑似鼠疫尸体，根据《传染病防治法》及有关法规要求，应说服死者家属，严格按照规定进行处理，严禁举行各种形式的葬礼和迷信活动。

1. 判断为疑似鼠疫尸体时，必须进行尸体解剖，观察病理变化和取材进行检验。

2. 尸体解剖、处理时，必须严格消毒，先将尸体及周围用 5% 来苏儿、0.5% 过氧乙酸、1000mg/L 二氧化氯溶液喷雾消毒，用消毒液浸泡棉球填塞口、鼻、耳、肛门、阴道等。处理时用消毒液浸泡过的被单或白布将尸体包裹，消毒后就地焚烧或深埋。

3. 火葬时应专炉焚烧。如在野外焚烧，应就地挖好掩埋坑，待尸体烧成灰烬后，推入坑内掩埋。深埋时，坟地应选择在离交通要道及居民区较远的高地，以免接近地下水层。墓坑要深于 2.5 米以上，放入尸体前，应先撒入生石灰，尸体放入后迅速掩埋。

4. 参加殓尸及送葬人员均须戴口罩，着防护服，事后进行彻底消毒。

5. 遇有少数民族地区或个别特殊情况，不宜采取上述措施时，由临时疫情处理指挥部根据具体情况作出妥善处理。

（八）环境卫生治理

搞好环境卫生是巩固灭鼠、灭蚤的经常性措施，也是检验灭鼠、灭蚤效果的重要指标。要求做到窗明几净，室内无尘，墙壁无缝，家具离地面半尺，室外无散在垃圾粪便，家畜圈养，街道整洁。总之，在经过疫区处理之后，要使居室内外形成一个清洁卫生的环境，清除鼠蚤孳生的场所和病原体存在的隐患。

（九）预防接种

必要时，对警戒区及其以外的居民，在发生疫情后随时可进行预防接种；大、小隔离圈内居民经疫区处理第 7 天后，方可进行预防接种。

（十）健康教育与医务人员培训

疫情处理过程中应对疫区居民进行鼠防知识教育，宣传教育的内容，应以预防鼠疫的"三报"、"三不"为主。三报是：报告病、死鼠（獭、包括其它病死动物）；报告疑似鼠疫病人（发热及淋巴结肿大，发热及胸痛、咳嗽等）；报告不明原因的高热病人和急死病人。三不是：不私自猎捕疫源动物；不剥食疫源动物；不贩卖疫源动物及其产品。

对各级医疗卫生人员定期进行培训，使他们了解鼠疫诊断和治疗知识，熟悉疫情报告、疫区处理、交通卫生检疫知识及程序等，对预防和控制鼠疫至关重要。

对铁路、交通、民航、公安、工商管理、动物检疫等部门的工作人员，应使他们熟悉国家关于鼠疫疫源动物管理的法律法规和交通卫生检疫知识。

五、处置效果评价

疫情控制措施全面实施后，有关卫生行政部门应对处置效果进行评价，作为后续处理及可否解除疫情封锁的依据。

（一）评估人员和组织

根据鼠疫疫情分级（特别重大、重大、较大和一般鼠疫疫情），分别由卫生部、省、市（地）、县级卫生行政部门组织相关人员成立评估小组，开展评估工作。

（二）评估内容及指标

1. 流行病学评价：通过流行病学调查，发生疫情的原因、传染源、传播途径基本清楚；传染源得到有效控制，传播途径已被切断；直接接触者全部隔离留验，并经预防性治疗6—9天，无二代发病。

2. 病人的处置及治疗效果评价：所有病人按照不同病型采取隔离措施；所有病人均经规范化治疗并得到及时救治；肺鼠疫、败血型鼠疫及皮肤型鼠疫病人停止治疗后，对其痰及咽喉分泌物连续检查鼠疫菌3次，隔3天检查1次，均为阴性。

3. 环境安全评价：小隔离圈内按照规定进行严格的消毒处理，病人痰液、排泄污物等及时消毒处理；所污染的场所、物品、炊具、食具等进行消毒或焚烧；针对病原体可能污染的环境因素，采集疫点、疫区的衣物、书籍物体表面、食品、粮食等开展病原学检测，达到卫生处理要求。

4. 灭蚤效果评价：鼠疫病人及其直接接触者以及衣被等物品均通过彻底灭蚤；隔离区域内的猫狗实行管制，猫狗体灭蚤；用化学灭蚤药对大小隔离圈内的家屋进行环境灭蚤，室内外鼠洞灭蚤，家畜和家禽圈舍灭蚤；灭蚤后使室内达到检不到跳蚤的标准。

5. 灭鼠效果评价：在大小隔离圈内，无论家鼠、野鼠均达到无鼠无洞的标准；对野外疫区施行鼠蚤并灭的熏蒸剂灭鼠；灭鼠后主要宿主密度分别降至规定要求。

6. 鼠疫尸体处理的安全性评价：鼠疫尸体按照有关规定进行了妥善处理；葬前对尸体进行了彻底消毒处理；尸体处理方式及过程符合《传染病防治法》及有关规定；随葬人员个人防护符合要求，葬仪结束后进行了消毒；运送尸体的车辆经过了严格的消毒处理。

7. 环境卫生评价：室内外环境卫生达到现场处理要求，家畜圈养，街道整洁；鼠蚤孳生的场所和病原体存在的隐患已被清除。

8. 宣传教育工作及其效果；疫情处置期间向疫区群众开展健康教育和基层医务人员专业培训；群众鼠疫防治知识知晓率达到 80% 以上，医务人员培训率达到 90% 以上。

（三）通过综合评估，对处置效果的作出评价，并提出应急处理过程中存在的问题和改进建议。评估报告报本级人民政府和上一级卫生行政部门，作为疫情可否解除的依据。

六、解除疫区封锁

（一）解除封锁隔离的标准

1. 病人及直接接触者的解除隔离标准。

（1）肺鼠疫病人经治疗体温恢复正常，全身症状及体征明显好转，再治疗 3—5 天，停止治疗后，对其痰及咽喉分泌物连续检查鼠疫菌 3 次，隔 3 天检查 1 次，均为阴性时，可解除隔离；腺型及其他型鼠疫病人经治疗体温恢复正常，全身症状消失，肿大淋巴结完全吸收或残留小块硬结，可解除隔离；皮肤鼠疫及肿大淋巴结破溃者，创面洁净并已基本愈合后，患病局部连续 3 次检查鼠疫菌，每隔 3 天检查 1 次均为阴性时，可解除隔离。

（2）直接接触者隔离 9 天后，无新发鼠疫病人及疑似鼠疫病人时，可解除隔离；留验期间有新发鼠疫病人时，其直接接触者须重新隔离留验 9 天，9 天后无新发鼠疫病人时，可解除隔离。

2. 人间鼠疫疫区封锁隔离的解除标准。

（1）封锁隔离区内达到灭鼠灭蚤标准，最后 1 例病人治愈后，无新发鼠疫病人及可疑者，隔离病室、污染场所及污染物进行终末消毒，可解除封锁隔离。

（2）封锁隔离区已按标准要求完成全部处理工作，但鼠疫病人尚未痊愈时，可只对病人及其病房封锁隔离，大、小隔离圈及隔离区域可如期解除封锁隔离。病人痊愈后，病房、衣物等必须进行终末消毒后，方可解除封锁隔离。

（二）解除人间鼠疫疫区封锁隔离的程序

1. 疫区处理已按《人间鼠疫疫处理标准及原则》的要求，全面彻底的完成疫区处理工作，经验收大、小隔离圈内确实已达到灭鼠灭蚤及环境卫生标准；连续9天内无继发病人，疫区处理指挥部可以提出解除疫区封锁并写出书面报告材料上报，经县以上政府批准，方可宣布解除封锁，并上报国家卫生部备案。

2. 经检验，排除人间鼠疫时，应立即解除封锁隔离。

七、总结报告

为改进鼠疫防治措施，分析鼠疫流行趋势，应对疫区处理经过和疫情进行分析总结。总结报告主要内容包括：

1. 各级党和政府部门的领导和组织工作，疫情处理及医疗救治工作情况。

2. 总结分析鼠疫疫情发生的原因，传染源、传播途径和流行因素。

3. 总结疫情发生、发展和消灭的过程。

4. 在抢救病人、治疗用药、消毒、灭蚤、灭鼠和搞好环境卫生等方面有哪些改进和新的体会。

5. 总结分析疫区流行病学调查结果。

6. 提出对疫情的估计和今后应采取的措施以及工作中存在的问题等。

疫区处理工作结束时，应将疫区处理总结报告呈送上级备查，将鼠疫病人病历及有关资料交有关鼠防机构妥善保管、存档。

地震灾区霍乱疫情应急处理预案

（2008 年 5 月 18 日卫生部办公厅公布）

为指导地震灾区及时、高效、有序地处理可能发生的霍乱疫情，防止疫情传播和蔓延，根据《中华人民共和国传染病防治法》、《突发公共卫生事件应急条例》等法律法规和工作规范的规定，结合地震后灾区实际，特制定本预案。

一、适用范围

本预案适用于地震灾区霍乱疫情的预防和控制工作。

二、工作原则

坚持贯彻"预防为主"的方针，加强日常监测，发现病例及时采取有效的预防与控制措施，迅速切断传播途径，控制疫情传播和蔓延，保障灾区人民生命安全及社会安定。

三、预案启动条件

在地震灾区范围内，凡发生霍乱病例 1 例及以上的疫情，即启动本预案。

四、疫情的判定、分级和报告

（一）诊断标准

霍乱病例的诊断标准参照国家《霍乱诊断标准及处理原则GB15984—1995》执行。

1. 疑似霍乱诊断标准

（1）凡有典型临床症状，如剧烈腹泻，水样便（黄水样、清水样、米泔样或血水样），伴有呕吐，迅速出现严重脱水，循环衰竭及肌肉痉挛（特别是腓肠肌）的首发病例，在病原学检查尚未肯定前。

（2）霍乱流行期间有明确接触史（如同餐、同住或护理者等），并发生泻吐症状，而无其他原因可查者。

具有上述项目之一者诊断为疑似霍乱。

2. 确定霍乱诊断标准

（1）凡有腹泻症状，粪便培养 01 群或 0139 群霍乱弧菌阳性；

（2）霍乱流行期间的疫区内，凡有霍乱典型症状情，粪便培养 01 群和 0139 群霍乱弧菌阴性，但无其他原因可查者；

（3）在流行期间的疫区内有腹泻症状，作双份血清抗体效价测定，如血清凝集试验呈 4 倍以上或杀弧菌抗体测定呈 8 倍以上增长者；

（4）在疫源检查中，首次粪便培养检出 01 群或 0139 群霍乱弧菌前后各 5 天内有腹泻症状者。

临床诊断：具备（2）。

确诊病例：具备（1）或（3）或（4）。

（二）疫情的分级

根据疫情的流行特征，分级实施紧急控制措施，以达到有效控制的效果，将疫情分为三级，严重霍乱疫情（Ⅰ级），较严重霍乱疫情（Ⅱ级），一般霍乱疫情（Ⅲ级）。

严重霍乱疫情（Ⅰ级）：全县（区）范围5天内，发现20例以上病例或带菌者，或有1例死亡病例，或发现新的菌株流行。

较严重霍乱疫情（Ⅱ级）：全县（区）范围5天内，发现5—19例病例或带菌者，或出现新的菌株。

一般霍乱疫情（Ⅲ级）：发现霍乱散发病例或带菌者，或外环境检出霍乱菌株。

五、对策与措施

（一）加强组织领导

霍乱属于甲类传染病，霍乱预防控制工作应在政府的统一组织领导下，动员各有关部门，切实做到组织、思想、技术和物质的"四落实"。

（二）预防性措施

1. 加强疾病监测。

地震灾害发生后，由于自然生态环境遭到破坏，环境卫生状况及群众生活条件恶化，常可导致有关传染病的发生、流行、甚至暴发。根据灾区既往霍乱等肠道传染病流行特点，通过定期、定点、有重点地开展肠道传染病监测，可掌握当地重点肠道传染病的发生、发展情况及其相关的社会、自然因素，从而为制定防制对策，开展防治工作、评价效果提供科学依据，确保大灾之后无大疫。

（1）灾害期间监测。

①要加强疑似霍乱病人监测，特别是完善腹泻等症状监测。在灾民区设立临时医疗点，规范医疗记录卡，详细登记病人的发病情况，以便核查和及时发现疫情，并且每天应统计就诊人数及症状，用统一的表格每天逐级上报。应由疾控人员和临床医生组成医疗队，逐户调查、登记和检查。一旦发现疑似霍乱病人，要及时进行登记和流行病学调查，同时采集相应的临床标本进行检测。

②饮用水和食品监测。对可能受污染的灾区水体和食品等进行采样送检，并可根据实际情况加大监测的范围和频次。

③其它外环境监测。对厕所、粪坑、苍蝇及其它外环境进行采样送检。

（2）灾后疾病监测。灾后应根据各项预防措施的落实情况开展防病效果监测与评价。同时，对可能产生后期影响的肠道传染病，开展疫情与流行因素监测。

2. 重点抓好水源保护和饮水消毒。

保障饮水卫生是预防控制肠道传染病的关键措施。要着重做好分散式饮用水消毒，要鼓励群众喝开水，在没有条件的地方，要推行用漂白粉及漂白粉精片对饮水进行消毒。饮水消毒措施要落实到每个临时居住点。要划定临时饮水水源区域，并做好水源保护工作。灾区各级政府要及时组织对分散式和集中式饮用水水源和供水设施进行检修、清理，加强对饮用水的消毒处理，定期进行水质检验。

各灾区应尽可能执行《生活饮用水卫生规范》（2001），对微生物污染严重的水源，饮水中余氯可采用世界卫生组织推荐值0.7mg/L。对水源选择和处理条件受到限制的灾区可适当放宽"感官和一般化学指标"的要求，采用爱卫会和卫生部批准"农村实施

〈生活饮用水卫生〉标准准则"，水质应达到二级以上；特殊情况容许按三级要求处理。在有条件处应按国家标准方法《生活饮用水检验规范》（2001）检验。在现场条件下不具备时可采用简易方法检验。取经消毒的水样品用市售余氯比色器测定。

3. 加强食品卫生和集市贸易的管理。

做好灾区食品卫生监督管理工作，检查市售食品、饮食摊点的卫生状况，特别是熟肉制品和凉拌菜的卫生状况。要对群众进行宣传教育，防止群众食用腐败变质的食品，严禁各类聚餐活动。在恢复生产、重建家园时期，要严格执行《食品卫生法》以保障食品安全。

4. 消灭苍蝇、蟑螂等病媒。

应重点实施对帐篷、窝棚、临时垃圾点、厕所等场所的消杀灭工作，做好蚊蝇孳生地的处理。并在重灾区人群较集中的生活区域内垃圾、粪便污染严重的地区重点进行药物喷洒消毒处理。

5. 健康教育和爱国卫生运动。

利用一切可以利用的宣传手段和传播媒介，做好群众的卫生防病宣传教育和动员工作。要结合灾区的实际情况，因地制宜地把简便易行的各种防治措施和卫生知识教给群众。组织群众制订救灾防病爱国卫生公约，是促进群众自觉地提高自我防病和自我保护能力的有效办法，应该大力倡导。

（三）疫情发生后的控制措施

灾区各级疾病预防控制机构及各医疗卫生机构要认真做好霍乱病人的疫情管理、疫点处理和诊断、隔离、抢救、治疗工作。接到霍乱疫情报告后，应根据本预案要求，迅速开展疫情的控制工作。

1. 流行病学调查。

发生霍乱暴发疫情，应及时组织开展流行病学调查，掌握霍乱暴发的流行规律，查明传染来源、传播途径和疫情波及的范围，阐明流行因素，为及时制定暴发疫情控制方案提供科学依据。调查方法主要有个案调查与暴发调查两种。

2. 病人和带菌者处理。

病人和带菌者应送当地指定医院隔离病房或专设的临时隔离病房隔离治疗，凡病人停药后连续两次阴性、慢性带菌者大便培养连续七天阴性方可解除隔离。

确诊时临床症状已经消失的恢复期病人或带菌者，动员隔离确有困难或当地无条件收治时，可以在指定地点隔离治疗观察。严格执行随时消毒，尤其对粪便、污水、剩余食物、餐具、衣物等；住家周围进行药物快速灭蝇；衣裤、马桶等污物用具不得在河水或井边洗涤。停药后连续二次每日采便检验阴性者解除隔离，重复阳性者应住院隔离治疗。

疑似病人立即留观，疫情处理人员在疫源搜索时发现霍乱疑似病人，应立即送到当地指定地点单独隔离治疗，疑似病人与确诊病人和带菌者以及其他传染病人分开隔离，在临床和实验室未确诊前暂按霍乱病人处理。

3. 疫点疫区的划分。

疫点是指发生病人、疑似病人和发现带菌者的地方，以及可能引起新感染的地方。划定疫点范围的根据是流行病学调查结果，主要包括患者在发病前三天至隔离时的活动范围、与周围人群的接触情况和其排泄物对外环境污染的情况，以及当地基本卫生设施和卫生状况。

根据疫点的地理位置、水系分布、交通情况、自然村落等特点来划定疫区。一般在农村以一个村或几个村，一个乡或毗邻乡，在城市以一个或几个居委会或一个街道为范围划为疫区。

4. 疫点处理原则。

坚持"早、小、严、实"的原则，即时间要早，范围要小，措施要严，落在实处。

（1）各类传染源应单独隔离治疗。在确诊时经过治疗症状已消失且单独隔离有困难的病例可在疫点内留验观察。

（2）密切接触者在疫点内隔离留验，连续 2 次（每日一次）粪检阴性，方可解除隔离。疫点外密切接触者应在家隔离留验，并做好预防服药和随时消毒。每日采便检验一次，连续二次阴性可解除隔离。如检出阳性则应送指定的医疗单位隔离治疗，该地应划为疫点作相应处理。对一般接触者可以只作预防服药，不作粪检。

（3）临时搭建的帐篷等处发生疫情，可就地实施疫点封锁。

（4）对疫点人群应每日采便送检一次，在第一次采样后给予药物预防。预防用药可选用以下几种：（1）强力霉素：300mg 顿服或第一天 200mg，第二天 100mg。（2）氟哌酸：每次 0.3g，每日二次，连服二天。（3）对儿童不宜用以上药物，可遵医嘱使用头孢类抗生素。

5. 疫点疫区消毒和灭蝇。

消毒范围应包括病人或疑似病人在发病前三天至隔离时止的活动范围内可能受到污染的所有场所和物品。带菌者从检出阳性标本的采样日期往前推三天计算。灭蝇范围以疫点为中心，半径在 50 米以上范围。喷洒药物应先室外，后室内，先周边，后中心，要在 24 小时内做到疫点内无蝇。

6. 阳性水源处理原则。

水源受到污染或检出霍乱菌株，应采取以下措施：

（1）设置明显的禁用标志牌和卫生岗。

（2）禁止直接饮用，禁止人畜下水，禁止从中捕捞水生动、植物。

（3）禁止受到阳性水源污染的瓜果蔬菜上市。

（4）拆迁污染水源的厕所、粪坑。

（5）对周围人群进行现症腹泻病人的调查，对腹泻病人进行一次粪检，给予抗菌治疗。

（6）如在水源中检出流行菌株，则应划定疫点。

（7）对阳性水源应每隔 3—5 天采样检查一次，连续三次阴性方可解除管理。

7. 疫点的解除。

上述措施均已落实，疫点内所有人员粪便培养连续二次均阴性，无续发病人或带菌者出现时，征得当地疾病预防控制机构的同意可解除疫点。如有新感染者出现，则重新实施以上措施。

六、保障措施

（一）人员保障：各级疾病预防控制机构和医疗卫生单位要成立霍乱应急小分队，负责霍乱应急处理工作。

（二）物资保障：各级疾病预防控制机构和医疗卫生单位要做好霍乱控制工作必须的药品、消毒药械、现场处理防护用品供应和储备工作，并根据疫情流行状况及时补充所需物资。

（三）技术保障：应急处理队伍要开展业务培训、演习演练，以增强应急处理能力。

地震灾区炭疽疫情应急处理预案

（2008 年 5 月 18 日卫生部办公厅公布）

炭疽（anthrax）是由炭疽芽胞杆菌引起的人兽共患性传染病，主要发生于畜间，以牛、羊、马等草食动物最为易感。人类偶然从病畜及其产品受到感染。常见类型是皮肤炭疽，少数为肺部、肠道和脑膜的急性感染，有的伴发急性败血症。炭疽芽胞杆菌是一种革兰染色阳性的粗大杆菌，在外界环境中，当条件不适合生长繁殖时，炭疽芽胞杆菌可形成芽胞。芽胞对热、冷、干燥、化学物质、射线和其他不利条件有抵抗力，在土壤中可存活数十年。炭疽杆菌能引起人和动物的炭疽病。对草食性动物致病力最强，对人的致病力中等，介于草食动物与肉食动物之间。在环境中炭疽芽胞是主要的存在形式。多数情况下，总是食草动物首先感染，患病动物的血液、粪尿排泄物，乳汁，病死畜的内脏、骨骼直接感染人类或污染环境，是感染的重要来源。污染的动物制品作为传染源也有重要意义。病人作为传染源很少见。人类常常通过患病动物的肉类、皮毛或患病动物排出物或其他排出物污染的物品获得感染。炭疽主要有三种感染形式：经皮肤接触感染，经口感染和吸入性感染。

2008 年 5 月 12 日，四川省汶川地震导致大量人畜伤亡、环境改变。四川省阿坝藏族羌族自治州、甘孜藏族自治州、凉山彝族自治州甘为炭疽流行区，特别是震中所在地阿坝州为近年来炭疽病例报告较多的地区，今年 1—4 月全国报告 53 例，该州报告 15 例，为报告发病最多的地区。地震波及的甘肃、青海、贵州、云南等地均有炭疽流行。为指导灾区做好灾后炭疽防治工作，特制定本预案。

一、地震灾害发生时的应对措施和注意事项

（一）地震对炭疽的发生和流行可能产生的影响

炭疽芽胞杆菌可以形成芽胞，在土壤中长期存在，地震时，土壤表面及翻出地表面的土壤深处的炭疽芽孢,可能会在空气中形成一定的气溶胶,另外在施救作业时也可搅起土壤,污染空气,如果局部浓度过高时吸入就可能引起肺炭疽。此外地震灾害发生时由于缺少水源,卫生条件不好,炭疽芽孢可能污染手及食物,引起皮肤炭疽和肠炭疽,尽管这种情况很少见,也应引起注意。牲畜炭疽是引起人类炭疽的主要因素,而地震造成的生态环境破坏以及炭疽芽胞的暴露都会对牲畜炭疽产生一定的影响。

(二)主要应对措施

1. 对可疑污染地区的施救人员的健康情况进行监护,有发热等异常情况,及时报告所在单位领导及卫生防疫部门,及时治疗,密切观察病情变化。

2. 防止水源污染,加强饮食、饮水监督。

3. 对曾经有疫情发生的地方和可疑污染地区进行监测,喷洒含氯消毒液彻底消毒。

4. 一旦发现可疑炭疽病人,应立即给予抗生素治疗,同时对病例进行隔离,对其用具、被服、分泌物、排泄物及用过的敷料等均应严格消毒或烧毁。对病人居住环境及用品进行消毒。

5. 对患者的密切接触者和危险人群进行预防服药。环丙沙星、阿莫西林、和强力霉素用于预防效果良好,可根据实际情况选用。

6. 发现可疑病畜,要严加管理,死亡后畜尸要彻底烧毁或深埋(坑深2m,并加漂白粉)。

7. 以下情况发生时应进行预防接种处理:

(1)通过细菌学方法确诊出现肺炭疽病人,并发生人与人之间的传播时,要对肺炭疽病人的间接接触者接种疫苗。(直接接触者不接种炭疽疫苗,采用预防服药。)

(2)出现暴发疫情时,即14天内,在同一村庄、建筑工地、工厂、学校等场所内连续发生10例及以上临床诊断病例时,要在一定范围内,如自然村、街道或独立建筑内的全体人群进行预防接种（有禁忌证者除外）。

二、炭疽临床表现及诊断

（一）隔离

所有类型的炭疽病人，都需要在隔离状态下进行治疗。隔离炭疽病人的目的，主要不是为了阻止人与人之间的传染，而是为了防止污染面积的扩大。皮肤炭疽病例隔离至创口痊愈、痂皮脱落为止。其它类型病例应待症状消失、分泌物或排泄物培养两次阴性后出院。

吸入性炭疽病人的直接接触者，都应当在隔离条件下接受医学观察。隔离方式首选居家隔离，也可以采取集中隔离方式，但必须确保与病人之间的分隔。至少每日一次测定体温和询问健康状况。发现有发病迹象者，立即作为疑似病人进行隔离治疗。皮肤炭疽的接触者以及接触病人的医护人员不需要隔离，也不需要区域封锁。

（二）临床表现及病型

炭疽按感染途径不同可分为皮肤炭疽、肺炭疽、肠炭疽和炭疽败血症等临床类型，其中皮肤炭疽最多见，占90%以上（有报告占98%）。一般潜伏期为1—5日，也有短至12小时，长至2周。

体表感染型（皮肤）炭疽：在面、颈、手或前臂等暴露部位的皮肤出现红斑、丘疹、水疱，周围组织肿胀及浸润，继而中央坏死形成溃疡性黑色焦痂，焦痂周围皮肤发红肿胀，疼痛不显著，局部淋巴结肿大，伴有发热、头痛、关节痛等。

经口感染型（肠炭疽）：急性起病，发热，腹胀，剧烈疼痛，腹泻，血便。可累及消化道以外系统。

肺炭疽：高热，呼吸困难，可有胸痛及咳嗽，咯黏液血痰。其临床症状的严重程度与肺部X射线所见不成比例，非常严重的病人，肺部常仅能听到散在的细湿罗音，X线显示纵隔影增宽。常见胸腔积液。

脑膜炎型炭疽：可继发，也可直接发生。剧烈头痛，呕吐，项强，继而出现谵妄、昏迷、呼吸衰竭，脑脊液多为血性。

炭疽败血症：可继发，也可直接发生。严重的全身症状，高热、寒战、感染性休克与弥漫性血管内凝血表现，皮肤出现出血点或大片淤斑，腔道中出现活动性出血，迅速出现呼吸与循环衰竭。在循环血液中可检出大量炭疽芽胞杆菌。

（三）炭疽的诊断

主要根据病例流行病学资料，临床表现和实验室检查作出诊断。

1. 流行病学线索主要包括：病人生活在已证实存在炭疽的疫区内，或在发病前 14 日内到达过该类地区；从事与皮毛等畜产品密切接触的职业；接触过可疑的病、死动物或其残骸，食用过可疑的病、死动物肉类或其制品；在可能被炭疽芽胞杆菌污染的地区内从事耕耘或挖掘等操作。

2. 临床表现：如上所述。

3. 实验室检查：

（1）皮肤损害的分泌物，痰，呕吐物，排泄物，或血液、脑脊液等标本中，显微镜检查发现炭疽芽胞杆菌。

（2）细菌分离培养获炭疽芽胞杆菌。

（3）血清抗炭疽特异性抗体滴度出现 4 倍或 4 倍以上升高。

细菌学检查常用的检查方法有：显微镜检查，包括革兰染色、芽胞染色和荚膜的生成及染色观察；细菌培养；噬菌体裂解试验，溶血试验，青霉素敏感试验以及毒力基因的检测等。其中噬菌体裂解实验和青霉素敏感实验是确诊实验。

三、炭疽的治疗

（一）特效抗生素治疗

迅速作出临床判断和及时应用抗菌药物是炭疽治疗的关键。同时开始支持性治疗以防止败血症休克，体液及电解质平衡紊乱和呼吸困难等。几乎所有的炭疽菌株都对抗生素敏感。长期以来青霉素一直是治疗炭疽的首选药物。在开始治疗时也可使用环丙沙星和其他喹诺酮类或者强力霉素。治疗原则是隔离患者，尽早治疗，早期杀灭体内细菌，中和体内毒素，克服平滑肌痉挛，维持呼吸功能，后期防止发生合并症。

（二）预防性投药

对直接接触者，可以给予青霉素或同类抗生素注射预防性治疗，常规剂量 3 天。接受预防投药者中不使用疫苗预防。

（三）预防接种

接种对象为肺炭疽病人的间接接触者（直接接触者不接种炭疽疫苗），出现炭疽暴发疫情地区一定范围内，如自然村、街道或独立建筑内的全体人群进行预防接种（有禁忌证者除外）。

四、炭疽的预防控制

（一）通过广播，宣传画，通告等多种生动，形象具体的方式向群众宣传炭疽的传播方式和危害性，提高群众对炭疽的警惕性，一经发现疑似疫情应立即向当地兽医站或卫生防疫站报告，严禁剥食不明原因死亡的动物，死于炭疽动物的尸体必须焚烧。

（二）疫点的消毒处理。

污染芽孢的粪肥，废饲料等均可采用焚烧处理；不宜焚烧的物品可用含 2%碱的开水煮 30 分钟到 1 小时，再用清水洗净，或用 4%甲醛溶液浸泡 4 小时，或用 121℃高压蒸汽消毒 30 分钟。

污染场地（住房、厩舍及周围环境）可用 5%福尔马林按 500ml/m² 喷洒消毒三次，或用 20%的漂白粉水溶液按 200ml/m² 喷雾作用 1—2 小时。

排泄物等按 5：1 稀释污物加漂白粉搅匀后作用 12 小时后弃去。

土壤（炭疽尸体停放处）的消毒：应该去掉 20cm 厚的地表土，焚烧或加热 121℃30 分钟。如不易作到这一点，可用 5%的甲醛溶液 500ml/m² 消毒三次，亦可用氯胺或 10%的漂白粉乳浸渍，处理 2 次。

（三）病人周围环境的消毒措施

病人的衣物和用品，尽可能采取高压消毒或焚毁，不能采取上述措施的有价值的物品，可以使用环氧乙烷熏蒸消毒；隔离治疗病人的环境，只需要保持清洁，可用低毒性的消毒剂如新洁而灭等擦拭。

炭疽病人死亡，有出血迹象的孔道应以浸透消毒剂的棉花填塞，尸体以浸透消毒剂的床单包裹后火化。

病人出院或死亡，应对该环境进行终末消毒，应使用含氯消毒剂反复进行，直到隔日检查连续3次不能检出有致病能力的炭疽芽胞杆菌为止。

中华人民共和国国境卫生检疫法

中华人民共和国主席令
第八十三号

  《全国人民代表大会常务委员会关于修改〈中华人民共和国国境卫生检疫法〉的决定》已由中华人民共和国第十届全国人民代表大会常务委员会第三十一次会议于 2007 年 12 月 29 日通过，现予公布，自公布之日起施行。

中华人民共和国主席 胡锦涛
2007 年 12 月 29 日

  (1986 年 12 月 2 日第六届全国人民代表大会常务委员会第十八次会议通过；根据 2007 年 12 月 29 日第十届全国人民代表大会常务委员会第三十一次会议通过的《关于修改〈中华人民共和国国境卫生检疫法〉的决定》修改)

第一章 总 则

  第一条 为了防止传染病由国外传入或者由国内传出，实施国境卫生检疫，保护人体健康，制定本法。

第二条 在中华人民共和国国际通航的港口、机场以及陆地边境和国界江河的口岸（以下简称国境口岸），设立国境卫生检疫机关，依照本法规定实施传染病检疫、监测和卫生监督。

国务院卫生行政部门主管全国国境卫生检疫工作。

第三条 本法规定的传染病是指检疫传染病和监测传染病。

检疫传染病，是指鼠疫、霍乱、黄热病以及国务院确定和公布的其他传染病。

监测传染病，由国务院卫生行政部门确定和公布。

第四条 入境、出境的人员、交通工具、运输设备以及可能传播检疫传染病的行李、货物、邮包等物品，都应当接受检疫，经国境卫生检疫机关许可，方准入境或者出境。具体办法由本法实施细则规定。

第五条 国境卫生检疫机关发现检疫传染病或者疑似检疫传染病时，除采取必要措施外，必须立即通知当地卫生行政部门，同时用最快的方法报告国务院卫生行政部门，最迟不得超过二十四小时。邮电部门对疫情报告应当优先传送。

中华人民共和国与外国之间的传染病疫情通报，由国务院卫生行政部门会同有关部门办理。

第六条 在国外或者国内有检疫传染病大流行的时候，国务院可以下令封锁有关的国境或者采取其他紧急措施。

第二章 检 疫

第七条 入境的交通工具和人员，必须在最先到达的国境口岸的指定地点接受检疫。除引航员外，未经国境卫生检疫机关许可，任何人不准上下交通工具，不准装卸行李、货物、邮包等物品。具体办法由本法实施细则规定。

第八条 出境的交通工具和人员，必须在最后离开的国境口岸接受检疫。

第九条 来自国外的船舶、航空器因故停泊、降落在中国境内非口岸地点的时候，船舶、航空器的负责人应当立即向就近的国境卫生检疫机关或者当地卫生行政部门报告。除紧急情况外，未经国境卫生检疫机关或者当地卫生行政部门许可，任何人不准上下船舶、航空器，不准装卸行李、货物、邮包等物品。

第十条　在国境口岸发现检疫传染病、疑似检疫传染病，或者有人非因意外伤害而死亡并死因不明的，国境口岸有关单位和交通工具的负责人，应当立即向国境卫生检疫机关报告，并申请临时检疫。

第十一条　国境卫生检疫机关依据检疫医师提供的检疫结果，对未染有检疫传染病或者已实施卫生处理的交通工具，签发入境检疫证或者出境检疫证。

第十二条　国境卫生检疫机关对检疫传染病染疫人必须立即将其隔离，隔离期限根据医学检查结果确定；对检疫传染病染疫嫌疑人应当将其留验，留验期限根据该传染病的潜伏期确定。

因患检疫传染病而死亡的尸体，必须就近火化。

第十三条　接受入境检疫的交通工具有下列情形之一的，应当实施消毒、除鼠、除虫或者其他卫生处理：

（一）来自检疫传染病疫区的；

（二）被检疫传染病污染的；

（三）发现有与人类健康有关的啮齿动物或者病媒昆虫的。

如果外国交通工具的负责人拒绝接受卫生处理，除有特殊情况外，准许该交通工具在国境卫生检疫机关的监督下，立即离开中华人民共和国国境。

第十四条　国境卫生检疫机关对来自疫区的、被检疫传染病污染的或者可能成为检疫传染病传播媒介的行李、货物、邮包等物品，应当进行卫生检查，实施消毒、除鼠、除虫或者其他卫生处理。

入境、出境的尸体、骸骨的托运人或者其代理人，必须向国境卫生检疫机关申报，经卫生检查合格后，方准运进或者运出。

第三章　传染病监测

第十五条　国境卫生检疫机关对入境、出境的人员实施传染病监测，并且采取必要的预防、控制措施。

第十六条　国境卫生检疫机关有权要求入境、出境的人员填写健康申明卡，出示某种传染病的预防接种证书、健康证明或者其他有关证件。

第十七条　对患有监测传染病的人、来自国外监测传染病流行区的人或者与监测传染病人密切接触的人，国境卫生检疫机关应当区别情况，发给就诊方便卡，实施留验或者采取其他预防、控制措施，并及时通知当地卫生行政部门。各地医疗单位对持有就诊方便卡的人员，应当优先诊治。

第四章　卫生监督

第十八条　国境卫生检疫机关根据国家规定的卫生标准，对国境口岸的卫生状况和停留在国境口岸的入境、出境的交通工具的卫生状况实施卫生监督：

（一）监督和指导有关人员对啮齿动物、病媒昆虫的防除；

（二）检查和检验食品、饮用水及其储存、供应、运输设施；

（三）监督从事食品、饮用水供应的从业人员的健康状况，检查其健康证明书；

（四）监督和检查垃圾、废物、污水、粪便、压舱水的处理。

第十九条　国境卫生检疫机关设立国境口岸卫生监督员，执行国境卫生检疫机关交给的任务。

国境口岸卫生监督员在执行任务时，有权对国境口岸和入境、出境的交通工具进行卫生监督和技术指导，对卫生状况不良和可能引起传染病传播的因素提出改进意见，协同有关部门采取必要的措施，进行卫生处理。

第五章　法律责任

第二十条　对违反本法规定，有下列行为之一的单位或者个人，国境卫生检疫机关可以根据情节轻重，给予警告或者罚款：

（一）逃避检疫，向国境卫生检疫机关隐瞒真实情况的；

（二）入境的人员未经国境卫生检疫机关许可，擅自上下交通工具，或者装卸行李、货物、邮包等物品，不听劝阻的。

罚款全部上缴国库。

第二十一条　当事人对国境卫生检疫机关给予的罚款决定不服的，可以在接到通知之日起十五日内，向当地人民法院起诉。逾期不起诉又不履行的，国境卫生检疫机关可以申请人民法院强制执行。

第二十二条　违反本法规定，引起检疫传染病传播或者有引起检疫传染病传播严重危险的，依照刑法有关规定追究刑事责任。

第二十三条　国境卫生检疫机关工作人员，应当秉公执法，忠于职守，对入境、出境的交通工具和人员，及时进行检疫；违法失职的，给予行政处分，情节严重构成犯罪的，依法追究刑事责任。

第六章　附　则

第二十四条　中华人民共和国缔结或者参加的有关卫生检疫的国际条约同本法有不同规定的，适用该国际条约的规定。但是，中华人民共和国声明保留的条款除外。

第二十五条　中华人民共和国边防机关与邻国边防机关之间在边境地区的往来，居住在两国边境接壤地区的居民在边境指定地区的临时往来，双方的交通工具和人员的入境、出境检疫，依照双方协议办理，没有协议的，依照中国政府的有关规定办理。

第二十六条　国境卫生检疫机关实施卫生检疫，按照国家规定收取费用。

第二十七条　国务院卫生行政部门根据本法制定实施细则，报国务院批准后施行。

第二十八条　本法自 1987 年 5 月 1 日起施行。1957 年 12 月 23 日公布的《中华人民共和国国境卫生检疫条例》同时废止。

附　录

出入境特殊物品卫生检疫管理规定

国家质量监督检验检疫总局令
第 160 号

《出入境特殊物品卫生检疫管理规定》已经 2014 年 12 月 4 日国家质量监督检验检疫总局局务会议审议通过，现予公布，自 2015 年 3 月 1 日起施行。

国家质量监督检验检疫总局局长
2015 年 1 月 21 日

第一章　总　则

第一条　为了规范出入境特殊物品卫生检疫监督管理，防止传染病传入、传出，防控生物安全风险，保护人体健康，根据《中华人民共和国国境卫生检疫法》及其实施细则、《艾滋病防治条例》《病原微生物实验室生物安全管理条例》和《人类遗传资源管理暂行办法》等法律法规规定，制定本规定。

第二条　本规定适用于入境、出境的微生物、人体组织、生物制品、血液及其制品等特殊物品的卫生检疫监督管理。

第三条　国家质量监督检验检疫总局（以下简称国家质检总局）统一管理全国出入境特殊物品的卫生检疫监督管理工作；国家质检总局设在各地的出入境检验检疫部门（以下简称检验检疫部门）负责所辖地区的出入境特殊物品卫生检疫监督管理工作。

第四条 出入境特殊物品卫生检疫监督管理遵循风险管理原则，在风险评估的基础上根据风险等级实施检疫审批、检疫查验和监督管理。

国家质检总局可以对输出国家或者地区的生物安全控制体系进行评估。

第五条 出入境特殊物品的货主或者其代理人，应当按照法律法规规定和相关标准的要求，输入、输出以及生产、经营、使用特殊物品，对社会和公众负责，保证特殊物品安全，接受社会监督，承担社会责任。

第二章　检疫审批

第六条 直属检验检疫局负责辖区内出入境特殊物品的卫生检疫审批（以下简称特殊物品审批）工作。

第七条 申请特殊物品审批应当具备下列条件：

（一）法律法规规定须获得相关部门批准文件的，应当获得相应批准文件；

（二）具备与出入境特殊物品相适应的生物安全控制能力。

第八条 入境特殊物品的货主或者其代理人应当在特殊物品交运前向目的地直属检验检疫局申请特殊物品审批。

出境特殊物品的货主或者其代理人应当在特殊物品交运前向其所在地直属检验检疫局申请特殊物品审批。

第九条 申请特殊物品审批的，货主或者其代理人应当按照以下规定提供相应材料：

（一）《入/出境特殊物品卫生检疫审批申请表》；

（二）出入境特殊物品描述性材料，包括特殊物品中英文名称、类别、成分、来源、用途、主要销售渠道、输出输入的国家或者地区、生产商等；

（三）入境人体血液、血浆、组织、器官、细胞、骨髓等，应当提供卫生主管部门的批准文件；

（四）入境、出境供移植用人体组织、细胞、器官、骨髓，应

当提供医疗机构出具的供体健康证明和相关检验报告;

（五）入境用于预防、诊断、治疗人类疾病的生物制品、人体血液制品，应当提供国务院药品监督管理部门发给的进口药品注册证书;

（六）入境、出境特殊物品含有或者可能含有病原微生物的，应当提供病原微生物的学名（中文和拉丁文）、生物学特性的说明性文件（中英文对照件）以及生产经营者或者使用者具备相应生物安全防控水平的证明文件;

（七）出境用于预防、诊断、治疗的人类疾病的生物制品、人体血液制品，应当提供药品监督管理部门出具的销售证明;

（八）出境特殊物品涉及人类遗传资源管理范畴的，应当提供人类遗传资源管理部门出具的批准文件;

（九）使用含有或者可能含有病原微生物的出入境特殊物品的单位，应当提供与生物安全风险等级相适应的生物安全实验室资质证明，BSL-3级以上实验室必须获得国家认可机构的认可;

（十）出入境高致病性病原微生物菌（毒）种或者样本的，应当提供省级以上人民政府卫生主管部门的批准文件。

第十条 申请人为单位的，首次申请特殊物品审批时，除提供本规定第九条所规定的材料以外，还应当提供下列材料:

（一）单位营业执照、组织机构代码证等证件复印件，同时交验原件;

（二）单位基本情况，如单位管理体系认证情况、单位地址、生产场所、实验室设置、仓储设施设备、产品加工情况、生产过程或者工艺流程、平面图等;

（三）生物安全体系文件，如特殊物品储存管理制度、使用管理制度、废弃物处置管理制度、专业人员管理制度、突发事件应急处置规程等。

申请人为自然人的，应当提供身份证复印件，同时交验原件。

出入境病原微生物或者可能含有病原微生物的特殊物品，其申请人不得为自然人。

第十一条　直属检验检疫局对申请人提出的特殊物品审批申请，应当根据下列情况分别作出处理：

（一）申请事项依法不需要取得特殊物品审批的，应当即时告知申请人不予受理；

（二）申请事项依法不属于本单位职权范围的，应当即时作出不予受理的决定，并告知申请人向有关行政机关或者其他直属检验检疫局申请；

（三）申请材料存在可以当场更正的错误的，应当允许申请人当场更正；

（四）申请材料不齐全或者不符合法定形式的，应当当场或者自收到申请材料之日起 5 日内一次性告知申请人需要补正的全部内容。逾期不告知的，自收到申请材料之日起即为受理；

（五）申请事项属于本单位职权范围，申请材料齐全、符合法定形式，或者申请人按照本单位的要求提交全部补正申请材料的，应当受理行政许可申请。

第十二条　直属检验检疫局对申请材料应当及时进行书面审查。并可以根据情况采取专家资料审查、现场评估、实验室检测等方式对申请材料的实质内容进行核实。

第十三条　申请人的申请符合法定条件、标准的，直属检验检疫局应当自受理之日起 20 日内签发《入/出境特殊物品卫生检疫审批单》（以下简称《特殊物品审批单》）。

申请人的申请不符合法定条件、标准的，直属检验检疫局应当自受理之日起 20 日内作出不予审批的书面决定并说明理由，告知申请人享有依法申请行政复议或者提起行政诉讼的权利。

直属检验检疫局 20 日内不能作出审批或者不予审批决定的，经本行政机关负责人批准，可以延长 10 日，并应当将延长期限的理由告知申请人。

采取专家资料审查、现场评估、实验室检测等方式审查的时间不计入审批期限，但应当书面告知申请人所需时间。

第十四条　《特殊物品审批单》有效期如下：

（一）含有或者可能含有高致病性病原微生物的特殊物品，有效期为 3 个月。

（二）含有或者可能含有其它病原微生物的特殊物品，有效期为 6 个月。

（三）除上述规定以外的其它特殊物品，有效期为 12 个月。

《特殊物品审批单》在有效期内可以分批核销使用。超过有效期的，应当重新申请。

第三章　检疫查验

第十五条　入境特殊物品到达口岸后，货主或者其代理人应当凭《特殊物品审批单》及其他材料向入境口岸检验检疫部门报检。

出境特殊物品的货主或者其代理人应当在出境前凭《特殊物品审批单》及其他材料向其所在地检验检疫部门报检。

报检材料不齐全或者不符合法定形式的，检验检疫部门不予入境或者出境。

第十六条　受理报检的检验检疫部门应当按照下列要求对出入境特殊物品实施现场查验，并填写《入/出境特殊物品卫生检疫现场查验记录》：

（一）检查出入境特殊物品名称、成分、批号、规格、数量、有效期、运输储存条件、输出/输入国和生产厂家等项目是否与《特殊物品审批单》的内容相符；

（二）检查出入境特殊物品包装是否安全无破损，不渗、不漏，存在生物安全风险的是否具有符合相关要求的生物危险品标识。

入境口岸查验现场不具备查验特殊物品所需安全防护条件的，应当将特殊物品运送到符合生物安全等级条件的指定场所实施查验。

第十七条　对需实验室检测的入境特殊物品，货主或者其代理人应当按照口岸检验检疫部门的要求将特殊物品存放在符合条件的储存场所，经检疫合格后方可移运或者使用。口岸检验检疫部门不具备检测能力的，应当委托有相应资质的实验室进行检测。

含有或者可能含有病原微生物、毒素等生物安全危害因子的入境特殊物品的，口岸检验检疫部门实施现场查验后应当及时电子转单给目的地检验检疫部门。目的地检验检疫部门应当实施后续监管。

第十八条　邮寄、携带的出入境特殊物品，不能提供《特殊物品审批单》的，检验检疫部门应当予以截留并出具截留凭证，截留期限不超过 7 天。

邮递人或者携带人在截留期限内补交《特殊物品审批单》后，检验检疫部门按照本规定第十六条规定进行查验，经检疫查验合格的予以放行。

第十九条　携带自用且仅限于预防或者治疗疾病用的血液制品或者生物制品出入境的，不需办理卫生检疫审批手续，出入境时应当向检验检疫部门出示医院的有关证明；允许携带量以处方或者说明书确定的一个疗程为限。

第二十条　供移植用人体组织因特殊原因不能提供《特殊物品审批单》的，入境、出境时检验检疫部门实施检疫查验后先予放行，货主或者其代理人应当在放行后 10 日内补办特殊物品审批手续。

第二十一条　口岸检验检疫部门对经卫生检疫符合要求的出入境特殊物品予以放行。有下列情况之一的，由口岸检验检疫部门签发《检验检疫处理通知书》，予以退运或者销毁：

（一）名称、批号、规格、生物活性成分等与特殊物品审批内容不相符的；

（二）超出卫生检疫审批的数量范围的；

（三）包装不符合特殊物品安全管理要求的；

（四）经检疫查验不符合卫生检疫要求的；

（五）被截留邮寄、携带特殊物品自截留之日起 7 日内未补交《特殊物品审批单》的，或者提交《特殊物品审批单》后，经检疫查验不合格的。

口岸检验检疫部门对处理结果应当做好记录、归档。

第四章　监督管理

第二十二条　出入境特殊物品单位，应当建立特殊物品安全管理制度，严格按照特殊物品审批的用途生产、使用或者销售特殊物品。

出入境特殊物品单位应当建立特殊物品生产、使用、销售记录。记录应当真实，保存期限不得少于 2 年。

第二十三条　检验检疫部门对出入境特殊物品实施风险管理，根据出入境特殊物品可能传播人类疾病的风险对不同风险程度的特殊物品划分为不同的风险等级，并采取不同的卫生检疫监管方式。

出入境特殊物品的风险等级及其对应的卫生检疫监管方式由国家质检总局统一公布。

第二十四条　需实施后续监管的入境特殊物品，其使用单位应当在特殊物品入境后 30 日内，到目的地检验检疫部门申报，由目的地检验检疫部门实施后续监管，未经检验检疫部门同意，不得擅自使用。

第二十五条　检验检疫部门对入境特殊物品实施后续监管的内容包括：

（一）使用单位的实验室是否与《特殊物品审批单》一致；

（二）入境特殊物品是否与《特殊物品审批单》货证相符。

第二十六条　在后续监管过程中发现下列情形的，由检验检疫部门撤回《特殊物品审批单》，责令其退运或者销毁：

（一）使用单位的实验室与《特殊物品审批单》不一致的；

（二）入境特殊物品与《特殊物品审批单》货证不符的。

检验检疫部门对后续监管过程中发现的问题，应当通报原审批的直属检验检疫局。情节严重的应当及时上报国家质检总局。

第二十七条　检验检疫部门工作人员应当秉公执法、忠于职守，在履行职责中，对所知悉的商业秘密负有保密义务。

第五章　法律责任

第二十八条　违反本规定，有下列情形之一的，由检验检疫部门按照《中华人民共和国国境卫生检疫法实施细则》第一百一十条规定处以警告或者 100 元以上 5000 元以下的罚款：

（一）拒绝接受检疫或者抵制卫生检疫监督管理的；

（二）伪造或者涂改卫生检疫单、证的；

（三）瞒报携带禁止进口的微生物、人体组织、生物制品、血液及其制品或者其他可能引起传染病传播的动物和物品的。

第二十九条 违反本规定，有下列情形之一的，有违法所得的，由检验检疫部门处以 3 万元以下的罚款：

（一）以欺骗、贿赂等不正当手段取得特殊物品审批的；

（二）未经检验检疫部门许可，擅自移运、销售、使用特殊物品的；

（三）未向检验检疫部门报检或者提供虚假材料，骗取检验检疫证单的；

（四）未在相应的生物安全等级实验室对特殊物品开展操作的或者特殊物品使用单位不具备相应等级的生物安全控制能力的；未建立特殊物品使用、销售记录或者记录与实际不符的；

（五）未经检验检疫部门同意，擅自使用需后续监管的入境特殊物品的；

（六）先予放行的供移植用人体组织，其申请人未在放行后 10 日内补办特殊物品审批手续的。

第三十条 出入境特殊物品的货主或者其代理人拒绝、阻碍检验检疫部门及其工作人员依法执行职务的，依法移送有关部门处理。

第三十一条 检验检疫部门工作人员徇私舞弊、滥用职权、玩忽职守，违反相关法律法规的，依法给予行政处分；情节严重，构成犯罪的，依法追究刑事责任。

第三十二条 对违反本办法，引起检疫传染病传播或者有引起检疫传染病传播严重危险的，依照《中华人民共和国刑法》的有关规定追究刑事责任。

第六章　附　则

第三十三条 本规定下列用语的含义：

微生物是指病毒、细菌、真菌、放线菌、立克次氏体、螺旋体、衣原体、支原体等医学微生物菌（毒）种及样本以及寄生虫、环保微生物菌剂。

人体组织是指人体细胞、细胞系、胚胎、器官、组织、骨髓、分泌物、排泄物等。

人类遗传资源是指含有人体基因组，基因及其产物的器官、组织、细胞、血液、制备物、重组脱氧核糖核酸（DNA）构建体等遗传材料及相关的信息资料。

生物制品是指用于人类医学、生命科学相关领域的疫苗、抗毒素、诊断用试剂、细胞因子、酶及其制剂以及毒素、抗原、变态反应原、抗体、抗原-抗体复合物、核酸、免疫调节剂、微生态制剂等生物活性制剂。

血液是指人类的全血、血浆成分和特殊血液成分。

血液制品是指各种人类血浆蛋白制品。

出入境特殊物品单位是指从事特殊物品生产、使用、销售、科研、医疗、检验、医药研发外包的法人或者其他组织。

第三十四条　进出口环保用微生物菌剂卫生检疫监督管理按照《进出口环保用微生物菌剂环境安全管理办法》（环境保护部、国家质检总局令第10号）的规定执行。

第三十五条　进出境特殊物品应当实施动植物检疫的，按照进出境动植物检疫法律法规的规定执行。

第三十六条　本规定由国家质检总局负责解释。

第三十七条　本规定自2015年3月1日起施行，国家质检总局2005年10月17日发布的《出入境特殊物品卫生检疫管理规定》（国家质检总局令第83号）同时废止。

国内交通卫生检疫条例实施方案

关于发布《国内交通卫生检疫条例实施方案》的通知
卫疾控发〔1999〕第 425 号

各省、自治区、直辖市人民政府，卫生厅（局），铁路局（集团公司），交通厅（局），民航地区管理局：

根据《国内交通卫生检疫条例》第十二条规定，现发布《国内交通卫生检疫条例实施方案》，自发布之日起施行。

中华人民共和国卫生部
中华人民共和国铁道部
中华人民共和国交通部
中国民用航空总局
一九九九年九月十六日

第一章　一般规定

第一条　根据《国内交通卫生检疫条例》（以下简称检疫条例）的规定，制定本实施方案。

第二条　本实施方案适用于对出入检疫传染病疫区的或者在非检疫传染病区的交通工具上发现检疫条例第七条第一款规定的情形之一时的交通工具及其乘运的人员、物资的国内交通卫生检疫（以下称交通卫生检疫）。

第三条　当检疫传染病暴发、流行并借交通工具传播或者有借交通工具传播严重危险时，由省、自治区、直辖市人民政府确定检疫传染病疫区，并决定对出入检疫传染病疫区的交通工具及其乘运的人员、物资实施交通卫生检疫。

在检疫传染病疫区内，最后一例鼠疫病人被隔离 9 日后，最后一列霍乱病人被隔离 5 日后，以及国务院确定并公布的其他检疫传染病最后一例病人被隔离至最长潜伏期后，未发现新的检疫传染病人，病人所污染的物资和场所均经卫生处理合格，疫情得到有效控制，借交通工具传播的严重危险已经消除，原决定机关可以宣布解除检疫传染病疫区，停止实施交通卫生检疫。

确定和解除检疫传染病疫区和实施交通卫生检疫的决定，应向国务院卫生行政部门和国务院铁路、交通、民用航空行政主管部门通报。

第四条 实施交通卫生检疫应遵循最大限度地控制检疫传染病的传播、扩散，最小限度地影响社会安定和干扰交通运输及社会经济发展的原则。

第五条 检疫传染病疫区所在地的省级人民政府领导并组织本行政区域内的交通卫生检疫的实施工作。

实施交通卫生检疫期间，省级人民政府成立由卫生、铁路、交通、民用航空等有关部门组成的临时交通卫生检疫指挥组织并根据需要设置临时交通卫生检疫站、留验站。

第六条 实施交通卫生检疫期间，当检疫传染病有借交通工具及其乘运的人员、物资同国境口岸传播危险时，临时交通卫生检疫指挥组织应及时向国务院卫生行政部门报告，并向海关总署通报。

第七条 检疫传染病鼠疫、霍乱的诊断标准执行国家标准 GB15991-1995《鼠疫诊断标准》和 GB15984-1995《霍乱诊断标准及处理原则》。

国务院确定并公布的其他检疫传染病的诊断标准按国务院卫生行政部门的有关规定执行。

第八条 实施交通卫生检疫期间，县级以上地方人民政府卫生行政部门或者铁路、交通、民用航空行政主管部门的卫生主管机构对出入检疫传染病疫区的或者在非检疫传染病疫区的交通工具上发现检疫条例第七条第一款规定的情形之一时的交通工具及其乘运的人员、物资，采取下列交通卫生检疫措施：

（一）实行检疫合格证明和查验制度。

1、离开疫区的旅客凭有效身份证明和检疫合格证明购票、乘坐交通工具；

2、离开疫区的交通工具上的其他人员应具有有效身份证明和检疫合格证明；

3、交通工具凭检疫合格证明离开疫区；

4、物资凭检疫合格证明放行。

（二）停止承运禁止运输的物资。

（三）对检疫传染病病人、病原携带者、疑似检疫传染病病人和与其密切接触者采取医学措施。

（四）对被检疫传染病病原体污染或者可能被污染的交通工具及其停靠场所和物资实施行政控制和采取卫生措施。

（五）需要采取的其他交通卫生检疫措施。

第九条 县级以上地方人民政府卫生行政部门或者铁路、交通、民用航空行政主管部门的卫生主管机构，对拟离开检疫传染病疫区人员、物资、交通工具，按职责范围指定医疗和卫生防疫机构检疫，并符合下列条件的，签发检疫合格证明：

（一）根据国家卫生标准进行诊断，排除了检疫传染病病人、病原携带者、疑似检疫传染病病人和与其密切接触者的；

（二）交通工具经过消毒、杀虫、灭鼠等卫生处理，饮用水及食品符合国家卫生标准或者有关规定的；

（三）在鼠疫疫区，属于非禁止运输的物资；在霍乱疫区，海、水产品和可能被霍乱病原体污染的物资，证明未被污染的；

（四）其它经检疫合格的物资。

经检疫合格的物资，在外包装上粘贴检疫合格标志。

第十条 在非检疫传染病疫区交通工具上发现有感染鼠疫的啮齿类动物或者啮齿类动物反常死亡并且死因不明时，交通工具负责人应当立即报告当地县级以上人民政府卫生行政部门或者铁路、交通、民用航空行政主管部门的卫生主管机构。

交通工具经消毒、杀虫、灭鼠等卫生处理，经指定的卫生防疫机构检查合格，由县级以上地方人民政府卫生行政部门或者铁路、交通、民用航空行政主管部门的卫生主管机构发给检疫合格证明后，方准继续运行。

第十一条　实施交通卫生检疫期间，县级以上人民政府卫生行政部门按职责分工负责：

（一）在本行政区域内组织、协调交通卫生检疫的实施工作；

（二）调集本行政区域内各级各类医疗保健机构和卫生防疫机构的人员，实施有关交通卫生检疫的措施；

（三）协调、调集预防控制检疫传染病所需的药品、生物制品、器械、交通工具和个人防护装备等物资；

（四）根据交通卫生检疫的需要，设置临时交通卫生留验站；

（五）指定医疗机构收治铁路、交通、民用航空行政主管部门的卫生主管机构移交的检疫传染病病人、病原携带者、疑似检疫传染病病人；接收因检疫传染病或者疑似检疫传染病死亡的病人尸体；

（六）协助铁路、交通、民用航空行政主管部门的卫生主管机构，实施交通卫生检疫措施。

第十二条　实施交通卫生检疫期间，铁路、交通、民用航空行政主管部门卫生主管机构按职责分工负责：

（一）组织落实检疫条例和本实施方案规定的措施；

（二）调集本系统内的医疗保健和卫生防疫机构的人员，对所辖港口、机场、车站范围内和运行中的交通工具及其乘运的人员、物资实施交通卫生检疫；

（三）根据交通卫生检疫的需要，在管辖范围内的车站、港口、机场、交通工具停靠场所和疫区出入口设置临时交通卫生检疫站；

（四）必要时可派遣交通卫生检疫人员随列车、船舶、航空器等交通工具进行医学巡视和查验；

（五）负责本系统内交通员工的交通卫生检疫工作。

第十三条　临时交通卫生检疫站的职责：

（一）查验出入检疫传染病疫区的交通工具及其乘运的人员、

物资的检疫合格证明；

（二）发现检疫传染病病人、病原携带者、疑似检疫传染病病人和与其密切接触者时，立即报告当地县有以上人民政府卫生行政部门，并实施临时隔离、留验、采样、医学检查及其他应急医学措施。

将检疫传染病病人、病原携带者、疑似检疫传染病病人和因检疫传染病或者疑似检疫传染病死亡的病人尸体移交指定的医疗机构，将检疫传染病密切接触者移交临时设置的交通卫生留验站；

（三）对被检疫传染病病原体污染或者可能被污染的物资，实施控制和卫生处理。

（四）对通过检疫传染病疫区的交通工具及其停靠场所，实施紧急卫生处理；

（五）对出入检疫传染病疫区的交通工具和除本实施方案第九条第三项规定以外的物资，未持有检疫合格证明的，经检疫合格后，发给检疫合格证明；

（六）根据检疫传染病疫情处理的需要，可发给旅客就诊方便卡；

（七）宣传交通卫生检疫法规和检疫传染病防治知识；

（八）需要采取的其他交通卫生检疫措施。

第十四条 临时交通卫生检疫留验站的职责：

（一）接收临时交通卫生检疫站移交的检疫传染病密切接触者；

（二）对检疫传染病密切接触者实施诊查、检验和预防性治疗等医学措施；

（三）对污染或可能被污染的物资、环境进行卫生处理。

第十五条 在交通工具上发现检疫传染病病人、病原携带者、疑似检疫传染病病人时，交通工具负责人必须按照要求立即将交通工具驶往指定的临时停靠地点。

临时停靠地点的选定应遵循以下原则：

（一）接受卫生检疫的交通工具可在最短时间内直接到达；

（二）远离重要城镇和人口密集区；

（三）检疫传染病病人、病原携带者、疑似检疫传染病病人和与其密切接触者能够被及时、方便地移送指定的医疗机构或者临时设置的交通卫生检疫留验站；

（四）具备顺利实施交通卫生检疫工作的必要条件；

（五）具有能迅速调集实施交通卫生检疫工作人员和物资的交通条件。

第十六条 医疗保健、卫生防病人员在进行检疫传染病疫情的调查处理过程中，如发现检疫传染病病人、病原携带者、疑似检疫传染病病人和与其密切接触者，已乘交通工具出行时，应当立即报告。县级以上人民政府卫生行政部门或者铁路、交通、民用航空行政主管部门的卫生主管机构应当立即组织追查，查出后按本实施方案有关规定处理。

第十七条 对国务院确定并公布的其他检疫传染病的疫情处理，应根据其特点，制定相应的疫情处理程序，实施有效的疫情处理。

第十八条 实施交通卫生检疫期间的检疫传染病疫情报告，依照《传染病防治法》及其实施办法的规定执行。

检疫传染病疫情，由国务院卫生行政部门公布。

检疫传染病疫区所在地的省、自治区、直辖市人民政府卫生行政部门和铁路、交通、民用航空行政主管部门的卫生主管机构应当互相通报疫情，并按规定途径和时限上报疫情。铁路、交通、民用航空行政主管部门的卫生主管机构接到疫情报告后，应当及时通知有关交通工具的营运单位。

第十九条 在非检疫传染病疫区的交通工具上发现检疫条例第七条第一款所列情形之一，县级以上地方人民政府卫生行政部门或者铁路、交通、民用航空行政主管部门的卫生主管机构对该交通工具实施交通卫生检疫时，应按规定逐级报告。

执行检疫条例第七条第二款的规定时，国务院卫生行政部门和国务院铁路、交通、民用航空行政主管部门，应当分别向有关的省级人民政府及其所属卫生行政部门和铁路、交通、民用航空行政主管部门的卫生主管机构通报。

在城镇、人口密集区发生鼠疫人与人之间的传播或者其它重大检疫传染病疫情，并有借交通工具传播严重危险，需要实施导致中断干线交通的交通卫生检疫措施时，由国务院卫生行政部门会同国务院铁路、交通、民用航空行政主管部门提出实施方案，报请国务院决定。

第二十条 检疫传染病密切接触者解除隔离、留验的条件：

（一）鼠疫

经预防治疗9日，无新发鼠疫病人及疑似鼠疫病人时，可以解除隔离、留验；如隔离、留验期间有新发鼠疫病人或者疑似鼠疫病人时，重新隔离、留验9日，9日后无新发鼠疫病人或者疑似鼠疫病人时，可以解除隔离、留验。

（二）霍乱

经预防性服药后，连续2天粪便培养未检出病原体或者5天内无新发霍乱病人或者疑似霍乱病人时，可以解除隔离、留验；如隔离、留验期间有新发霍乱病人或者疑似霍乱病人时，重新隔离、留验5日，5日后无新发霍乱病人及疑似霍乱病人时，可以解除隔离、留验。

国务院公布的其他检疫传染病密切接触者解除隔离、留验的条件按国务院卫生行政部门的有关规定执行。

第二十一条 检疫传染病疫区有渔港时，对离港渔船由县级以上地方人民政府卫生行政部门指定的卫生防疫机构实施交通卫生检疫措施。渔船取得检疫合格证明后方可离港。

第二十二条 卫生检疫人员在实施交通卫生检疫措施时，应当做好自身卫生防护。

第二十三条 临时交通卫生检疫指挥组织负责保障实施交通卫生检疫所需的经费和物资供应，医药部门和其他有关部门应当及时供应预防、控制检疫传染病所需的药品、生物制品、器械和个人防护装备等物资。

第二十四条 县级以上人民政府卫生行政部门和铁路、交通、民用航空行政主管部门的卫生主管机构，负责做好实施交通卫生检疫，控制检疫传染病疫情的队伍建设、人员培训、宣传教育等技术保障和物质准备工作。

第二十五条 对认真贯彻检疫条例和对预防、控制检疫传染病做出显著成绩和贡献的单位与个人，应给予表彰和奖励。

第二章 铁路检疫

第二十六条 实施交通卫生检疫期间，设置由铁路卫生、客运、货运、车辆、公安等有关部门的人员组成的铁路临时交通卫生检疫站。

第二十七条 实施交通卫生检疫期间，检疫传染病疫区内铁路车站职责：

（一）为铁路临时交通卫生检疫站提供开展交通卫生检疫工作所需的工作用房和通讯等条件；

（二）执行人员、物资凭检疫合格证明乘运或者停止承运禁止运输物资的规定；

（三）接到旅客列车的疫情报告后，立即通知铁路临时交通卫生检疫站；

（四）协助向铁路临时交通卫生检疫站移交检疫传染病病人、病原携带者、疑似检疫传染病病人和与其密切接触者、污染或者可能被污染的物资以及因检疫传染病或者疑似检疫传染病死亡的病人尸体。

第二十八条 检疫传染病疫区的铁路交通卫生检疫工作程序：

（一）车站交通卫生检疫

1、在进站口查验旅客检疫合格证明、身份证明和车票，拒绝无检疫合格证明的人员乘车；

2、在候车室内，卫生检疫人员进行医学巡视，抽验旅客检疫合格证明；

3、对进站、候车、上车的旅客，发现检疫传染病病人、疑似检疫传染病病人或者可疑污染物资时，应当立即移交铁路临时交通卫生检疫站。

（二）物资运输卫生检疫

1、卫生检疫人员查验物资的检疫合格证明；

2、卫生检疫人员对于无检疫合格证明的物资，符合本实施方案第十三条第五项规定的，发给检疫合格证明；

经检疫合格的物资，在外包装上粘贴检疫合格标志。

（三）车辆交通卫生检疫

1、对离开疫区的旅客列车、货运列车经检疫合格，发给检疫合格证明；

2、外局列车停靠或者折返离开疫区由检疫疫区内铁路部门的卫生主管机构签发检疫合格证明；

3、通过疫区而不在疫区停靠的旅客列车可免签检疫合格证明。

（四）旅客列车卫生检疫

1、执行铁路卫生检疫任务的卫生检疫人员要在客运列车税务人员出乘前，对其进行调查询问和健康状况观察，查验检疫合格证明，发现有疑似检疫传染病症状、体征者，停止其出乘，并做进一步的诊查；

2、列车运行途中，卫生检疫人员进行车厢巡视，观察旅客健康状况；开展食品卫生监督，对啮齿类动物和媒介昆虫进行监测、控制；

3、旅客列车停靠车站时，与车站客运值班人员交接乘降旅客健康情况；

4、列车到达终点后，对全列车进行终末巡视，防止检疫传染病病人、病原携带者、疑似检疫传染病病人或者可能被检疫传染病病原体污染的物资遗留在车厢内。

第二十九条 鼠疫疫情处理程序：

（一）在运行途中的旅客列车上发现鼠疫病人、疑似鼠疫病人时，列车长应立即向前方车站报告，前方车站按有关规定逐级上报。报告内容应包括：车次、时间、地点、病人主要症状、体征、发病人数、发病时间、旅行目的站、病人所在车厢顺号和密切接触者人数等。

（二）立即封锁鼠疫病人、疑似鼠疫病人所在车厢，停止与邻车厢通行；

（三）对鼠疫病人、疑似鼠疫病人就地隔离、采样和进行应急抢救治疗；

（四）确定污染范围，鼠疫病人和疑似鼠疫病人发病后所到过的车厢，均应视为染疫车厢，染疫车厢内的旅客均视为密切接触者。对密切接触者进行详细登记，做好检诊，投服预防药物；

（五）对被污染的列车环境、用具、行李及病人的咳痰、咳血等分泌、排泄物进行卫生处理；

（六）旅客列车到达指定临时停靠地点后，把鼠疫病人、疑似鼠疫病人和与其密切接触者以及可能被病原体污染的物资或者可能被染疫的动物及其制品，移交铁路临时交通卫生检疫站或者铁路卫生防疫机构；

（七）如遇鼠疫病人、疑似鼠疫病人在车上死亡，必须做好尸体消毒处理，移交铁路临时交通卫生检疫站或者铁路卫生防疫机构；

（八）在对鼠疫病人、疑似鼠疫病人的应急医学处理中，所用的器械要集中管理，进行消毒处理。固体废弃物应当焚烧或者选择远离水源 50 米以外、远离居民点 500 米以外处，深埋 2 米以下；

（九）染疫列车可在指定的地点停靠和采取列车解体、甩挂处理。对染疫列车实施指定点停靠和列车解体、甩挂的，应由列车运行地的铁路主管部门按运输调度的指挥原则，会同当地人民政府卫生行政部门决定。对染疫车厢或者可能被污染的本厢由铁路临时交通卫生检疫站或才铁路卫生防疫机构进行终末消毒、灭蚤、灭鼠，经检疫合格，签发检疫合格证明后，方可继续投入运行。

第三十条 霍乱疫情处理程序：

（一）在运行途中的旅客列车上发现霍乱病人、病原携带者、疑似霍乱病人时，列车长应立即向前方站报告，前方车站按有关规定逐级上报。报告内容应包括：车次、时间、地点、病人的主要症状、体征、发病人数、发病时间、旅行目的站、所在车厢顺号和密切接触者人数等；

（二）立即对霍乱病人、病原携带者和疑似病人所在的车厢进行封锁，停止与所邻车厢通行；

（三）将霍乱病人、病原携带者和疑似病人隔离在车厢一端，进行应急抢救治疗。为霍乱病人、疑似病人提供专用吐泻容器，对吐泻物进行采样送检。停止使用被污染的厕所；

（四）查找密切接触者，与霍乱病人、病原携带者和疑似病人同行者，直接护理者，与霍乱病人、病原携带者和疑似病人共用过餐、茶具或者接触霍乱病人、病原携带者和疑似病人吐泻物的旅客均视为密切接触者。对密切接触者进行详细登记，做好检诊，投服预防药物；

（五）除霍乱病人、病原携带者、疑似病人和密切接触者外，其他人员全部疏散到其它车厢。密切接触者隔离在车厢另一端；

（六）确定污染范围，对霍乱病人、疑似病人的吐泻物、污染或者被污染的物资和环境进行卫生处理，同时实行灭蝇。如病人曾在餐车就餐，应对餐车全部餐、茶具进行消毒处理；

（七）在指定停靠站，向铁路临时交通卫生检疫站或者铁路卫生防疫机构移交霍乱病人、病原携带者、疑似病人和与其密切接触者；

（八）如遇霍乱病人、疑似病人在车上死亡，必须做好尸体消毒处理，移交铁路临时交通卫生检疫站或者铁路卫生防疫机构；

（九）列车进行终末消毒，经检疫合格，签发检疫合格证明，方可继续投入运行。

第三章　公路检疫

第三十一条　实施交通卫生检疫期间，疫区交通行政主管部门与县级以上地方人民政府卫生行政部门共同组织，根据临时交通卫生检疫指挥组织的决定，设置临时交通卫生检疫站、留验站，实施临时交通卫生检疫。

第三十二条 检疫传染病疫区的公路交通卫生检疫工作程序：

（一）卫生检疫人员对出入检疫传染病疫区的车辆及其乘运的人员、行包、物资进行查验，凭检疫合格证明放行；

（二）卫生检疫人员对于无检疫合格证明的车辆、行包、物资，符合本实施方案第十三条第五项规定的，发给检疫合格证明。

第三十三条 鼠疫疫情处理程序：

（一）在运行途中的车辆上发现鼠疫病人、疑似病人时，司机和乘务人员应当实施以上临时措施：

1、以最快方式向疫情发生地的县级以上地方人民政府卫生行政部门或者交通行政主管部门报告。报告内容包括：报告人姓名、车属单位、牌照号码、报告地点、车辆始发地、途经地和终到地、车上人数、货物名称及数量、病人的主要症状、体征、发病人数、发病时间等；

2、根据指令，将车辆迅速开往指定的停靠地点，阻止旅客离开车厢，严禁其他人员接近或者接触车辆，等待接受卫生检疫。

（二）疫情发生地的交通行政主管部门或者县有以上地方人民政府卫生行政部门在接到报告后，应互相通报疫情，并以最快速度共同组织卫生检疫人员赶赴现场，实施下列交通卫生检疫措施：

1、向司机和乘务员核实鼠疫病人、疑似病人的情况和乘运人数、行包、货物名称、数量以及有关卫生状况等情况；

2、对鼠疫病人、疑似病人隔离、采样和进行应急抢救治疗；

3、确定污染范围，对污染的车辆和可能被污染的行包、物资及病人的咳痰、咳血等分泌、排泄物进行卫生处理；

4、车辆上所有人员均应视为密切接触者，并进行详细登记，做好检诊，投服预防药物；

5、将鼠疫病人、疑似病人移交当地县级以上人民政府卫生行政部门指定的医疗机构，密切接触者移交临时设置的交通卫生检疫留验站；

6、如遇鼠疫病人、疑似病人在车上死亡，应做好尸体消毒，移交当地县级以上人民政府卫生行政部门指定的医疗机构；

7、在对鼠疫病人、疑似病人应急医学处理中，所用的器械要集中管理，进行消毒处理。固体废弃物焚烧或者造择远离水原 50 米以外、远离居民点 500 米以外处，深埋 2 米以下；

8、汽车进行终末消毒、灭蚤、灭鼠，经检疫合格，签发检疫合格证明，方可继续投入运行。

第三十四条　霍乱的疫情处理程序：

（一）在运行途中的车辆上发现霍乱病人、病原携带者、疑似病人时，司机和乘务人员应实施以下临时措施：

1、以最快方式向疫情发生的交通行政主管部门或者县级以上地方人民政府卫生行政部门报告。报告内容包括：报告人姓名、车属单位、牌照号码、报告地点、车辆始发地、途经地和终到地、车上人数、货物名称及数量、病人的主要病状、体征、发病人数、发病时间等；

2、根据指令，将车辆迅速开往指定的停靠地点，阻止旅客离开车辆，严禁其他人员接近或者接触车辆，等待卫生检疫。

（二）疫情发生的交通行政主管部门或者县级以上地方人民政府卫生行政部门在接到报告后，应互相通报疫情，并以最快速度共同组织卫生检疫人员赶赴现场，实施下列交通卫生检疫措施：

1、向司机和乘务员核实霍乱病人、病原携带者、疑似病人的情况和乘运人数、行包、货物名称、数量以及有关卫生状况等情况；

2、对霍乱病人、病原携带者、疑似病人隔离、采样和进行应急抢救治疗；

3、确定污染范围，对污染的车辆、可能被污染的行包、物资和霍乱病人、病原携带者或者疑似病人的吐泻物等进行卫生处理；

4、车辆上与霍乱病人、病原携带者和疑似病人同行者，直接护理者，与霍乱病人、病原携带者和疑似病人共用过餐、茶具或者接触霍乱病人、病原携带者和疑似病人吐泻物的旅客均视为密切接触者，并进行详细登记，做好检诊，投服预防药物；

5、将霍乱病人、病原携带者、疑似病人移交当地县级以上人民政府卫生行政部门指定的医疗机构，密切接触者移交临时设置的交通卫生检疫留验站；如遇霍乱病人、疑似病人在车上死亡，应做好尸体消毒，移交当地县级以上人民政府卫生行政部门指定的医疗机构；

6、汽车进行终末消毒，经检疫合格，签发检疫合格证明后，方可继续投入运行。

第四章　水运检疫

第三十五条　实施交通卫生检疫期间，设置由水运卫生、客运、货运、公安等有关部门的人员组成的水运临时交通卫生检疫站。

第三十六条　检疫传染病疫区的水运交通卫生检疫工作程序：

（一）卫生检疫人员应对船员进行航前查询和健康状况观察，查验检疫合格证明，发现有检疫传染病症状、体征者，应停止其出航，并做进一步诊查；

（二）在候船大厅入口处，查验旅客检疫合格证明、身份证明和船票，拒绝无检疫合格证明的人员登船；卫生检疫人员对候船旅客进行医学巡视，抽验旅客检疫合格证明；发现检疫传染病病人、疑似检疫传染病病人或者可疑污染物资，立即移交水运临时交通卫生检疫站；

（三）卫生检疫人员对承运的有可能传播检疫传染病的行包、物资凭检疫合格证明放行；

（四）对离开疫区的船舶，经检疫合格后，发给检疫合格证明；

（五）船舶航行中，卫生检疫人员应进行医学巡视，观察乘客健康状况。开展食品卫生监督，对啮齿类动物和媒介昆虫进行监测、控制；

（六）船舶抵达目的港后，卫生检疫人员对客舱、餐厅、厕所、盥洗室等场所进行消毒、杀虫、灭鼠等卫生处理，固体废弃物集中进行卫生处理。在疫区加注的压舱水经过消毒后，方可排放；

（七）港口应该为水运临时交通卫生检疫站开展工作提供便利

条件，配合卫生检疫人员做好卫生检疫工作。

第三十七条 鼠疫疫情处理程序：

（一）在航行途中的船舶上发现鼠疫病人、疑似病人时，船长应立即报告前方停靠港或者目的港，前方停靠港或者目的港应按有关规定逐级上报。报告内容包括，船名、船位、病人的主要症状、体征、发病人数、发病时间、旅行目的站、病人所在舱室和密切接触者人数等；

（二）立即隔离鼠疫病人、疑似病人和密切接触者，封锁可能被污染的舱室和周围通道；

（三）对鼠疫病人、疑似病人采样，进行应急抢救治疗；

（四）确定污染范围，鼠疫病人和疑似病人发病后听到舱室，均应视为染舱室。染疫舱室内的旅客均视为密切接触者。对密切接触者进行详细登记，做好检诊，投服预防药物；

（五）对污染的环境、用具、行李及病人的咳痰、咳血等分泌、排泄物进行卫生处理；

（六）海上航程较长，离停靠点较远的船舶须报经上级主管部门同意就近停靠或者驶往指定的水域抛锚待检。长江等内河航行的船舶上报主管部门以及前方停靠点交通卫生主管机构；

（七）抵港或者到达指定水域后，将鼠疫病人、疑似病人移交水运临时交通卫生检疫站或者移交当地县级以上地方人民政府卫生行政部门指定的医疗机构，密切接触者移交临时设置的交通卫生检疫留验站；

（八）如遇鼠疫病人、疑似病人在船上死亡，应做好尸体消毒，移交水运临时交通卫生检疫站或者当地县级以上人民政府卫生行政部门指定的医疗机构；

（九）在对鼠疫病人、疑似病人应急医学处理中，所用的器械要集中管理，进行消毒处理。固体废弃物焚烧或者选择远离水源 50 米以外，远离居民点 500 米以外，深埋 2 米以下；

（十）船舶进行终末消毒、灭蚤、灭鼠，经检疫合格，签发检疫合格证明后，方可继续投入运行。

第三十八条 霍乱疫情处理程序:

(一) 在航行途中的船舶上发现霍乱病人、病原携带者、疑似病人时,船长应立即报告前方停靠港或者目的港,前方停靠或者目的港应按有关规定逐级上报。报告内容包括,船名、船位、病人的主要症状、体征、发病人数、发病时间、旅行目的站、病人所在舱室和密切接触者人数等;

(二) 立即隔离霍乱病人、病原携带者、疑似病人和其密切接触者,封锁可能被污染的舱室和周围通道;

(三) 查找密切接触者。与霍乱病人、病原携带者或者疑似病人同行的、直接护理的、共用过餐、茶具或者接触过病人吐泻物的人员应视为密切接触者,对密切接触者者详细登记,做好检诊,投服预防药物;

(四) 提供霍乱病人、疑似病人吐泻物专用容器,对吐泻物进行采样、送检,并做消毒处理。对污染或者可能被污染的盥洗室、厕所等区域消毒后,方可使用;

(五) 抵港或到达指定水域后,将霍乱病人、病原携带者、疑似病人移交水运临时交通卫生检疫站或者当地县级以上地方人民政府卫生行政部门指定的医疗机构,密切接触者移交临时设置的交通卫生检疫留验站;

(六) 如遇霍乱病人、疑似病人在船上死亡,应做好尸体消毒,移交水运临时交通卫生检疫站或者移交当地县级以上地方人民政府卫生行政部门指定的医疗机构;

(七) 船舶进行终末消毒,经检疫合格,签发检疫合格证明后,方可继续投入运行。

第五章 航空检疫

第三十九条 实施交通卫生检疫期间,由机场管理机构负责组织成立由卫生、空中交通管制、客运、货运、公安等有关部门的人员组成的航空临时交通卫生检疫站。

第四十条 实施航空交通卫生检疫时,所采用的卫生处理措施应当符合《中华人民共和国民用航空器适航管理条例》的有关规定，不得对航空器构成损害。

第四十一条　检疫传染病疫区的航空交通卫生检疫工作程序：

（一）在乘客办理登机手续处和机组人员通道口查验乘运人员的检疫合格证明，并对登机人员进行健康观察。无检疫合格证明者，不准予登机；

（二）在旅客候机隔离区内，卫生检疫人员进行医学巡视，抽验旅客检疫合格证明；

（三）对进港、候机、登机的旅客，发现检疫传染病病人、疑似检疫传染病病人时，应当立即移交航空临时交通卫生检疫站；

（四）对离开疫区的航空器，经检疫合格，发给检疫合格证明；

（五）物资运输卫生检疫

1、卫生检疫人员查验物资的检疫合格证明；

2、卫生检疫人员对于无检疫合格证明的物资，符合本实施方案第十三条第五项规定的，发给检疫合格证明。经检疫合格的物资，在外包装上粘贴检疫合格标志。

第四十二条　鼠疫疫情处理程序：

（一）在运行途中的航空器上发现鼠疫病人、疑似病人时，机长应当立即通过空中交通管制部门，向民用航空行政主管部门报告以下内容：

1、航空器所属公司、型号、机号、航班号；

2、始发机场、经停机场、目的地机场；

3、机组及乘客人数；

4、病人的主要症状、体征、发病人数。

（二）机长应当组织人员实施下列临时交通卫生检疫措施：

1、立即封锁鼠疫病人、疑似病人所在舱位，禁止各机舱间人员流动；控制机组人员进出驾驶舱；

2、对鼠疫病人、疑似病人采取就地隔离、采样等医学措施；

3、对污染或者可能被污染的环境和病人的分泌物、排泄物进行消毒处理。

（三）民用航空行政主管部门接到疫情报告后，根据本实施方案第十五条的要求及民航有关规定，指定该航空器降落机场和临时停靠点。

（四）航空器降落后，机场管理机构应当组织有关人员实施下列应急卫生检疫措施：

1、对鼠疫病人、疑似病人就地隔离，并实施应急医学措施；航空器上其他人员应视为密切接触者。对密切接触者进行详细登记，做好检诊，投服预防药物；

2、将鼠疫病人、疑似病人移交给当地县级以上地方人民政府卫生行政部门指定的医疗机构，密切接触者移交临时交通卫生检疫留验站；

3、如航空器上发生鼠疫病人、疑似病人死亡，其尸体应经消毒处理后，移交当地县有以上地方人民政府卫生行政部门指定的医疗机构；

4、对污染或者可能被污染的物资实施消毒。固体废弃物必须进行焚烧处理；

5、对航空器实施终末消毒、灭蚤、灭鼠等卫生处理，经检疫合格，签发检疫合格证明后，方可继续投入运行。

第四十三条 霍乱疫情处理程序：

（一）在运行途中的航空器上发现霍乱病人、病原携带者和疑似病人，机长可按原计划飞行，同时按照本实施方案第四十二条第一项的规定，通知空中交通管制部门和目的地机场；并组织人员实施下列紧急措施：

1、立即封锁霍乱病人、病原携带者和疑似病人所在舱位，禁止各机舱间人员流动；

2、将霍乱病人、病原携带者和疑似病人隔离在其座位舱一端，实施应急医学措施，提供专用吐泻溶器。封闭被污染的厕所，并对吐泻物进行采样留验；

3、对霍乱病人、病原携带者、疑似病人的吐泻物和污染或者可能被污染的环境进行卫生处理。

（二）航空器降落后，机场管理机构应当组织人员实施下列卫生处理：

1、确定密切接触者。与霍乱病人、病原携带者和疑似病人的同行人员、直接护理者，接触病人、疑似病人吐泻物和其它污染物的人员均视为密切接触者。对密切接触者进行详细登记，做好检诊，投服预防药物；

2、对霍乱病人、病原携带者和疑似病人实施医学措施后，移交当地县级以上地方人民政府卫生行政部门指定的医疗机构，密切接触者移交临时交通卫生检疫留验站；

3、如航空器上发生霍乱人、疑似病人死亡，其尸体应经消毒处理后，移交当地县级以上地方人民政府卫生行政部门指定的医疗机构；

4、确定污染范围，对霍乱病人、疑似病吐泻物和污染或者可能被污染的物资和环境进行消毒处理；

5、对航空器上的排泄物，废水进行消毒后排放，对固体废弃物进行焚烧；

6、对航空器进行滔消毒、杀虫、灭鼠等卫生处理，经检疫合格，签检疫合格证明后，方可继续投入运行。

第六章 监 督

第四十四条 国务院卫生行政部门主管全国国内交通卫生检疫监督管理工作。

县级以上地方人民政府卫生行政部门负责本行政区域内的国内交通卫生检疫监督管理工作。

第四十五条 县级以上人民政府卫生行政部门对国内交通卫生检疫工作行使下列监督职权：

（一）对实施国内交通卫生检疫措施进行监督、检查；

（二）对拒绝隔离、治疗、留验的检疫传染病病人、病原携带者、疑似检疫传染病病人和与其密切接触者，以及拒绝检查和卫生处理的可能传播检疫传染病的交通工具、停靠场所及物资，采取强制检疫措施；必要时，由当地县级以上人民政府组织公安部门予以协助；

（三）对违反《国内交通卫生检疫条例》的单位和个人的违法行为责令限期改正，并依法给予行政处罚。

铁路、交通、民用航空行政主管部门的卫生工作由传染病管理监督员执行。铁路、交通、民用航空行政主管部门的卫生主管机构在实施交通卫生检疫期间，可以根据需要临时聘任传染病管理监督员，经省级以上人民政府卫生行政部门批准后，执行交通卫生检疫监督管理任务。

实施交通卫生检疫期间，执行交通卫生检疫任务的人员应当携带证件、佩带证章。证件、证章的格式由国务院卫生行政部门统一制定。

第七章 罚 则

第四十七条 实施交通卫生检疫期间，检疫传染病病人、病原携带者、疑似检疫传染病病人和与其密切接触者隐瞒真实情况、逃避交通卫生检疫的，由县级以上地方人民政府卫生行政部门或者铁路、交通、民用航空行政主管部门的卫生主管机构，根据各自的职责分工，责令限期改正，给予警告，可以并处 1000 元以下的罚款；拒绝接受查验的卫生处理的，给予警告，并处 1000 元以上 5000 元以下的罚款。

第四十八条 在非检疫传染病疫区的交通工具上发现检疫传染病病人、病原携带者、疑似检疫传染病病人时，交通工具负责人有下列行为之一的，由县级以上地方人民政府卫生行政部门或者铁路、交通、民用航空行政主管部门的卫生主管机构，根据各成千上万 的职责分工，责令限期改正，给予警告，并处 1000 元以上 5000 元以下的罚款：

（一）未以最快的方式通知前方停靠点，并向交通工具营运单位的主管部门报告的；

（二）未按规定对检疫传染病病人、病原携带者、疑似检疫传染病病人和与其密切接触者实施隔离的；

（三）未封锁已经污染或者可能被污染的区域，仍然向外排放污物的；

（四）未在指定地点停靠的；

（五）未在指定的停靠点将检疫传染病病人、病原携带者、疑似检疫传染病病人和与其密切接触者以及其他需要跟踪观察的旅客名单移交县级以上地方人民政府卫生行政部门指定的医疗机构或者临时交通卫生行政部门指定的医疗机构或者临时交通卫生检疫留验站的；

（六）未对承运过检疫传染病病人、病原携带者、疑似检疫传染病病人的交通工具进行卫生处理，无检疫合格证明，继续运行的。

第四十九条 县级以上地方人民政府卫生行政部门或者铁路、交通、民用航空行政主管部门的卫生主管机构，对发现的检疫传染病病人、病原携带者、疑似检疫传染病病人和与其密切接触者，未依法实施临时隔离、留验、医学检查和其他应急医学措施的，以及对被检疫传染病病原体污染或者可能被污染的物资、交通工具及停靠场所未依法进行必要的控制和卫生处理的，由其上级行政主管部门责令限期改正，对直接负责的主管人员和其他直接责任人员依法给予行政处分。

第五十条 有本方案第四十七条、第四十八条、第四十九条所列行为之一，引起检疫传染病传播或者有传播严重危险，构成犯罪的，依法追究刑事责任。

第八章 附 则

第五十一条 本实施方案的用语含义如下：

交通工具：指列车、船舶、航空器、汽车和其他车辆。

交通工具负责人：指列车上的列车长、船舶上的船长、航空器上的机长及车辆上的驾驶员等。

检疫传染病病人、疑似检疫传染病病人：指根据国务院卫生行政部门发布的中华人民共和国国家卫生标准，符合检疫传染病病人和疑似检疫传染病病人诊断标准的人。

病原携带者：指感染病原体无临床症状但能排出病原体的人。

密切接触者：指因与传染源或者被污染的环境接触，因而有可能感染传染病的人。

卫生处理：指消毒、杀虫、灭鼠等卫生措施及隔离、留验、就地检疫等医学措施。

留验：指在检疫传染病最长潜伏期内，将密切接触者收留在指定的处所，进行诊查和检验。

隔离：指将检疫传染病病人收留在指定的处所，限制其活动并进行治疗，直到消除检疫传染病传播的危险。

乘运人员：指在交通工具上的所有人员。

第五十二条 本实施方案自发布之日起施行。

国内交通卫生检疫条例

中华人民共和国国务院令
第 254 号

现发布《国内交通卫生检疫条例》，自 1999 年 3 月 1 日起施行。

总理　朱镕基
一九九八年十一月二十八日

第一条　为了控制检疫传染病通过交通工具及其乘运的人员、物资传播，防止检疫传染病流行，保障人体健康，依照《中华人民共和国传染病防治法》（以下简称传染病防治法）的规定，制定本条例。

第二条　列车、船舶、航空器和其他车辆（以下简称交通工具）出入检疫传染病疫区和在非检疫传染病疫区的交通工具上发现检疫传染病疫情时，依照本条例对交通工具及其乘运的人员、物资实施交通卫生检疫。

在中华人民共和国国际通航的港口、机场以及陆地边境和国界江河口岸的国境卫生检疫，依照《中华人民共和国国境卫生检疫法》的规定执行。

第三条　本条例所称检疫传染病，是指鼠疫、霍乱以及国务院确定并公布的其他传染病。检疫传染病的诊断标准，按照国家有关卫生标准和国务院卫生行政部门的规定执行。

第四条　国务院卫生行政部门主管全国国内交通卫生检疫监督管理工作。县级以上地方人民政府卫生行政部门负责本行政区域内的国内交通卫生检疫监督管理工作。铁路、交通、民用航空行政主管部门的卫生主管机构，根据有关法律、法规和国务院卫生行政部门分别会同国务院铁路、交通、民用航空行政主管部门规定的职责划分，负责各自职责范围内的国内交通卫生检疫工作。

第五条 省、自治区、直辖市人民政府依照传染病防治法的规定，确定检疫传染病疫区，并决定对出入疫区的交通工具及其乘运的人员、物资实施交通卫生检疫。

第六条 对出入检疫传染病疫区的交通工具及其乘运的人员、物资，县级以上地方人民政府卫生行政部门或者铁路、交通、民用航空行政主管部门的卫生主管机构根据各自的职责，有权采取下列相应的交通卫生检疫措施：

（一）对出入检疫传染病疫区的人员、交通工具及其承运的物资进行查验；

（二）对检疫传染病病人、病原携带者、疑似检疫传染病病人和与其密切接触者，实施临时隔离、医学检查及其他应急医学措施；

（三）对被检疫传染病病原体污染或者可能被污染的物品，实施控制和卫生处理；

（四）对通过该疫区的交通工具及其停靠场所，实施紧急卫生处理；

（五）需要采取的其他卫生检疫措施。

采取前款所列交通卫生检疫措施的期间自决定实施时起至决定解除时止。

第七条 非检疫传染病疫区的交通工具上发现下列情形之一时，县级以上地方人民政府卫生行政部门或者铁路、交通、民用航空行政主管部门的卫生主管机构根据各自的职责，有权对交通工具及其乘运的人员、物资实施交通卫生检疫：

（一）发现有感染鼠疫的啮齿类动物或者啮齿类动物反常死亡，并且死因不明；

（二）发现鼠疫、霍乱病人、病原携带者和疑似鼠疫、霍乱病人；

（三）发现国务院确定并公布的需要实施国内交通卫生检疫的

其他传染病。

跨省、自治区、直辖市在非检疫传染病疫区运行的列车、船舶、航空器上发现前款所列情形之一时，国务院卫生行政部门分别会同国务院铁路、交通、民用航空行政主管部门，可以决定对该列车、船舶、航空器实施交通卫生检疫和指令列车、船舶、航空器不得停靠或者通过港口、机场、车站；但是，因实施交通卫生检疫导致中断干线交通或者封锁国境的，须由国务院决定。

第八条 在非检疫传染病疫区的交通工具上，发现检疫传染病病人、病原携带者、疑似检疫传染病病人时，交通工具负责人应当组织有关人员采取下列临时措施：

（一）以最快的方式通知前方停靠点，并向交通工具营运单位的主管部门报告；

（二）对检疫传染病病人、病原携带者、疑似检疫传染病病人和与其密切接触者实施隔离；

（三）封锁已经污染或者可能污染的区域，采取禁止向外排放污物等卫生处理措施；

（四）在指定的停靠点将检疫传染病病人、病原携带者、疑似检疫传染病病人和与其密切接触者以及其他需要跟踪观察的旅客名单，移交当地县级以上地方人民政府卫生行政部门；

（五）对承运过检疫传染病病人、病原携带者、疑似检疫传染病病人的交通工具和可能被污染的环境实施卫生处理。交通工具停靠地的县级以上地方人民政府卫生行政部门或者铁路、交通、民用航空行政主管部门的卫生主管机构，应当根据各自的职责，依照传染病防治法的规定，采取控制措施。

第九条 县级以上地方人民政府卫生行政部门或者铁路、交通、民用航空行政主管部门的卫生主管机构，根据各自的职责，对出入检疫传染病疫区的或者在非检疫传染病疫区发现检疫传染病疫情的交通工具及其乘运的人员、物资，实施交通卫生检疫；经检疫合格的，签发检疫合格证明。交通工具及其乘运的人员、物资凭检疫合格证明，方可通行。检疫合格证明的格式，由国务院卫生行政部门商国务院铁路、交通、民用航空行政主管部门制定。

第十条　对拒绝隔离、治疗、留验的检疫传染病病人、病原携带者、疑似检疫传染病病人和与其密切接触者，以及拒绝检查和卫生处理的可能传播检疫传染病的交通工具、停靠场所及物资，县级以上地方人民政府卫生行政部门或者铁路、交通、民用航空行政主管部门的卫生主管机构根据各自的职责，应当依照传染病防治法的规定，采取强制检疫措施；必要时，由当地县级以上人民政府组织公安部门予以协助。

第十一条　检疫传染病疫情发生后，疫区所在地的省、自治区、直辖市人民政府卫生行政部门应当向有关铁路、交通、民用航空行政主管部门的卫生主管机构通报疫情。铁路、交通、民用航空行政主管部门的卫生主管机构接到疫情通报后，应当及时通知有关交通工具的营运单位。检疫传染病疫情的报告、通报和公布，依照传染病防治法及其实施办法的规定执行。

第十二条　国务院卫生行政部门应当依照传染病防治法的规定，加强对检疫传染病防治的监督管理，会同国务院铁路、交通、民用航空行政主管部门，依照本条例的规定，拟订国内交通卫生检疫实施方案。

第十三条　检疫传染病病人、病原携带者、疑似检疫传染病病人和与其密切接触者隐瞒真实情况、逃避交通卫生检疫的，由县级以上地方人民政府卫生行政部门或者铁路、交通、民用航空行政主管部门的卫生主管机构，根据各自的职责分工，责令限期改正，给予警告，可以并处 1000 元以下的罚款；拒绝接受查验和卫生处理的，给予警告，并处 1000 元以上 5000 元以下的罚款；情节严重，引起检疫传染病传播或者有传播严重危险，构成犯罪的，依法追究刑事责任。

第十四条　在非检疫传染病疫区的交通工具上发现检疫传染病病人、病原携带者、疑似检疫传染病病人时，交通工具负责人未依照本条例规定采取措施的，由县级以上地方人民政府卫生行政部门或者铁路、交通、民用航空行政主管部门的卫生主管机构，根据各自的职责，责令改正，给予警告，并处 1000 元以上 5000 元以下的罚款；情节严重，引起检疫传染病传播或者有传播严重危险，构成犯罪的，依法追究刑事责任。

第十五条　县级以上地方人民政府卫生行政部门或者铁路、交通、民用航空行政主管部门的卫生主管机构，对发现的检疫传染病病人、病原携带者、疑似检疫传染病病人和与其密切接触者，未依法实施临时隔离、医学检查和其他应急医学措施的，以及对被检疫传染病病原体污染或者可能被污染的物品、交通工具及其停靠场所未依法进行必要的控制和卫生处理的，由其上级行政主管部门责令限期改正，对直接负责的主管人员和其他直接责任人员依法给予行政处分；情节严重，引起检疫传染病传播或者有传播严重危险，构成犯罪的，依法追究刑事责任。

第十六条　本条例自 1999 年 3 月 1 日起施行。1985 年 9 月 19 日国务院批准、1985 年 10 月 12 日铁道部、卫生部公布的《铁路交通检疫管理办法》同时废止。

中华人民共和国国境卫生
检疫法实施细则

中华人民共和国国务院令

第 666 号

《国务院关于修改部分行政法规的决定》已经 2016 年
1 月 13 日国务院第 119 次常务会议通过，现予公布，自公
布之日起施行。

总理　李克强

2016 年 2 月 6 日

（1989 年 2 月 10 日国务院批准；1989 年 3 月 6 日卫生
部发布施行；根据 2010 年 04 月 24 日《国务院关于修改
中华人民共和国国境卫生检疫法实施细则的决定》第一次
修订；根据 2016 年 2 月 6 日《国务院关于修改部分行政
法规的决定》第二次修订）

第一章　　一般规定

第一条　根据《中华人民共和国国境卫生检疫法》（以下称
《国境卫生检疫法》）的规定，制定本细则。

第二条 《国境卫生检疫法》和本细则所称：

"查验"指国境卫生检疫机关（以下称卫生检疫机关）实施的医学检查和卫生检查。

"染疫人"指正在患检疫传染病的人，或者经卫生检疫机关初步诊断，认为已经感染检疫传染病或者已经处于检疫传染病潜伏期的人。

"染疫嫌疑人"指接触过检疫传染病的感染环境，并且可能传播检疫传染病的人。

"隔离"指将染疫人收留在指定的处所，限制其活动并进行治疗，直到消除传染病传播的危险。

"留验"指将染疫嫌疑人收留在指定的处所进行诊察和检验。

"就地诊验"指一个人在卫生检疫机关指定的期间，到就近的卫生检疫机关或者其他医疗卫生单位去接受诊察和检验；或者卫生检疫机关、其他医疗卫生单位到该人员的居留地，对其进行诊察和检验。

"运输设备"指货物集装箱。

"卫生处理"指隔离、留验和就地诊验等医学措施，以及消毒、除鼠、除虫等卫生措施。

"传染病监测"指对特定环境、人群进行流行病学、血清学、病原学、临床症状以及其他有关影响因素的调查研究，预测有关传染病的发生、发展和流行。

"卫生监督"指执行卫生法规和卫生标准所进行的卫生检查、卫生鉴定、卫生评价和采样检验。

"交通工具"指船舶、航空器、列车和其他车辆。

"国境口岸"指国际通航的港口、机场、车站、陆地边境和国界江河的关口。

第三条 卫生检疫机关在国境口岸工作的范围，是指为国境口岸服务的涉外宾馆、饭店、俱乐部，为入境、出境交通工具提供饮食、服务的单位和对入境、出境人员、交通工具、集装箱和货物实施检疫、监测、卫生监督的场所。

第四条 入境、出境的人员、交通工具和集装箱，以及可能传播检疫传染病的行李、货物、邮包等，均应当按照本细则的规定接受检疫，经卫生检疫机关许可，方准入境或者出境。

第五条 卫生检疫机关发现染疫人时，应当立即将其隔离，防止任何人遭受感染，并按照本细则第八章的规定处理。

卫生检疫机关发现染疫嫌疑人时，应当按照本细则第八章的规定处理。但对第八章规定以外的其他病种染疫嫌疑人，可以从该人员离开感染环境的时候算起，实施不超过该传染病最长潜伏期的就地诊验或者留验以及其他的卫生处理。

第六条 卫生检疫机关应当阻止染疫人、染疫嫌疑人出境，但是对来自国外并且在到达时受就地诊验的人，本人要求出境的，可以准许出境；如果乘交通工具出境，检疫医师应当将这种情况在出境检疫证上签注，同时通知交通工具负责人采取必要的预防措施。

第七条 在国境口岸以及停留在该场所的入境、出境交通工具上，所有非因意外伤害而死亡并死因不明的尸体，必须经卫生检疫机关查验，并签发尸体移运许可证后，方准移运。

第八条 来自国内疫区的交通工具，或者在国内航行中发现检疫传染病、疑似检疫传染病，或者有人非因意外伤害而死亡并死因不明的，交通工具负责人应当向到达的国境口岸卫生检疫机关报告，接受临时检疫。

第九条 在国内或者国外检疫传染病大流行的时候，国务院卫生行政部门应当立即报请国务院决定采取下列检疫措施的一部或者全部：

（一）下令封锁陆地边境、国界江河的有关区域；

（二）指定某些物品必须经过消毒、除虫，方准由国外运进或者由国内运出；

（三）禁止某些物品由国外运进或者由国内运出；

（四）指定第一入境港口、降落机场。对来自国外疫区的船舶、航空器，除因遇险或者其他特殊原因外，没有经第一入境港口、机场检疫的，不准进入其他港口和机场。

第十条 入境、出境的集装箱、货物、废旧物等物品在到达口岸的时候，承运人、代理人或者货主，必须向卫生检疫机关申报并接受卫生检疫。对来自疫区的、被传染病污染的以及可能传播检疫传染病或者发现与人类健康有关的啮齿动物和病媒昆虫的集装箱、货物、废旧物等物品，应当实施消毒、除鼠、除虫或者其他必要的卫生处理。

集装箱、货物、废旧物等物品的货主要求在其他地方实施卫生检疫、卫生处理的，卫生检疫机关可以给予方便，并按规定办理。

海关凭卫生检疫机关签发的卫生处理证明放行。

第十一条 入境、出境的微生物、人体组织、生物制品、血液及其制品等特殊物品的携带人、托运人或者邮递人，必须向卫生检疫机关申报并接受卫生检疫，未经卫生检疫机关许可，不准入境、出境。

海关凭卫生检疫机关签发的特殊物品审批单放行。

第十二条 入境、出境的旅客、员工个人携带或者托运可能传播传染病的行李和物品，应当接受卫生检查。卫生检疫机关对来自疫区或者被传染病污染的各种食品、饮料、水产品等应当实施卫生处理或者销毁，并签发卫生处理证明。

海关凭卫生检疫机关签发的卫生处理证明放行。

第十三条 卫生检疫机关对应当实施卫生检疫的邮包进行卫生检查和必要的卫生处理时，邮政部门应予配合。未经卫生检疫机关许可，邮政部门不得运递。

第十四条 卫生检疫单、证的种类、式样和签发办法，由国务院卫生行政部门规定。

第二章 疫情通报

第十五条 在国境口岸以及停留在国境口岸的交通工具上，发现检疫传染病、疑似检疫传染病，或者有人非因意外伤害而死亡并死因不明时，国境口岸有关单位以及交通工具的负责人，应当立即向卫生检疫机关报告。

第十六条　卫生检疫机关发现检疫传染病、监测传染病、疑似检疫传染病时，应当向当地卫生行政部门和卫生防疫机构通报；发现检疫传染病时，还应当用最快的办法向国务院卫生行政部门报告。

当地卫生防疫机构发现检疫传染病、监测传染病时，应当向卫生检疫机关通报。

第十七条　在国内或者国外某一地区发生检疫传染病流行时，国务院卫生行政部门可以宣布该地区为疫区。

第三章　卫生检疫机关

第十八条　卫生检疫机关根据工作需要，可以设立派出机构。卫生检疫机关的设立、合并或者撤销，由国务院卫生行政部门决定。

第十九条　卫生检疫机关的职责：

（一）执行《国境卫生检疫法》及其实施细则和国家有关卫生法规；

（二）收集、整理、报告国际和国境口岸传染病的发生、流行和终息情况；

（三）对国境口岸的卫生状况实施卫生监督；对入境、出境的交通工具、人员、集装箱、尸体、骸骨以及可能传播检疫传染病的行李、货物、邮包等实施检疫查验、传染病监测、卫生监督和卫生处理；

（四）对入境、出境的微生物、生物制品、人体组织、血液及其制品等特殊物品以及能传播人类传染病的动物，实施卫生检疫；

（五）对入境、出境人员进行预防接种、健康检查、医疗服务、国际旅行健康咨询和卫生宣传；

（六）签发卫生检疫证件；

（七）进行流行病学调查研究，开展科学实验；

（八）执行国务院卫生行政部门指定的其他工作。

第二十条 国境口岸卫生监督员的职责：

（一）对国境口岸和停留在国境口岸的入境、出境交通工具进行卫生监督和卫生宣传；

（二）在消毒、除鼠、除虫等卫生处理方面进行技术指导；

（三）对造成传染病传播、啮齿动物和病媒昆虫扩散、食物中毒、食物污染等事故进行调查，并提出控制措施。

第二十一条 卫生检疫机关工作人员、国境口岸卫生监督员在执行任务时，应当穿着检疫制服，佩戴检疫标志；卫生检疫机关的交通工具在执行任务期间，应当悬挂检疫旗帜。

检疫制服、标志、旗帜的式样和使用办法由国务院卫生行政部门会同有关部门制定，报国务院审批。

第四章 海港检疫

第二十二条 船舶的入境检疫，必须在港口的检疫锚地或者经卫生检疫机关同意的指定地点实施。

检疫锚地由港务监督机关和卫生检疫机关会商确定，报国务院交通和卫生行政部门备案。

第二十三条 船舶代理应当在受入境检疫的船舶到达以前，尽早向卫生检疫机关通知下列事项：

（一）船名、国籍、预定到达检疫锚地的日期和时间；

（二）发航港、最后寄港；

（三）船员和旅客人数；

（四）货物种类。

港务监督机关应当将船舶确定到达检疫锚地的日期和时间尽早通知卫生检疫机关。

第二十四条 受入境检疫的船舶，在航行中，发现检疫传染病、疑似检疫传染病，或者有人非因意外伤害而死亡并死因不明的，船长必须立即向实施检疫港口的卫生检疫机关报告下列事项：

（一）船名、国籍、预定到达检疫锚地的日期和时间；

（二）发航港、最后寄港；

（三）船员和旅客人数；

（四）货物种类；

（五）病名或者主要症状、患病人数、死亡人数；

（六）船上有无船医。

第二十五条 受入境检疫的船舶，必须按照下列规定悬挂检疫信号等候查验，在卫生检疫机关发给入境检疫证前，不得降下检疫信号。

昼间在明显处所悬挂国际通语信号旗：

（一）"Q"字旗表示：本船没有染疫，请发给入境检疫证；

（二）"QQ"字旗表示：本船有染疫或者染疫嫌疑，请即刻实施检疫。

夜间在明显处所垂直悬挂灯号：

（一）红灯三盏表示：本船没有染疫，请发给入境检疫证；

（二）红、红、白、红灯四盏表示：本船有染疫或者染疫嫌疑，请即刻实施检疫。

第二十六条 悬挂检疫信号的船舶，除引航员和经卫生检疫机关许可的人员外，其他人员不准上船，不准装卸行李、货物、邮包等物品，其他船舶不准靠近；船上的人员，除因船舶遇险外，未经卫生检疫机关许可，不准离船；引航员不得将船引离检疫锚地。

第二十七条 申请电讯检疫的船舶，首先向卫生检疫机关申请卫生检查，合格者发给卫生证书。该证书自签发之日起 12 个月内可以申请电讯检疫。

第二十八条 持有效卫生证书的船舶在入境前 24 小时，应当向卫生检疫机关报告下列事项：

（一）船名、国籍、预定到达检疫锚地的日期和时间；

（二）发航港、最后寄港；

（三）船员和旅客人数及健康状况；

（四）货物种类；

（五）船舶卫生证书的签发日期和编号、除鼠证书或者免予除鼠证书的签发日期和签发港，以及其他卫生证件。

经卫生检疫机关对上述报告答复同意后，即可进港。

第二十九条 对船舶的入境检疫，在日出后到日落前的时间内实施；凡具备船舶夜航条件，夜间可靠离码头和装卸作业的港口口岸，应实行24小时检疫。对来自疫区的船舶，不实行夜间检疫。

第三十条 受入境检疫船舶的船长，在检疫医师到达船上时，必须提交由船长签字或者有船医附签的航海健康申报书、船员名单、旅客名单、载货申报单，并出示除鼠证书或者免予除鼠证书。

在查验中，检疫医师有权查阅航海日志和其他有关证件；需要进一步了解船舶航行中卫生情况时，检疫医师可以向船长、船医提出询问，船长、船医必须如实回答。用书面回答时，须经船长签字和船医附签。

第三十一条 船舶实施入境查验完毕以后，对没有染疫的船舶，检疫医师应当立即签发入境检疫证；如果该船有受卫生处理或者限制的事项，应当在入境检疫证上签注，并按照签注事项办理。对染疫船舶、染疫嫌疑船舶，除通知港务监督机关外，对该船舶还应当发给卫生处理通知书，该船舶上的引航员和经卫生检疫机关许可上船的人员应当视同员工接受有关卫生处理，在卫生处理完毕以后，再发给入境检疫证。

船舶领到卫生检疫机关签发的入境检疫证后，可以降下检疫信号。

第三十二条 船舶代理应当在受出境检疫的船舶启航以前，尽早向卫生检疫机关通知下列事项：

（一）船名、国籍、预定开航的日期和时间；

（二）目的港、最初寄港；

（三）船员名单和旅客名单；

（四）货物种类。

港务监督机关应当将船舶确定开航的日期和时间尽早通知卫生检疫机关。

船舶的入境、出境检疫在同一港口实施时，如果船员、旅客没有变动，可以免报船员名单和旅客名单；有变动的，报变动船员、旅客名单。

第三十三条 受出境检疫的船舶，船长应当向卫生检疫机关出示除鼠证书或者免予除鼠证书和其他有关检疫证件。检疫医师可以向船长、船医提出有关船员、旅客健康情况和船上卫生情况的询问，船长、船医对上述询问应当如实回答。

第三十四条 对船舶实施出境检疫完毕以后，检疫医师应当按照检疫结果立即签发出境检疫证，如果因卫生处理不能按原定时间启航，应当及时通知港务监督机关。

第三十五条 对船舶实施出境检疫完毕以后，除引航员和经卫生检疫机关许可的人员外，其他人员不准上船，不准装卸行李、货物、邮包等物品。如果违反上述规定，该船舶必须重新实施出境检疫。

第五章　航空检疫

第三十六条 航空器在飞行中，不得向下投掷或者任其坠下能传播传染病的任何物品。

第三十七条 实施卫生检疫机场的航空站，应当在受入境检疫的航空器到达以前，尽早向卫生检疫机关通知下列事项：

（一）航空器的国籍、机型、号码、识别标志、预定到达时间；

（二）出发站、经停站；

（三）机组和旅客人数。

第三十八条 受入境检疫的航空器，如果在飞行中发现检疫传染病、疑似检疫传染病，或者有人非因意外伤害而死亡并死因不明时，机长应当立即通知到达机场的航空站，向卫生检疫机关报告下列事项：

（一）航空器的国籍、机型、号码、识别标志、预定到达时间；

（二）出发站、经停站；

（三）机组和旅客人数；

（四）病名或者主要症状、患病人数、死亡人数。

第三十九条 受入境检疫的航空器到达机场以后，检疫医师首先登机。机长或者其授权的代理人，必须向卫生检疫机关提交总申报单、旅客名单、货物仓单和有效的灭蚊证书，以及其他有关检疫证件；对检疫医师提出的有关航空器上卫生状况的询问，机长或者其授权的代理人应当如实回答。在检疫没有结束之前，除经卫生检疫机关许可外，任何人不得上下航空器，不准装卸行李、货物、邮包等物品。

第四十条 入境旅客必须在指定的地点，接受入境查验，同时用书面或者口头回答检疫医师提出的有关询问。在此期间，入境旅客不得离开查验场所。

第四十一条 对入境航空器查验完毕以后，根据查验结果，对没有染疫的航空器，检疫医师应当签发入境检疫证；如果该航空器有受卫生处理或者限制的事项，应当在入境检疫证上签注，由机长或者其授权的代理人负责执行；对染疫或者有染疫嫌疑的航空器，除通知航空站外，对该航空器应当发给卫生处理通知单，在规定的卫生处理完毕以后，再发给入境检疫证。

第四十二条 实施卫生检疫机场的航空站，应当在受出境检疫的航空器起飞以前，尽早向卫生检疫机关提交总申报单、货物仓单和其他有关检疫证件，并通知下列事项：

（一）航空器的国籍、机型、号码、识别标志、预定起飞时间；

（二）经停站、目的站；

（三）机组和旅客人数。

第四十三条 对出境航空器查验完毕以后，如果没有染疫，检疫医师应当签发出境检疫证或者在必要的卫生处理完毕以后，再发给出境检疫证；如果该航空器因卫生处理不能按原定时间起飞，应当及时通知航空站。

第六章 陆地边境检疫

第四十四条 实施卫生检疫的车站，应当在受入境检疫的列车到达之前，尽早向卫生检疫机关通知下列事项：

（一）列车的车次，预定到达的时间；

（二）始发站；

（三）列车编组情况。

第四十五条 受入境检疫的列车和其他车辆到达车站、关口后，检疫医师首先登车，列车长或者其他车辆负责人，应当口头或者书面向卫生检疫机关申报该列车或者其他车辆上人员的健康情况，对检疫医师提出有关卫生状况和人员健康的询问，应当如实回答。

第四十六条 受入境检疫的列车和其他车辆到达车站、关口，在实施入境检疫而未取得入境检疫证以前，未经卫生检疫机关许可，任何人不准上下列车或者其他车辆，不准装卸行李、货物、邮包等物品。

第四十七条 实施卫生检疫的车站，应当在受出境检疫列车发车以前，尽早向卫生检疫机关通知下列事项：

（一）列车的车次，预定发车的时间；

（二）终到站；

（三）列车编组情况。

第四十八条 应当受入境、出境检疫的列车和其他车辆，如果在行程中发现检疫传染病、疑似检疫传染病，或者有人非因意外伤害而死亡并死因不明的，列车或者其他车辆到达车站、关口时，列车长或者其他车辆负责人应当向卫生检疫机关报告。

第四十九条 受入境、出境检疫的列车，在查验中发现检疫传染病或者疑似检疫传染病，或者因受卫生处理不能按原定时间发车，卫生检疫机关应当及时通知车站的站长。如果列车在原停车地点不宜实施卫生处理，站长可以选择站内其他地点实施卫生处理。

在处理完毕之前，未经卫生检疫机关许可，任何人不准上下列车，不准装卸行李、货物、邮包等物品。

为了保证入境直通列车的正常运输，卫生检疫机关可以派员随车实施检疫，列车长应当提供方便。

第五十条 对列车或者其他车辆实施入境、出境检疫完毕后，检疫医师应当根据检疫结果分别签发入境、出境检疫证，或者在必要的卫生处理完毕后，再分别签发入境、出境检疫证。

第五十一条 徒步入境、出境的人员，必须首先在指定的场所接受入境、出境查验，未经卫生检疫机关许可，不准离开指定的场所。

第五十二条 受入境、出境检疫的列车以及其他车辆，载有来自疫区、有染疫或者染疫嫌疑或者夹带能传播传染病的病媒昆虫和啮齿动物的货物，应当接受卫生检查和必要的卫生处理。

第七章 卫生处理

第五十三条 卫生检疫机关的工作人员在实施卫生处理时，必须注意下列事项：

（一）防止对任何人的健康造成危害；

（二）防止对交通工具的结构和设备造成损害；

（三）防止发生火灾；

（四）防止对行李、货物造成损害。

第五十四条 入境、出境的集装箱、行李、货物、邮包等物品需要卫生处理的，由卫生检疫机关实施。

入境、出境的交通工具有下列情形之一的，应当由卫生检疫机关实施消毒、除鼠、除虫或者其他卫生处理：

（一）来自检疫传染病疫区的；

（二）被检疫传染病污染的；

（三）发现有与人类健康有关的啮齿动物或者病媒昆虫，超过国家卫生标准的。

第五十五条 由国外起运经过中华人民共和国境内的货物，如果不在境内换装，除发生在流行病学上有重要意义的事件，需要实施卫生处理外，在一般情况下不实施卫生处理。

第五十六条 卫生检疫机关对入境、出境的废旧物品和曾行驶于境外港口的废旧交通工具，根据污染程度，分别实施消毒、除鼠、除虫，对污染严重的实施销毁。

第五十七条 入境、出境的尸体、骸骨托运人或者代理人应当申请卫生检疫，并出示死亡证明或者其他有关证件，对不符合卫生要求的，必须接受卫生检疫机关实施的卫生处理。经卫生检疫合格后，方准运进或者运出。

对因患检疫传染病而死亡的病人尸体，必须就近火化，不准移运。

第五十八条 卫生检疫机关对已在到达本口岸前的其他口岸实施卫生处理的交通工具不再重复实施卫生处理。但有下列情形之一的，仍需实施卫生处理：

（一）在原实施卫生处理的口岸或者该交通工具上，发生流行病学上有重要意义的事件，需要进一步实施卫生处理的；

（二）在到达本口岸前的其他口岸实施的卫生处理没有实际效果的。

第五十九条 在国境口岸或者交通工具上发现啮齿动物有反常死亡或者死因不明的，国境口岸有关单位或者交通工具的负责人，必须立即向卫生检疫机关报告，迅速查明原因，实施卫生处理。

第六十条 国际航行船舶的船长，必须每隔6个月向卫生检疫机关申请一次鼠患检查，卫生检疫机关根据检查结果实施除鼠或者免予除鼠，并且分别发给除鼠证书或者免予除鼠证书。该证书自签发之日起6个月内有效。

第六十一条 卫生检疫机关只有在下列之一情况下，经检查确认船舶无鼠害的，方可签发免予除鼠证书：

（一）空舱；

（二）舱内虽然装有压舱物品或者其他物品，但是这些物品不引诱鼠类，放置情况又不妨碍实施鼠患检查。

对油轮在实舱时进行检查，可以签发免予除鼠证书。

第六十二条　对船舶的鼠患检查或者除鼠，应当尽量在船舶空舱的时候进行。如果船舶因故不宜按期进行鼠患检查或者蒸熏除鼠，并且该船又开往便于实施鼠患检查或者蒸熏除鼠的港口，可以准许该船原有的除鼠证书或者免予除鼠证书的有效期延长 1 个月，并签发延长证明。

第六十三条　对国际航行的船舶，按照国家规定的标准，应当用蒸熏的方法除鼠时，如果该船的除鼠证书或者免予除鼠证书尚未失效，除该船染有鼠疫或者鼠疫嫌疑外，卫生检疫机关应当将除鼠理由通知船长。船长应当按照要求执行。

第六十四条　船舶在港口停靠期间，船长应当负责采取下列的措施：

（一）缆绳上必须使用有效的防鼠板，或者其他防鼠装置；

（二）夜间放置扶梯、桥板时，应当用强光照射；

（三）在船上发现死鼠或者捕获到鼠类时，应当向卫生检疫机关报告。

第六十五条　在国境口岸停留的国内航行的船舶如果存在鼠患，船方应当进行除鼠。根据船方申请，也可由卫生检疫机关实施除鼠。

第六十六条　国务院卫生行政部门认为必要时，可以要求来自国外或者国外某些地区的人员在入境时，向卫生检疫机关出示有效的某种预防接种证书或者健康证明。

第六十七条　预防接种的有效期如下：

（一）黄热病疫苗自接种后第 10 日起，10 年内有效。如果前次接种不满 10 年又经复种，自复种的当日起，10 年内有效；

（二）其他预防接种的有效期，按照有关规定执行。

第八章　检疫传染病管理

第一节　鼠　疫

第六十八条　鼠疫的潜伏期为 6 日。

第六十九条 船舶、航空器在到达时，有下列情形之一的，为染有鼠疫：

（一）船舶、航空器上有鼠疫病例的；

（二）船舶、航空器上发现有感染鼠疫的啮齿动物的；

（三）船舶上曾经有人在上船 6 日以后患鼠疫的。

第七十条 船舶在到达时，有下列情形之一的，为染有鼠疫嫌疑：

（一）船舶上没有鼠疫病例，但曾经有人在上船后 6 日以内患鼠疫的；

（二）船上啮齿动物有反常死亡，并且死因不明的。

第七十一条 对染有鼠疫的船舶、航空器应当实施下列卫生处理：

（一）对染疫人实施隔离；

（二）对染疫嫌疑人实施除虫，并且从到达时算起，实施不超过 6 日的就地诊验或者留验。在此期间，船上的船员除因工作需要并且经卫生检疫机关许可外，不准上岸；

（三）对染疫人、染疫嫌疑人的行李、使用过的其他物品和卫生检疫机关认为有污染嫌疑的物品，实施除虫，必要时实施消毒；

（四）对染疫人占用过的部位和卫生检疫机关认为有污染嫌疑的部位，实施除虫，必要时实施消毒；

（五）船舶、航空器上有感染鼠疫的啮齿动物，卫生检疫机关必须实施除鼠。如果船舶上发现只有未感染鼠疫的啮齿动物，卫生检疫机关也可以实施除鼠。实施除鼠可以在隔离的情况下进行。对船舶的除鼠应当在卸货以前进行；

（六）卸货应当在卫生检疫机关的监督下进行，并且防止卸货的工作人员遭受感染，必要时，对卸货的工作人员从卸货完毕时算起，实施不超过 6 日的就地诊验或者留验。

第七十二条 对染有鼠疫嫌疑的船舶，应当实施本细则第七十一条第（二）至第（六）项规定的卫生处理。

第七十三条 对没有染疫的船舶、航空器，如果来自鼠疫疫区，卫生检疫机关认为必要时，可以实施下列卫生处理：

（一）对离船、离航空器的染疫嫌疑人，从船舶、航空器离开疫区的时候算起，实施不超过 6 日的就地诊验或者留验；

（二）在特殊情况下，对船舶、航空器实施除鼠。

第七十四条 对到达的时候载有鼠疫病例的列车和其他车辆，应当实施下列卫生处理：

（一）本细则第七十一条第（一）、第（三）、第（四）、第（六）项规定的卫生处理；

（二）对染疫嫌疑人实施除虫，并且从到达时算起，实施不超过 6 日的就地诊验或者留验；

（三）必要时，对列车和其他车辆实施除鼠。

第二节 霍 乱

第七十五条 霍乱潜伏期为 5 日。

第七十六条 船舶在到达的时候载有霍乱病例，或者在到达前 5 日以内，船上曾经有霍乱病例发生，为染有霍乱。

船舶在航行中曾经有霍乱病例发生，但是在到达前 5 日以内，没有发生新病例，为染有霍乱嫌疑。

第七十七条 航空器在到达的时候载有霍乱病例，为染有霍乱。

航空器在航行中曾经有霍乱病例发生，但在到达以前该病员已经离去，为染有霍乱嫌疑。

第七十八条 对染有霍乱的船舶、航空器，应当实施下列卫生处理：

（一）对染疫人实施隔离；

（二）对离船、离航空器的员工、旅客，从卫生处理完毕时算起，实施不超过 5 日的就地诊验或者留验；从船舶到达时算起 5 日内，船上的船员除因工作需要，并且经卫生检疫机关许可外，不准上岸；

（三）对染疫人、染疫嫌疑人的行李，使用过的其他物品和有污染嫌疑的物品、食品实施消毒；

（四）对染疫人占用的部位，污染嫌疑部位，实施消毒；

（五）对污染或者有污染嫌疑的饮用水，应当实施消毒后排放，并在储水容器消毒后再换清洁饮用水；

（六）人的排泄物、垃圾、废水、废物和装自霍乱疫区的压舱水，未经消毒，不准排放和移下；

（七）卸货必须在卫生检疫机关监督下进行，并且防止工作人员遭受感染，必要时，对卸货工作人员从卸货完毕时算起，实施不超过 5 日的就地诊验或者留验。

第七十九条 对染有霍乱嫌疑的船舶、航空器应当实施下列卫生处理：

（一）本细则第七十八条第（二）至第（七）项规定的卫生处理；

（二）对离船、离航空器的员工、旅客从到达时算起，实施不超过 5 日的就地诊验或者留验。在此期间，船上的船员除因工作需要，并经卫生检疫机关许可外，不准离开口岸区域；或者对离船、离航空器的员工、旅客，从离开疫区时算起，实施不超过 5 日的就地诊验或者留验。

第八十条 对没有染疫的船舶、航空器，如果来自霍乱疫区，卫生检疫机关认为必要时，可以实施下列卫生处理：

（一）本细则第七十八条第（五）、第（六）项规定的卫生处理；

（二）对离船、离航空器的员工、旅客，从离开疫区时算起，实施不超过 5 日的就地诊验或者留验。

第八十一条 对到达时载有霍乱病例的列车和其他车辆应当实施下列卫生处理：

（一）按本细则第七十八条第（一）、第（三）、第（四）、第（五）、第（七）项规定的卫生处理；

（二）对染疫嫌疑人从到达时算起，实施不超过 5 日的就地诊验或者留验。

第八十二条　对来自霍乱疫区的或者染有霍乱嫌疑的交通工具，卫生检疫机关认为必要时，可以实施除虫、消毒；如果交通工具载有水产品、水果、蔬菜、饮料及其他食品，除装在密封容器内没有被污染外，未经卫生检疫机关许可，不准卸下，必要时可以实施卫生处理。

第八十三条　对来自霍乱疫区的水产品、水果、蔬菜、饮料以及装有这些制品的邮包，卫生检疫机关在查验时，为了判明是否被污染，可以抽样检验，必要时可以实施卫生处理。

第三节　黄热病

第八十四条　黄热病的潜伏期为 6 日。

第八十五条　来自黄热病疫区的人员，在入境时，必须向卫生检疫机关出示有效的黄热病预防接种证书。

对无有效的黄热病预防接种证书的人员，卫生检疫机关可以从该人员离开感染环境的时候算起，实施 6 日的留验，或者实施预防接种并留验到黄热病预防接种证书生效时为止。

第八十六条　航空器到达时载有黄热病病例，为染有黄热病。

第八十七条　来自黄热病疫区的航空器，应当出示在疫区起飞前的灭蚊证书；如果在到达时不出示灭蚊证书，或者卫生检疫机关认为出示的灭蚊证书不符合要求，并且在航空器上发现活蚊，为染有黄热病嫌疑。

第八十八条　船舶在到达时载有黄热病病例，或者在航行中曾经有黄热病病例发生，为染有黄热病。

船舶在到达时，如果离开黄热病疫区没有满 6 日，或者没有满 30 日并且在船上发现埃及伊蚊或者其他黄热病媒介，为染有黄热病嫌疑。

第八十九条　对染有黄热病的船舶、航空器，应当实施下列卫生处理：

（一）对染疫人实施隔离；

（二）对离船、离航空器又无有效的黄热病预防接种证书的员工、旅客，实施本细则第八十五条规定的卫生处理；

（三）彻底杀灭船舶、航空器上的埃及伊蚊及其虫卵、幼虫和其他黄热病媒介，并且在没有完成灭蚊以前限制该船与陆地和其他船舶的距离不少于 400 米；

（四）卸货应当在灭蚊以后进行，如果在灭蚊以前卸货，应当在卫生检疫机关监督下进行，并且采取预防措施，使卸货的工作人员免受感染，必要时，对卸货的工作人员，从卸货完毕时算起，实施 6 日的就地诊验或者留验。

第九十条　对染有黄热病嫌疑的船舶、航空器，应当实施本细则第八十九条第（二）至第（四）项规定的卫生处理。

第九十一条　对没有染疫的船舶、航空器，如果来自黄热病疫区，卫生检疫机关认为必要时，可以实施本细则第八十九条第（三）项规定的卫生处理。

第九十二条　对到达的时候载有黄热病病例的列车和其他车辆，或者来自黄热病疫区的列车和其他车辆，应当实施本细则第八十九条第（一）、第（四）项规定的卫生处理；对列车、车辆彻底杀灭成蚊及其虫卵、幼虫；对无有效黄热病预防接种证书的员工、旅客，应当实施本细则第八十五条规定的卫生处理。

第四节　就地诊验、留验和隔离

第九十三条　卫生检疫机关对受就地诊验的人员，应当发给就地诊验记录簿，必要的时候，可以在该人员出具履行就地诊验的保证书以后，再发给其就地诊验记录簿。

受就地诊验的人员应当携带就地诊验记录簿，按照卫生检疫机关指定的期间、地点，接受医学检查；如果就地诊验的结果没有染疫，就地诊验期满的时候，受就地诊验的人员应当将就地诊验记录簿退还卫生检疫机关。

第九十四条　卫生检疫机关应当将受就地诊验人员的情况，用最快的方法通知受就地诊验人员的旅行停留地的卫生检疫机关或者其他医疗卫生单位。

卫生检疫机关、医疗卫生单位遇有受就地诊验的人员请求医学检查时，应当视同急诊给予医学检查，并将检查结果在就地诊验记录簿上签注；如果发现其患检疫传染病或者监测传染病、疑似检疫传染病或者疑似监测传染病时，应当立即采取必要的卫生措施，将其就地诊验记录簿收回存查，并且报告当地卫生防疫机构和签发就地诊验记录簿的卫生检疫机关。

第九十五条　受留验的人员必须在卫生检疫机关指定的场所接受留验；但是有下列情形之一的，经卫生检疫机关同意，可以在船上留验：

（一）船长请求船员在船上留验的；

（二）旅客请求在船上留验，经船长同意，并且船上有船医和医疗、消毒设备的。

第九十六条　受留验的人员在留验期间如果出现检疫传染病的症状，卫生检疫机关应当立即对该人员实施隔离，对与其接触的其他受留验的人员，应当实施必要的卫生处理，并且从卫生处理完毕时算起，重新计算留验时间。

第九章　传染病监测

第九十七条　入境、出境的交通工具、人员、食品、饮用水和其他物品以及病媒昆虫、动物，均为传染病监测的对象。

第九十八条　传染病监测内容是：

（一）首发病例的个案调查；

（二）暴发流行的流行病学调查；

（三）传染源调查；

（四）国境口岸内监测传染病的回顾性调查；

（五）病原体的分离、鉴定，人群、有关动物血清学调查以及流行病学调查；

（六）有关动物、病媒昆虫、食品、饮用水和环境因素的调查；

（七）消毒、除鼠、除虫的效果观察与评价；

（八）国境口岸以及国内外监测传染病疫情的收集、整理、分析和传递；

（九）对监测对象开展健康检查和对监测传染病病人、疑似病人、密切接触人员的管理。

第九十九条 卫生检疫机关应当阻止患有严重精神病、传染性肺结核病或者有可能对公共卫生造成重大危害的其他传染病的外国人入境。

第一百条 受入境、出境检疫的人员，必须根据检疫医师的要求，如实填报健康申明卡，出示某种有效的传染病预防接种证书、健康证明或者其他有关证件。

第一百零一条 卫生检疫机关对国境口岸的涉外宾馆、饭店内居住的入境、出境人员及工作人员实施传染病监测，并区别情况采取必要的预防、控制措施。

对来自检疫传染病和监测传染病疫区的人员，检疫医师可以根据流行病学和医学检查结果，发给就诊方便卡。

卫生检疫机关、医疗卫生单位遇到持有就诊方便卡的人员请求医学检查时，应当视同急诊给予医学检查；如果发现其患检疫传染病或者监测传染病，疑似检疫传染病或者疑似监测传染病，应当立即实施必要的卫生措施，并且将情况报告当地卫生防疫机构和签发就诊方便卡的卫生检疫机关。

第一百零二条 凡申请出境居住 1 年以上的中国籍人员，必须持有卫生检疫机关签发的健康证明。中国公民出境、入境管理机关凭卫生检疫机关签发的健康证明办理出境手续。

凡在境外居住 1 年以上的中国籍人员，入境时必须向卫生检疫机关申报健康情况，并在入境后 1 个月内到就近的卫生检疫机关或者县级以上的医院进行健康检查。公安机关凭健康证明办理有关手续。健康证明的副本应当寄送到原入境口岸的卫生检疫机关备案。

国际通行交通工具上的中国籍员工，应当持有卫生检疫机关或者县级以上医院出具的健康证明。健康证明的项目、格式由国务院卫生行政部门统一规定，有效期为 12 个月。

第一百零三条 卫生检疫机关在国境口岸内设立传染病监测点时，有关单位应当给予协助并提供方便。

第十章 卫生监督

第一百零四条 卫生检疫机关依照《国境卫生检疫法》第十八条、第十九条规定的内容，对国境口岸和交通工具实施卫生监督。

第一百零五条 对国境口岸的卫生要求是：

（一）国境口岸和国境口岸内涉外的宾馆、生活服务单位以及候船、候车、候机厅（室）应当有健全的卫生制度和必要的卫生设施，并保持室内外环境整洁、通风良好；

（二）国境口岸有关部门应当采取切实可行的措施，控制啮齿动物、病媒昆虫，使其数量降低到不足为害的程度。仓库、货场必须具有防鼠设施；

（三）国境口岸的垃圾、废物、污水、粪便必须进行无害化处理，保持国境口岸环境整洁卫生。

第一百零六条 对交通工具的卫生要求是：

（一）交通工具上的宿舱、车厢必须保持清洁卫生，通风良好；

（二）交通工具上必须备有足够的消毒、除鼠、除虫药物及器械，并备有防鼠装置；

（三）交通工具上的货舱、行李舱、货车车厢在装货前或者卸货后应当进行彻底清扫，有毒物品和食品不得混装，防止污染；

（四）对不符合卫生要求的入境、出境交通工具，必须接受卫生检疫机关的督导立即进行改进。

第一百零七条 对饮用水、食品及从业人员的卫生要求是：

（一）国境口岸和交通工具上的食品、饮用水必须符合有关的卫生标准；

（二）国境口岸内的涉外宾馆，以及向入境、出境的交通工具提供饮食服务的部门，必须取得卫生检疫机关发放的卫生许可证；

（三）国境口岸内涉外的宾馆和入境、出境交通工具上的食品、饮用水从业人员应当持有有效健康证明。

第一百零八条 国境口岸有关单位和交通工具负责人应当遵守下列事项：

（一）遵守《国境卫生检疫法》和本细则及有关卫生法规的规定；

（二）接受卫生监督员的监督和检查，并为其工作提供方便；

（三）按照卫生监督员的建议，对国境口岸和交通工具的卫生状况及时采取改进措施。

第十一章 罚 则

第一百零九条 《国境卫生检疫法》和本细则所规定的应当受行政处罚的行为是指：

（一）应当受入境检疫的船舶，不悬挂检疫信号的；

（二）入境、出境的交通工具，在入境检疫之前或者在出境检疫之后，擅自上下人员，装卸行李、货物、邮包等物品的；

（三）拒绝接受检疫或者抵制卫生监督，拒不接受卫生处理的；

（四）伪造或者涂改检疫单、证、不如实申报疫情的；

（五）瞒报携带禁止进口的微生物、人体组织、生物制品、血液及其制品或者其他可能引起传染病传播的动物和物品的；

（六）未经检疫的入境、出境交通工具，擅自离开检疫地点，逃避查验的；

（七）隐瞒疫情或者伪造情节的；

（八）未经卫生检疫机关实施卫生处理，擅自排放压舱水，移下垃圾、污物等控制的物品的；

（九）未经卫生检疫机关实施卫生处理，擅自移运尸体、骸骨的；

（十）废旧物品、废旧交通工具，未向卫生检疫机关申报，未经卫生检疫机关实施卫生处理和签发卫生检疫证书而擅自入境、出境或者使用、拆卸的；

（十一）未经卫生检疫机关检查，从交通工具上移下传染病病人造成传染病传播危险的。

第一百一十条 具有本细则第一百零九条所列第（一）至第（五）项行为的，处以警告或者 100 元以上 5000 元以下的罚款；

具有本细则第一百零九条所列第（六）至第（九）项行为的，处以 1000 元以上 1 万元以下的罚款；

具有本细则第一百零九条所列第（十）、第（十一）项行为的，处以 5000 元以上 3 万元以下的罚款。

第一百一十一条 卫生检疫机关在收取罚款时，应当出具正式的罚款收据。罚款全部上交国库。

第十二章　附　则

第一百一十二条 国境卫生检疫机关实施卫生检疫的收费标准，由国务院卫生行政部门会同国务院财政、物价部门共同制定。

第一百一十三条 本细则由国务院卫生行政部门负责解释。

第一百一十四条 本细则自发布之日起施行。

附　录

出入境人员携带物检疫管理办法

国家质量监督检验检疫总局令

第 146 号

《出入境人员携带物检疫管理办法》已经 2012 年 6 月 27 日国家质量监督检验检疫总局局务会议审议通过，现予公布，自 2012 年 11 月 1 日起施行。

国家质量监督检验检疫总局局长

2012 年 8 月 2 日

第一章　总　则

第一条　为了防止人类传染病及其医学媒介生物、动物传染病、寄生虫病和植物危险性病、虫、杂草以及其他有害生物经国境传入、传出，保护人体健康和农、林、牧、渔业以及环境安全，依据《中华人民共和国进出境动植物检疫法》及其实施条例、《中华人民共和国国境卫生检疫法》及其实施细则、《农业转基因生物安全管理条例》、《中华人民共和国濒危野生动植物进出口管理条例》等法律法规的规定，制定本办法。

第二条　本办法所称出入境人员，是指出入境的旅客（包括享有外交、领事特权与豁免权的外交代表）和交通工具的员工以及其他人员。

本办法所称携带物，是指出入境人员随身携带以及随所搭乘的车、船、飞机等交通工具托运的物品和分离运输的物品。

第三条 国家质量监督检验检疫总局（以下简称"国家质检总局"）主管全国出入境人员携带物检疫和监督管理工作。

国家质检总局设在各地的出入境检验检疫机构（以下简称"检验检疫机构"）负责所辖地区出入境人员携带物检疫和监督管理工作。

第四条 出入境人员携带下列物品，应当申报并接受检验检疫机构检疫：

（一）入境动植物、动植物产品和其他检疫物；

（二）出入境生物物种资源、濒危野生动植物及其产品；

（三）出境的国家重点保护的野生动植物及其产品；

（四）出入境的微生物、人体组织、生物制品、血液及血液制品等特殊物品（以下简称"特殊物品"）；

（五）出入境的尸体、骸骨等；

（六）来自疫区、被传染病污染或者可能传播传染病的出入境的行李和物品；

（七）国家质检总局规定的其他应当向检验检疫机构申报并接受检疫的携带物。

第五条 出入境人员禁止携带下列物品进境：

（一）动植物病原体（包括菌种、毒种等）、害虫及其他有害生物；

（二）动植物疫情流行的国家或者地区的有关动植物、动植物产品和其他检疫物；

（三）动物尸体；

（四）土壤；

（五）《中华人民共和国禁止携带、邮寄进境的动植物及其产品名录》所列各物；

（六）国家规定禁止进境的废旧物品、放射性物质以及其他禁止进境物。

第六条 经检验检疫机构检疫，发现携带物存在重大检疫风险的，检验检疫机构应当启动风险预警及快速反应机制。

第二章　检疫审批

第七条　携带动植物、动植物产品入境需要办理检疫审批手续的，应当事先向国家质检总局申请办理动植物检疫审批手续。

第八条　携带植物种子、种苗及其他繁殖材料入境，因特殊情况无法事先办理检疫审批的，应当按照有关规定申请补办。

第九条　因科学研究等特殊需要，携带本办法第五条第一项至第四项规定的物品入境的，应当事先向国家质检总局申请办理动植物检疫特许审批手续。

第十条　《中华人民共和国禁止携带、邮寄进境的动植物及其产品名录》所列各物，经国家有关行政主管部门审批许可，并具有输出国家或者地区官方机构出具的检疫证书的，可以携带入境。

第十一条　携带特殊物品出入境，应当事先向直属检验检疫局办理卫生检疫审批手续。

第三章　申报与现场检疫

第十二条　携带本办法第四条所列各物入境的，入境人员应当按照有关规定申报，接受检验检疫机构检疫。

第十三条　检验检疫机构可以在交通工具、人员出入境通道、行李提取或者托运处等现场，对出入境人员携带物进行现场检查，现场检查可以使用 X 光机、检疫犬以及其他方式进行。

对出入境人员可能携带本办法规定应当申报的携带物而未申报的，检验检疫机构可以进行查询并抽检其物品，必要时可以开箱（包）检查。

第十四条　出入境人员应当接受检查，并配合检验检疫人员工作。

享有外交、领事特权与豁免权的外国机构和人员公用或者自用的动植物、动植物产品和其他检疫物入境，应当接受检验检机构检疫；检验检疫机构查验，须有外交代表或者其授权人员在场。

第十五条 对申报以及现场检查发现的本办法第四条所列各物，检验检疫机构应当进行现场检疫。

第十六条 携带植物种子、种苗及其他繁殖材料入境的，携带人应当向检验检疫机构提供《引进种子、苗木检疫审批单》或者《引进林木种子、苗木和其它繁殖材料检疫审批单》。

携带除本条第一款之外的其他应当办理检疫审批的动植物、动植物产品和其他检疫物以及应当办理动植物检疫特许审批的禁止进境物入境的，携带人应当向检验检疫机构提供国家质检总局签发的《中华人民共和国进境动植物检疫许可证》（以下简称"检疫许可证"）和其他相关单证。

检验检疫机构按照《引进种子、苗木检疫审批单》、《引进林木种子、苗木和其他繁殖材料检疫审批单》、检疫许可证和其他相关单证的要求以及有关规定对本条第一、二款规定的动植物和动植物产品及其他检疫物实施现场检疫。

第十七条 携带入境的活动物仅限犬或者猫（以下称"宠物"），并且每人每次限带 1 只。

携带宠物入境的，携带人应当向检验检疫机构提供输出国家或者地区官方动物检疫机构出具的有效检疫证书和疫苗接种证书。宠物应当具有芯片或者其他有效身份证明。

第十八条 携带农业转基因生物入境的，携带人应当向检验检疫机构提供《农业转基因生物安全证书》和输出国家或者地区官方机构出具的检疫证书。列入农业转基因生物标识目录的进境转基因生物，应当按照规定进行标识，携带人还应当提供国务院农业行政主管部门出具的农业转基因生物标识审查认可批准文件。

第十九条 携带特殊物品出入境的，携带人应当向检验检疫机构提供《入/出境特殊物品审批单》并接受卫生检疫。

携带供移植用器官、骨髓干细胞出入境，因特殊原因未办理卫生检疫审批手续的，出境、入境时检验检疫机构可以先予放行，货主或者其代理人应当在放行后 10 个工作日内申请补办卫生检疫审批手续。

携带自用且仅限于预防或者治疗疾病用的血液制品或者生物制品出入境的，不需办理卫生检疫审批手续，但需出示医院的有关证明；允许携带量以处方或者说明书确定的一个疗程为限。

第二十条 携带尸体、骸骨等出入境的，携带人应当按照有关规定向检验检疫机构提供死者的死亡证明以及其他相关单证。

检验检疫机构依法对出入境尸体、骸骨等实施卫生检疫。

第二十一条 携带濒危野生动植物及其产品进出境或者携带国家重点保护的野生动植物及其产品出境的，应当在《中华人民共和国濒危野生动植物进出口管理条例》规定的指定口岸进出境，携带人应当向检验检疫机构提供进出口证明书。

第二十二条 检验检疫机构对携带人提供的检疫许可证以及其他相关单证进行核查，核查合格的，应当在现场实施检疫。现场检疫合格且无需作进一步实验室检疫、隔离检疫或者其他检疫处理的，可以当场放行。

携带物与提交的检疫许可证或者其他相关单证不符的，作限期退回或者销毁处理。

第二十三条 携带物有下列情形之一的，检验检疫机构依法予以截留：

（一）需要做实验室检疫、隔离检疫的；

（二）需要作检疫处理的；

（三）需要作限期退回或者销毁处理的；

（四）应当提供检疫许可证以及其他相关单证，不能提供的；

（五）需要移交其他相关部门的。

检验检疫机构应当对依法截留的携带物出具截留凭证，截留期限不超过 7 天。

第二十四条 携带动植物、动植物产品和其他检疫物出境，依法需要申报的，携带人应当按照规定申报并提供有关证明。

输入国家或者地区、携带人对出境动植物、动植物产品和其他检疫物有检疫要求的，由携带人提出申请，检验检疫机构依法实施检疫并出具有关单证。

第二十五条　检验检疫机构对入境中转人员携带物实行检疫监督管理。

航空公司对运载的入境中转人员携带物应当单独打板或者分舱运载，并在入境中转人员携带物外包装上加施明显标志。检验检疫机构必要时可以在国内段实施随航监督。

第四章　检疫处理

第二十六条　截留的携带物应当在检验检疫机构指定的场所封存或者隔离。

第二十七条　携带物需要做实验室检疫、隔离检疫的，经检验检疫机构截留检疫合格的，携带人应当持截留凭证在规定期限内领取，逾期不领取的，作自动放弃处理；截留检疫不合格又无有效处理方法的，作限期退回或者销毁处理。

逾期不领取或者出入境人员书面声明自动放弃的携带物，由检验检疫机构按照有关规定处理。

第二十八条　入境宠物应当隔离检疫30天（截留期限计入在内）。

来自狂犬病发生国家或者地区的宠物，应当在检验检疫机构指定的隔离场隔离检疫30天。

来自非狂犬病发生国家或者地区的宠物，应当在检验检疫机构指定隔离场隔离7天，其余23天在检验检疫机构指定的其他场所隔离。

携带宠物属于工作犬，如导盲犬、搜救犬等，携带人提供相应专业训练证明的，可以免予隔离检疫。

检验检疫机构对隔离检疫的宠物实行监督检查。

第二十九条　携带宠物入境，携带人不能向检验检疫机构提供输出国家或者地区官方动物检疫机构出具的检疫证书和疫苗接种证书或者超过限额的，由检验检疫机构作限期退回或者销毁处理。

对仅不能提供疫苗接种证书的工作犬，经携带人申请，检验检疫机构可以对工作犬接种狂犬病疫苗。

作限期退回处理的，携带人应当在规定的期限内持检验检疫机构签发的截留凭证，领取并携带宠物出境；逾期不领取的，作自动放弃处理。

第三十条　因不能提供检疫许可证以及其他相关单证被截留的携带物，携带人应当在截留期限内补交单证，检验检疫机构对单证核查合格，无需作进一步实验室检疫、隔离检疫或者其他检疫处理的，予以放行；未能补交有效单证的，作限期退回或者销毁处理。

携带农业转基因生物入境，不能提供农业转基因生物安全证书和相关批准文件的，或者携带物与证书、批准文件不符的，作限期退回或者销毁处理。进口农业转基因生物未按照规定标识的，重新标识后方可入境。

第三十一条　携带物有下列情况之一的，按照有关规定实施除害处理或者卫生处理：

（一）入境动植物、动植物产品和其他检疫物发现有规定病虫害的；

（二）出入境的尸体、骸骨不符合卫生要求的；

（三）出入境的行李和物品来自传染病疫区、被传染病污染或者可能传播传染病的；

（四）其他应当实施除害处理或者卫生处理的。

第三十二条　携带物有下列情况之一的，检验检疫机构按照有关规定予以限期退回或者销毁处理，法律法规另有规定的除外：

（一）有本办法第二十二条、第二十七条、第二十九条和第三十条所列情形的；

（二）法律法规及国家其他规定禁止入境的；

（三）其他应当予以限期退回或者作销毁处理的。

第五章　法律责任

第三十三条　携带动植物、动植物产品和其他检疫物入境有下列行为之一的，由检验检疫机构处以 5000 元以下罚款：

（一）应当向检验检疫机构申报而未申报的；

（二）申报的动植物、动植物产品和其他检疫物与实际不符的；

（三）未依法办理检疫审批手续的；

（四）未按照检疫审批的规定执行的。

有前款第二项所列行为，已取得检疫单证的，予以吊销。

第三十四条　有下列违法行为之一的，由检验检疫机构处以警告或者 100 元以上 5000 元以下罚款：

（一）拒绝接受检疫，拒不接受卫生处理的；

（二）伪造、变造卫生检疫单证的；

（三）瞒报携带禁止进口的微生物、人体组织、生物制品、血液及其制品或者其他可能引起传染病传播的动物和物品的；

（四）未经检验检疫机构许可，擅自装卸行李的；

（五）承运人对运载的入境中转人员携带物未单独打板或者分舱运载的。

第三十五条　未经检验检疫机构实施卫生处理，擅自移运尸体、骸骨的，由检验检疫机构处以 1000 元以上 1 万元以下罚款。

第三十六条　有下列行为之一的，由检验检疫机构处以 3000 元以上 3 万元以下罚款：

（一）未经检验检疫机构许可擅自将进境、过境动植物、动植物产品和其他检疫物卸离运输工具或者运递的；

（二）未经检验检疫机构许可，擅自调离或者处理在检验检疫机构指定的隔离场所中截留隔离的携带物的；

（三）擅自开拆、损毁动植物检疫封识或者标志的。

第三十七条　伪造、变造动植物检疫单证、印章、标志、封识的，应当依法移送公安机关；尚不构成犯罪或者犯罪情节显著轻微依法不需要判处刑罚的，由检验检疫机构处以 2 万元以上 5 万元以下罚款。

第三十八条 携带废旧物品，未向检验检疫机构申报，未经检验检疫机构实施卫生处理并签发有关单证而擅自入境、出境的，由检验检疫机构处以 5000 元以上 3 万元以下罚款。

第三十九条 买卖动植物检疫单证、印章、标志、封识或者买卖伪造、变造的动植物检疫单证、印章、标志、封识的，有违法所得的，由检验检疫机构处以违法所得 3 倍以下罚款，最高不超过 3 万元；无违法所得的，由检验检疫机构处以 1 万元以下罚款。

买卖卫生检疫单证或者买卖伪造、变造的卫生检疫单证的，有违法所得的，由检验检疫机构处以违法所得 3 倍以下罚款，最高不超过 5000 元；无违法所得的，由检验检疫机构处以 100 元以上 5000 元以下罚款。

第四十条 有下列行为之一的，由检验检疫机构处以 1000 元以下罚款：

（一）盗窃动植物检疫单证、印章、标志、封识或者使用伪造、变造的动植物检疫单证、印章、标志、封识的；

（二）盗窃卫生检疫单证或者使用伪造、变造的卫生检疫单证的；

（三）使用伪造、变造的国外官方机构出具的检疫证书的。

第四十一条 出入境人员拒绝、阻碍检验检疫机构及其工作人员依法执行职务的，依法移送有关部门处理。

第四十二条 检验检疫机构工作人员应当秉公执法、忠于职守，不得滥用职权、玩忽职守、徇私舞弊；违法失职的，依法追究责任。

第六章 附 则

第四十三条 本法所称分离运输的物品是指出入境人员在其入境后或者出境前 6 个月内（含 6 个月），以托运方式运进或者运出的本人行李物品。

第四十四条 需要收取费用的，检验检疫机构按照有关规定执行。

第四十五条 违反本办法规定，构成犯罪的，依法追究刑事责任。

第四十六条 本办法由国家质检总局负责解释。

第四十七条 本办法自 2012 年 11 月 1 日起施行。国家质检总局 2003 年 11 月 6 日发布的《出入境人员携带物检疫管理办法》（国家质检总局令第 56 号）同时废止。

全国普法学习读本

★　★　★　★　★

传染病预防法律法规学习读本

传染病预防法律法规

王金锋　主编

　　加大全民普法力度，建设社会主义法治文化，树立宪法法律
至上、法律面前人人平等的法治理念。

　　——中国共产党第十九次全国代表大会《决胜全面建
成小康社会　夺取新时代中国特色社会主义伟大胜利》

汕头大学出版社

图书在版编目（CIP）数据

传染病预防法律法规／王金锋主编. -- 汕头：汕
头大学出版社，2023.4（重印）
（传染病预防法律法规学习读本）
ISBN 978-7-5658-2945-1

Ⅰ.①传… Ⅱ.①王… Ⅲ.①防疫-卫生法-中国-
学习参考资料 Ⅳ.①D922.164

中国版本图书馆 CIP 数据核字（2018）第 035708 号

传染病预防法律法规　　CHUANRANBING YUFANG FALÜ FAGUI

主　　编：王金锋
责任编辑：邹　峰
责任技编：黄东生
封面设计：大华文苑
出版发行：汕头大学出版社
　　　　　广东省汕头市大学路 243 号汕头大学校园内　　邮政编码：515063
电　　话：0754-82904613
印　　刷：三河市元兴印务有限公司
开　　本：690mm×960mm 1/16
印　　张：18
字　　数：226 千字
版　　次：2018 年 5 月第 1 版
印　　次：2023 年 4 月第 2 次印刷
定　　价：59.60 元（全 2 册）
ISBN 978-7-5658-2945-1

前　言

习近平总书记指出："推进全民守法，必须着力增强全民法治观念。要坚持把全民普法和守法作为依法治国的长期基础性工作，采取有力措施加强法制宣传教育。要坚持法治教育从娃娃抓起，把法治教育纳入国民教育体系和精神文明创建内容，由易到难、循序渐进不断增强青少年的规则意识。要健全公民和组织守法信用记录，完善守法诚信褒奖机制和违法失信行为惩戒机制，形成守法光荣、违法可耻的社会氛围，使遵法守法成为全体人民共同追求和自觉行动。"

中共中央、国务院曾经转发了中央宣传部、司法部关于在公民中开展法治宣传教育的规划，并发出通知，要求各地区各部门结合实际认真贯彻执行。通知指出，全民普法和守法是依法治国的长期基础性工作。深入开展法治宣传教育，是全面建成小康社会和新农村的重要保障。

普法规划指出：各地区各部门要根据实际需要，从不同群体的特点出发，因地制宜开展有特色的法治宣传教育坚持集中法治宣传教育与经常性法治宣传教育相结合，深化法律进机关、进乡村、进社区、进学校、进企业、进单位的"法律六进"主题活动，完善工作标准，建立长效机制。

特别是农业、农村和农民问题，始终是关系党和人民事业发展的全局性和根本性问题。党中央、国务院发布的《关于推进社会主义新农村建设的若干意见》中明确提出要"加强农村法制建设，深入开展农村普法教育，增强农民的法制观念，提高农民依法行使权利和履行义务的自觉性。"多年普法实践证明，普及法律知识，提高法制观念，增强全社会依法办事意识具有重要作用。特别是在广大农村进行普法教育，是提高全民法律素质的需要。

多年来，我国在农村实行的改革开放取得了极大成功，农村发生了翻天覆地的变化，广大农民生活水平大大得到了提高。但是，由于历史和社会等原因，现阶段我国一些地区农民文化素质还不高，不学法、不懂法、不守法现象虽然较原来有所改变，但仍有相当一部分群众的法制观念仍很淡化，不懂、不愿借助法律来保护自身权益，这就极易受到不法的侵害，或极易进行违法犯罪活动，严重阻碍了全面建成小康社会和新农村步伐。

为此，根据党和政府的指示精神以及普法规划，特别是根据广大农村农民的现状，在有关部门和专家的指导下，特别编辑了这套《全国普法学习读本》。主要包括了广大人民群众应知应懂、实际实用的法律法规。为了辅导学习，附录还收入了相应法律法规的条例准则、实施细则、解读解答、案例分析等；同时为了突出法律法规的实际实用特点，兼顾地方性和特殊性，附录还收入了部分某些地方性法律法规以及非法律法规的政策文件、管理制度、应用表格等内容，拓展了本书的知识范围，使法律法规更"接地气"，便于读者学习掌握和实际应用。

在众多法律法规中，我们通过甄别，淘汰了废止的，精选了最新的、权威的和全面的。但有部分法律法规有些条款不适应当下情况了，却没有颁布新的，我们又不能擅自改动，只得保留原有条款，但附录却有相应的补充修改意见或通知等。众多法律法规根据不同内容和受众特点，经过归类组合，优化配套。整套普法读本非常全面系统，具有很强的学习性、实用性和指导性，非常适合用于广大农村和城乡普法学习教育与实践指导。总之，是全国全民普法的良好读本。

目　　录

中华人民共和国传染病防治法

艾滋病防治条例

结核病防治管理办法

中华人民共和国传染病防治法

中华人民共和国主席令

第五号

《全国人民代表大会常务委员会关于修改〈中华人民共和国文物保护法〉等十二部法律的决定》已由中华人民共和国第十二届全国人民代表大会常务委员会第三次会议于 2013 年 6 月 29 日通过，现予公布，自公布之日起施行。

中华人民共和国主席　习近平

2013 年 6 月 29 日

（1989 年 2 月 21 日第七届全国人民代表大会常务委员会第六次会议通过；根据 2004 年 8 月 28 日第十届全国人民代表大会常务委员会第十一次会议第一次修订；根据 2013 年 6 月 29 日第十二届全国人民代表大会常务委员会第三次会议第二次修订）

第一章　总　则

第一条　为了预防、控制和消除传染病的发生与流行，保障人体健康和公共卫生，制定本法。

第二条 国家对传染病防治实行预防为主的方针，防治结合、分类管理、依靠科学、依靠群众。

第三条 本法规定的传染病分为甲类、乙类和丙类。

甲类传染病（2种）是指：鼠疫、霍乱。

乙类传染病（26种）是指：传染性非典型肺炎（严重急性呼吸综合征）、艾滋病、病毒性肝炎、脊髓灰质炎、人感染高致病性禽流感、甲型H1N1流感、麻疹、流行性出血热、狂犬病、流行性乙型脑炎、登革热、炭疽、细菌性和阿米巴性痢疾、肺结核、伤寒和副伤寒、流行性脑脊髓膜炎、百日咳、白喉、新生儿破伤风、猩红热、布鲁氏菌病、淋病、梅毒、钩端螺旋体病、血吸虫病、疟疾。

丙类传染病（11种）是指：流行性感冒、流行性腮腺炎、风疹、急性出血性结膜炎、麻风病、流行性和地方性斑疹伤寒、黑热病、包虫病、丝虫病，除霍乱、细菌性和阿米巴性痢疾、伤寒和副伤寒以外的感染性腹泻病、手足口病。

国务院卫生行政部门根据传染病暴发、流行情况和危害程度，可以决定增加、减少或者调整乙类、丙类传染病病种并予以公布。

第四条 对乙类传染病中传染性非典型肺炎、炭疽中的肺炭疽和人感染高致病性禽流感，采取本法所称甲类传染病的预防、控制措施。其他乙类传染病和突发原因不明的传染病需要采取本法所称甲类传染病的预防、控制措施的，由国务院卫生行政部门及时报经国务院批准后予以公布、实施。

需要解除依照前款规定采取的甲类传染病预防、控制措施的，由国务院卫生行政部门报经国务院批准后予以公布。

省、自治区、直辖市人民政府对本行政区域内常见、多发的其他地方性传染病，可以根据情况决定按照乙类或者丙类传染病管理并予以公布，报国务院卫生行政部门备案。

第五条 各级人民政府领导传染病防治工作。

县级以上人民政府制定传染病防治规划并组织实施，建立健全传染病防治的疾病预防控制、医疗救治和监督管理体系。

第六条　国务院卫生行政部门主管全国传染病防治及其监督管理工作。县级以上地方人民政府卫生行政部门负责本行政区域内的传染病防治及其监督管理工作。

县级以上人民政府其他部门在各自的职责范围内负责传染病防治工作。

军队的传染病防治工作，依照本法和国家有关规定办理，由中国人民解放军卫生主管部门实施监督管理。

第七条　各级疾病预防控制机构承担传染病监测、预测、流行病学调查、疫情报告以及其他预防、控制工作。

医疗机构承担与医疗救治有关的传染病防治工作和责任区域内的传染病预防工作。城市社区和农村基层医疗机构在疾病预防控制机构的指导下，承担城市社区、农村基层相应的传染病防治工作。

第八条　国家发展现代医学和中医药等传统医学，支持和鼓励开展传染病防治的科学研究，提高传染病防治的科学技术水平。

国家支持和鼓励开展传染病防治的国际合作。

第九条　国家支持和鼓励单位和个人参与传染病防治工作。各级人民政府应当完善有关制度，方便单位和个人参与防治传染病的宣传教育、疫情报告、志愿服务和捐赠活动。

居民委员会、村民委员会应当组织居民、村民参与社区、农村的传染病预防与控制活动。

第十条　国家开展预防传染病的健康教育。新闻媒体应当无偿开展传染病防治和公共卫生教育的公益宣传。

各级各类学校应当对学生进行健康知识和传染病预防知识的教育。

医学院校应当加强预防医学教育和科学研究，对在校学生以及其他与传染病防治相关人员进行预防医学教育和培训，为传染病防治工作提供技术支持。

疾病预防控制机构、医疗机构应当定期对其工作人员进行传染病防治知识、技能的培训。

第十一条　对在传染病防治工作中做出显著成绩和贡献的单位

和个人，给予表彰和奖励。

对因参与传染病防治工作致病、致残、死亡的人员，按照有关规定给予补助、抚恤。

第十二条 在中华人民共和国领域内的一切单位和个人，必须接受疾病预防控制机构、医疗机构有关传染病的调查、检验、采集样本、隔离治疗等预防、控制措施，如实提供有关情况。疾病预防控制机构、医疗机构不得泄露涉及个人隐私的有关信息、资料。

卫生行政部门以及其他有关部门、疾病预防控制机构和医疗机构因违法实施行政管理或者预防、控制措施，侵犯单位和个人合法权益的，有关单位和个人可以依法申请行政复议或者提起诉讼。

第二章 传染病预防

第十三条 各级人民政府组织开展群众性卫生活动，进行预防传染病的健康教育，倡导文明健康的生活方式，提高公众对传染病的防治意识和应对能力，加强环境卫生建设，消除鼠害和蚊、蝇等病媒生物的危害。

各级人民政府农业、水利、林业行政部门按照职责分工负责指导和组织消除农田、湖区、河流、牧场、林区的鼠害与血吸虫危害，以及其他传播传染病的动物和病媒生物的危害。

铁路、交通、民用航空行政部门负责组织消除交通工具以及相关场所的鼠害和蚊、蝇等病媒生物的危害。

第十四条 地方各级人民政府应当有计划地建设和改造公共卫生设施，改善饮用水卫生条件，对污水、污物、粪便进行无害化处置。

第十五条 国家实行有计划的预防接种制度。国务院卫生行政部门和省、自治区、直辖市人民政府卫生行政部门，根据传染病预防、控制的需要，制定传染病预防接种规划并组织实施。用于预防接种的疫苗必须符合国家质量标准。

国家对儿童实行预防接种证制度。国家免疫规划项目的预防接种实行免费。医疗机构、疾病预防控制机构与儿童的监护人应当相互配合，保证儿童及时接受预防接种。具体办法由国务院制定。

第十六条　国家和社会应当关心、帮助传染病病人、病原携带者和疑似传染病病人，使其得到及时救治。任何单位和个人不得歧视传染病病人、病原携带者和疑似传染病病人。

传染病病人、病原携带者和疑似传染病病人，在治愈前或者在排除传染病嫌疑前，不得从事法律、行政法规和国务院卫生行政部门规定禁止从事的易使该传染病扩散的工作。

第十七条　国家建立传染病监测制度。

国务院卫生行政部门制定国家传染病监测规划和方案。省、自治区、直辖市人民政府卫生行政部门根据国家传染病监测规划和方案，制定本行政区域的传染病监测计划和工作方案。

各级疾病预防控制机构对传染病的发生、流行以及影响其发生、流行的因素，进行监测；对国外发生、国内尚未发生的传染病或者国内新发生的传染病，进行监测。

第十八条　各级疾病预防控制机构在传染病预防控制中履行下列职责：

（一）实施传染病预防控制规划、计划和方案；

（二）收集、分析和报告传染病监测信息，预测传染病的发生、流行趋势；

（三）开展对传染病疫情和突发公共卫生事件的流行病学调查、现场处理及其效果评价；

（四）开展传染病实验室检测、诊断、病原学鉴定；

（五）实施免疫规划，负责预防性生物制品的使用管理；

（六）开展健康教育、咨询，普及传染病防治知识；

（七）指导、培训下级疾病预防控制机构及其工作人员开展传染病监测工作；

（八）开展传染病防治应用性研究和卫生评价，提供技术咨询。

（九）对医疗机构内传染病预防工作进行指导、考核，开展流行病学调查。

国家、省级疾病预防控制机构负责对传染病发生、流行以及分布进行监测，对重大传染病流行趋势进行预测，提出预防控制对策，参与并指导对暴发的疫情进行调查处理，开展传染病病原学鉴定，建立检测质量控制体系，开展应用性研究和卫生评价。

设区的市和县级疾病预防控制机构负责传染病预防控制规划、方案的落实，组织实施免疫、消毒、控制病媒生物的危害，普及传染病防治知识，负责本地区疫情和突发公共卫生事件监测、报告，开展流行病学调查和常见病原微生物检测。

第十九条 国家建立传染病预警制度。

国务院卫生行政部门和省、自治区、直辖市人民政府根据传染病发生、流行趋势的预测，及时发出传染病预警，根据情况予以公布。

第二十条 县级以上地方人民政府应当制定传染病预防、控制预案，报上一级人民政府备案。

传染病预防、控制预案应当包括以下主要内容：

（一）传染病预防控制指挥部的组成和相关部门的职责；

（二）传染病的监测、信息收集、分析、报告、通报制度；

（三）疾病预防控制机构、医疗机构在发生传染病疫情时的任务与职责；

（四）传染病暴发、流行情况的分级以及相应的应急工作方案；

（五）传染病预防、疫点疫区现场控制，应急设施、设备、救治药品和医疗器械以及其他物资和技术的储备与调用。

地方人民政府和疾病预防控制机构接到国务院卫生行政部门或者省、自治区、直辖市人民政府发出的传染病预警后，应当按照传染病预防、控制预案，采取相应的预防、控制措施。

第二十一条 医疗机构必须严格执行国务院卫生行政部门规定的管理制度、操作规范，防止传染病的医源性感染和医院感染。

医疗机构应当确定专门的部门或者人员，承担传染病疫情报告、本单位的传染病预防、控制以及责任区域内的传染病预防工作；承担医疗活动中与医院感染有关的危险因素监测、安全防护、消毒、隔离和医疗废物处置工作。

疾病预防控制机构应当指定专门人员负责对医疗机构内传染病预防工作进行指导、考核，开展流行病学调查。

第二十二条　疾病预防控制机构、医疗机构的实验室和从事病原微生物实验的单位，应当符合国家规定的条件和技术标准，建立严格的监督管理制度，对传染病病原体样本按照规定的措施实行严格监督管理，严防传染病病原体的实验室感染和病原微生物的扩散。

第二十三条　采供血机构、生物制品生产单位必须严格执行国家有关规定，保证血液、血液制品的质量。禁止非法采集血液或者组织他人出卖血液。

疾病预防控制机构、医疗机构使用血液和血液制品，必须遵守国家有关规定，防止因输入血液、使用血液制品引起经血液传播疾病的发生。

第二十四条　各级人民政府应当加强艾滋病的防治工作，采取预防、控制措施，防止艾滋病的传播。具体办法由国务院制定。

第二十五条　县级以上人民政府农业、林业行政部门以及其他有关部门，依据各自的职责负责与人畜共患传染病有关的动物传染病的防治管理工作。

与人畜共患传染病有关的野生动物、家畜家禽，经检疫合格后，方可出售、运输。

第二十六条　国家建立传染病菌种、毒种库。

对传染病菌种、毒种和传染病检测样本的采集、保藏、携带、运输和使用实行分类管理，建立健全严格的管理制度。

对可能导致甲类传染病传播的以及国务院卫生行政部门规定的菌种、毒种和传染病检测样本，确需采集、保藏、携带、运输和使用的，须经省级以上人民政府卫生行政部门批准。具体办法由国务院制定。

第二十七条　对被传染病病原体污染的污水、污物、场所和物品，有关单位和个人必须在疾病预防控制机构的指导下或者按照其提出的卫生要求，进行严格消毒处理；拒绝消毒处理的，由当地卫生行政部门或者疾病预防控制机构进行强制消毒处理。

第二十八条 在国家确认的自然疫源地计划兴建水利、交通、旅游、能源等大型建设项目的，应当事先由省级以上疾病预防控制机构对施工环境进行卫生调查。建设单位应当根据疾病预防控制机构的意见，采取必要的传染病预防、控制措施。施工期间，建设单位应当设专人负责工地上的卫生防疫工作。工程竣工后，疾病预防控制机构应当对可能发生的传染病进行监测。

第二十九条 用于传染病防治的消毒产品、饮用水供水单位供应的饮用水和涉及饮用水卫生安全的产品，应当符合国家卫生标准和卫生规范。

饮用水供水单位从事生产或者供应活动，应当依法取得卫生许可证。

生产用于传染病防治的消毒产品的单位和生产用于传染病防治的消毒产品，应当经省级以上人民政府卫生行政部门审批。具体办法由国务院制定。

第三章 疫情报告、通报和公布

第三十条 疾病预防控制机构、医疗机构和采供血机构及其执行职务的人员发现本法规定的传染病疫情或者发现其他传染病暴发、流行以及突发原因不明的传染病时，应当遵循疫情报告属地管理原则，按照国务院规定的或者国务院卫生行政部门规定的内容、程序、方式和时限报告。

军队医疗机构向社会公众提供医疗服务，发现前款规定的传染病疫情时，应当按照国务院卫生行政部门的规定报告。

第三十一条 任何单位和个人发现传染病病人或者疑似传染病病人时，应当及时向附近的疾病预防控制机构或者医疗机构报告。

第三十二条 港口、机场、铁路疾病预防控制机构以及国境卫生检疫机关发现甲类传染病病人、病原携带者、疑似传染病病人时，应当按照国家有关规定立即向国境口岸所在地的疾病预防控制机构或者所在地县级以上地方人民政府卫生行政部门报告并互相通报。

第三十三条　疾病预防控制机构应当主动收集、分析、调查、核实传染病疫情信息。接到甲类、乙类传染病疫情报告或者发现传染病暴发、流行时，应当立即报告当地卫生行政部门，由当地卫生行政部门立即报告当地人民政府，同时报告上级卫生行政部门和国务院卫生行政部门。

疾病预防控制机构应当设立或者指定专门的部门、人员负责传染病疫情信息管理工作，及时对疫情报告进行核实、分析。

第三十四条　县级以上地方人民政府卫生行政部门应当及时向本行政区域内的疾病预防控制机构和医疗机构通报传染病疫情以及监测、预警的相关信息。接到通报的疾病预防控制机构和医疗机构应当及时告知本单位的有关人员。

第三十五条　国务院卫生行政部门应当及时向国务院其他有关部门和各省、自治区、直辖市人民政府卫生行政部门通报全国传染病疫情以及监测、预警的相关信息。

毗邻的以及相关的地方人民政府卫生行政部门，应当及时互相通报本行政区域的传染病疫情以及监测、预警的相关信息。

县级以上人民政府有关部门发现传染病疫情时，应当及时向同级人民政府卫生行政部门通报。

中国人民解放军卫生主管部门发现传染病疫情时，应当向国务院卫生行政部门通报。

第三十六条　动物防疫机构和疾病预防控制机构，应当及时互相通报动物间和人间发生的人畜共患传染病疫情以及相关信息。

第三十七条　依照本法的规定负有传染病疫情报告职责的人民政府有关部门、疾病预防控制机构、医疗机构、采供血机构及其工作人员，不得隐瞒、谎报、缓报传染病疫情。

第三十八条　国家建立传染病疫情信息公布制度。

国务院卫生行政部门定期公布全国传染病疫情信息。省、自治区、直辖市人民政府卫生行政部门定期公布本行政区域的传染病疫情信息。

传染病暴发、流行时，国务院卫生行政部门负责向社会公布传染病疫情信息，并可以授权省、自治区、直辖市人民政府卫生行政部门向社会公布本行政区域的传染病疫情信息。

公布传染病疫情信息应当及时、准确。

第四章　疫情控制

第三十九条　医疗机构发现甲类传染病时，应当及时采取下列措施：

（一）对病人、病原携带者，予以隔离治疗，隔离期限根据医学检查结果确定；

（二）对疑似病人，确诊前在指定场所单独隔离治疗；

（三）对医疗机构内的病人、病原携带者、疑似病人的密切接触者，在指定场所进行医学观察和采取其他必要的预防措施。

拒绝隔离治疗或者隔离期未满擅自脱离隔离治疗的，可以由公安机关协助医疗机构采取强制隔离治疗措施。

医疗机构发现乙类或者丙类传染病病人，应当根据病情采取必要的治疗和控制传播措施。

医疗机构对本单位内被传染病病原体污染的场所、物品以及医疗废物，必须依照法律、法规的规定实施消毒和无害化处置。

第四十条　疾病预防控制机构发现传染病疫情或者接到传染病疫情报告时，应当及时采取下列措施：

（一）对传染病疫情进行流行病学调查，根据调查情况提出划定疫点、疫区的建议，对被污染的场所进行卫生处理，对密切接触者，在指定场所进行医学观察和采取其他必要的预防措施，并向卫生行政部门提出疫情控制方案；

《传染病防治法》实施一周年宣传活动
《传染病防治法》实施一周年宣传活动

（二）传染病暴发、流行时，对疫点、疫区进行卫生处理，向卫生行政部门提出疫情控制方案，并按照卫生行政部门的要求采取措施；

（三）指导下级疾病预防控制机构实施传染病预防、控制措施，组织、指导有关单位对传染病疫情的处理。

第四十一条 对已经发生甲类传染病病例的场所或者该场所内的特定区域的人员，所在地的县级以上地方人民政府可以实施隔离措施，并同时向上一级人民政府报告；接到报告的上级人民政府应当即时作出是否批准的决定。上级人民政府作出不予批准决定的，实施隔离措施的人民政府应当立即解除隔离措施。

在隔离期间，实施隔离措施的人民政府应当对被隔离人员提供生活保障；被隔离人员有工作单位的，所在单位不得停止支付其隔离期间的工作报酬。

隔离措施的解除，由原决定机关决定并宣布。

第四十二条 传染病暴发、流行时，县级以上地方人民政府应当立即组织力量，按照预防、控制预案进行防治，切断传染病的传播途径，必要时，报经上一级人民政府决定，可以采取下列紧急措施并予以公告：

（一）限制或者停止集市、影剧院演出或者其他人群聚集的活动；

（二）停工、停业、停课；

（三）封闭或者封存被传染病病原体污染的公共饮用水源、食品以及相关物品；

（四）控制或者扑杀染疫野生动物、家畜家禽；

（五）封闭可能造成传染病扩散的场所。

上级人民政府接到下级人民政府关于采取前款所列紧急措施的报告时，应当即时作出决定。

紧急措施的解除，由原决定机关决定并宣布。

第四十三条 甲类、乙类传染病暴发、流行时，县级以上地方人民政府报经上一级人民政府决定，可以宣布本行政区域部分或者全部为疫区；国务院可以决定并宣布跨省、自治区、直辖市的疫区。县级以上地方人民政府可以在疫区内采取本法第四十二条规定的紧急措施，并可以对出入疫区的人员、物资和交通工具实施卫生检疫。

省、自治区、直辖市人民政府可以决定对本行政区域内的甲类传染病疫区实施封锁；但是，封锁大、中城市的疫区或者封锁跨省、自治区、直辖市的疫区，以及封锁疫区导致中断干线交通或者封锁国境的，由国务院决定。

疫区封锁的解除，由原决定机关决定并宣布。

第四十四条 发生甲类传染病时，为了防止该传染病通过交通工具及其乘运的人员、物资传播，可以实施交通卫生检疫。具体办法由国务院制定。

第四十五条 传染病暴发、流行时，根据传染病疫情控制的需要，国务院有权在全国范围或者跨省、自治区、直辖市范围内，县级以上地方人民政府有权在本行政区域内紧急调集人员或者调用储备物资，临时征用房屋、交通工具以及相关设施、设备。

紧急调集人员的，应当按照规定给予合理报酬。临时征用房屋、交通工具以及相关设施、设备的，应当依法给予补偿；能返还的，应当及时返还。

第四十六条 患甲类传染病、炭疽死亡的，应当将尸体立即进行卫生处理，就近火化。患其他传染病死亡的，必要时，应当将尸体进行卫生处理后火化或者按照规定深埋。

为了查找传染病病因，医疗机构在必要时可以按照国务院卫生行政部门的规定，对传染病病人尸体或者疑似传染病病人尸体进行解剖查验，并应当告知死者家属。

第四十七条 疫区中被传染病病原体污染或者可能被传染病病原体污染的物品，经消毒可以使用的，应当在当地疾病预防控制机构的指导下，进行消毒处理后，方可使用、出售和运输。

第四十八条 发生传染病疫情时，疾病预防控制机构和省级以上人民政府卫生行政部门指派的其他与传染病有关的专业技术机构，可以进入传染病疫点、疫区进行调查、采集样本、技术分析和检验。

第四十九条 传染病暴发、流行时，药品和医疗器械生产、供应单位应当及时生产、供应防治传染病的药品和医疗器械。铁路、交通、民用航空经营单位必须优先运送处理传染病疫情的人员以及防治传染病的药品和医疗器械。县级以上人民政府有关部门应当做好组织协调工作。

第五章　医疗救治

第五十条 县级以上人民政府应当加强和完善传染病医疗救治服务网络的建设，指定具备传染病救治条件和能力的医疗机构承担传染病救治任务，或者根据传染病救治需要设置传染病医院。

第五十一条 医疗机构的基本标准、建筑设计和服务流程，应当符合预防传染病医院感染的要求。

医疗机构应当按照规定对使用的医疗器械进行消毒；对按照规定一次使用的医疗器具，应当在使用后予以销毁。

医疗机构应当按照国务院卫生行政部门规定的传染病诊断标准和治疗要求，采取相应措施，提高传染病医疗救治能力。

第五十二条 医疗机构应当对传染病病人或者疑似传染病病人提供医疗救护、现场救援和接诊治疗，书写病历记录以及其他有关资料，并妥善保管。

医疗机构应当实行传染病预检、分诊制度；对传染病病人、疑似传染病病人，应当引导至相对隔离的分诊点进行初诊。医疗机构不具备相应救治能力的，应当将患者及其病历记录复印件一并转至具备相应救治能力的医疗机构。具体办法由国务院卫生行政部门规定。

第六章　监督管理

第五十三条 县级以上人民政府卫生行政部门对传染病防治工

作履行下列监督检查职责：

（一）对下级人民政府卫生行政部门履行本法规定的传染病防治职责进行监督检查；

（二）对疾病预防控制机构、医疗机构的传染病防治工作进行监督检查；

（三）对采供血机构的采供血活动进行监督检查；

（四）对用于传染病防治的消毒产品及其生产单位进行监督检查，并对饮用水供水单位从事生产或者供应活动以及涉及饮用水卫生安全的产品进行监督检查；

（五）对传染病菌种、毒种和传染病检测样本的采集、保藏、携带、运输、使用进行监督检查；

（六）对公共场所和有关单位的卫生条件和传染病预防、控制措施进行监督检查。

省级以上人民政府卫生行政部门负责组织对传染病防治重大事项的处理。

第五十四条　县级以上人民政府卫生行政部门在履行监督检查职责时，有权进入被检查单位和传染病疫情发生现场调查取证，查阅或者复制有关的资料和采集样本。被检查单位应当予以配合，不得拒绝、阻挠。

第五十五条　县级以上地方人民政府卫生行政部门在履行监督检查职责时，发现被传染病病原体污染的公共饮用水源、食品以及相关物品，如不及时采取控制措施可能导致传染病传播、流行的，可以采取封闭公共饮用水源、封存食品以及相关物品或者暂停销售的临时控制措施，并予以检验或者进行消毒。经检验，属于被污染的食品，应当予以销毁；对未被污染的食品或者经消毒后可以使用的物品，应当解除控制措施。

第五十六条　卫生行政部门工作人员依法执行职务时，应当不少于两人，并出示执法证件，填写卫生执法文书。

卫生执法文书经核对无误后，应当由卫生执法人员和当事人签名。当事人拒绝签名的，卫生执法人员应当注明情况。

第五十七条 卫生行政部门应当依法建立健全内部监督制度，对其工作人员依据法定职权和程序履行职责的情况进行监督。

上级卫生行政部门发现下级卫生行政部门不及时处理职责范围内的事项或者不履行职责的，应当责令纠正或者直接予以处理。

第五十八条 卫生行政部门及其工作人员履行职责，应当自觉接受社会和公民的监督。单位和个人有权向上级人民政府及其卫生行政部门举报违反本法的行为。接到举报的有关人民政府或者其卫生行政部门，应当及时调查处理。

第七章　保障措施

第五十九条 国家将传染病防治工作纳入国民经济和社会发展计划，县级以上地方人民政府将传染病防治工作纳入本行政区域的国民经济和社会发展计划。

第六十条 县级以上地方人民政府按照本级政府职责负责本行政区域内传染病预防、控制、监督工作的日常经费。

国务院卫生行政部门会同国务院有关部门，根据传染病流行趋势，确定全国传染病预防、控制、救治、监测、预测、预警、监督检查等项目。中央财政对困难地区实施重大传染病防治项目给予补助。

省、自治区、直辖市人民政府根据本行政区域内传染病流行趋势，在国务院卫生行政部门确定的项目范围内，确定传染病预防、控制、监督等项目，并保障项目的实施经费。

第六十一条 国家加强基层传染病防治体系建设，扶持贫困地区和少数民族地区的传染病防治工作。

地方各级人民政府应当保障城市社区、农村基层传染病预防工作的经费。

第六十二条 国家对患有特定传染病的困难人群实行医疗救助，减免医疗费用。具体办法由国务院卫生行政部门会同国务院财政部门等部门制定。

第六十三条　县级以上人民政府负责储备防治传染病的药品、医疗器械和其他物资，以备调用。

第六十四条　对从事传染病预防、医疗、科研、教学、现场处理疫情的人员，以及在生产、工作中接触传染病病原体的其他人员，有关单位应当按照国家规定，采取有效的卫生防护措施和医疗保健措施，并给予适当的津贴。

第八章　法律责任

第六十五条　地方各级人民政府未依照本法的规定履行报告职责，或者隐瞒、谎报、缓报传染病疫情，或者在传染病暴发、流行时，未及时组织救治、采取控制措施的，由上级人民政府责令改正，通报批评；造成传染病传播、流行或者其他严重后果的，对负有责任的主管人员，依法给予行政处分；构成犯罪的，依法追究刑事责任。

第六十六条　县级以上人民政府卫生行政部门违反本法规定，有下列情形之一的，由本级人民政府、上级人民政府卫生行政部门责令改正，通报批评；造成传染病传播、流行或者其他严重后果的，对负有责任的主管人员和其他直接责任人员，依法给予行政处分；构成犯罪的，依法追究刑事责任：

（一）未依法履行传染病疫情通报、报告或者公布职责，或者隐瞒、谎报、缓报传染病疫情的；

（二）发生或者可能发生传染病传播时未及时采取预防、控制措施的；

（三）未依法履行监督检查职责，或者发现违法行为不及时查处的；

（四）未及时调查、处理单位和个人对下级卫生行政部门不履行传染病防治职责的举报的；

（五）违反本法的其他失职、渎职行为。

第六十七条　县级以上人民政府有关部门未依照本法的规定履

行传染病防治和保障职责的，由本级人民政府或者上级人民政府有关部门责令改正，通报批评；造成传染病传播、流行或者其他严重后果的，对负有责任的主管人员和其他直接责任人员，依法给予行政处分；构成犯罪的，依法追究刑事责任。

第六十八条 疾病预防控制机构违反本法规定，有下列情形之一的，由县级以上人民政府卫生行政部门责令限期改正，通报批评，给予警告；对负有责任的主管人员和其他直接责任人员，依法给予降级、撤职、开除的处分，并可以依法吊销有关责任人员的执业证书；构成犯罪的，依法追究刑事责任：

（一）未依法履行传染病监测职责的；

（二）未依法履行传染病疫情报告、通报职责，或者隐瞒、谎报、缓报传染病疫情的；

（三）未主动收集传染病疫情信息，或者对传染病疫情信息和疫情报告未及时进行分析、调查、核实的；

（四）发现传染病疫情时，未依据职责及时采取本法规定的措施的；

（五）故意泄露传染病病人、病原携带者、疑似传染病病人、密切接触者涉及个人隐私的有关信息、资料的。

第六十九条 医疗机构违反本法规定，有下列情形之一的，由县级以上人民政府卫生行政部门责令改正，通报批评，给予警告；造成传染病传播、流行或者其他严重后果的，对负有责任的主管人员和其他直接责任人员，依法给予降级、撤职、开除的处分，并可以依法吊销有关责任人员的执业证书；构成犯罪的，依法追究刑事责任：

（一）未按照规定承担本单位的传染病预防、控制工作、医院感染控制任务和责任区域内的传染病预防工作的；

（二）未按照规定报告传染病疫情，或者隐瞒、谎报、缓报传染病疫情的；

（三）发现传染病疫情时，未按照规定对传染病病人、疑似传染病病人提供医疗救护、现场救援、接诊、转诊的，或者拒绝接受转诊的；

（四）未按照规定对本单位内被传染病病原体污染的场所、物品以及医疗废物实施消毒或者无害化处置的；

（五）未按照规定对医疗器械进行消毒，或者对按照规定一次使用的医疗器具未予销毁，再次使用的；

（六）在医疗救治过程中未按照规定保管医学记录资料的；

（七）故意泄露传染病病人、病原携带者、疑似传染病病人、密切接触者涉及个人隐私的有关信息、资料的。

第七十条 采供血机构未按照规定报告传染病疫情，或者隐瞒、谎报、缓报传染病疫情，或者未执行国家有关规定，导致因输入血液引起经血液传播疾病发生的，由县级以上人民政府卫生行政部门责令改正，通报批评，给予警告；造成传染病传播、流行或者其他严重后果的，对负有责任的主管人员和其他直接责任人员，依法给予降级、撤职、开除的处分，并可以依法吊销采供血机构的执业许可证；构成犯罪的，依法追究刑事责任。

非法采集血液或者组织他人出卖血液的，由县级以上人民政府卫生行政部门予以取缔，没收违法所得，可以并处十万元以下的罚款；构成犯罪的，依法追究刑事责任。

第七十一条 国境卫生检疫机关、动物防疫机构未依法履行传染病疫情通报职责的，由有关部门在各自职责范围内责令改正，通报批评；造成传染病传播、流行或者其他严重后果的，对负有责任的主管人员和其他直接责任人员，依法给予降级、撤职、开除的处分；构成犯罪的，依法追究刑事责任。

第七十二条 铁路、交通、民用航空经营单位未依照本法的规定优先运送处理传染病疫情的人员以及防治传染病的药品和医疗器械的，由有关部门责令限期改正，给予警告；造成严重后果的，对负有责任的主管人员和其他直接责任人员，依法给予降级、撤职、开除的处分。

第七十三条 违反本法规定，有下列情形之一，导致或者可能导致传染病传播、流行的，由县级以上人民政府卫生行政部门责令限期改正，没收违法所得，可以并处五万元以下的罚款；已取得许可证的，原发证部门可以依法暂扣或者吊销许可证；构成犯罪的，依法追究刑事责任：

（一）饮用水供水单位供应的饮用水不符合国家卫生标准和卫生规范的；

（二）涉及饮用水卫生安全的产品不符合国家卫生标准和卫生规范的；

（三）用于传染病防治的消毒产品不符合国家卫生标准和卫生规范的；

（四）出售、运输疫区中被传染病病原体污染或者可能被传染病病原体污染的物品，未进行消毒处理的；

（五）生物制品生产单位生产的血液制品不符合国家质量标准的。

第七十四条 违反本法规定，有下列情形之一的，由县级以上地方人民政府卫生行政部门责令改正，通报批评，给予警告，已取得许可证的，可以依法暂扣或者吊销许可证；造成传染病传播、流行以及其他严重后果的，对负有责任的主管人员和其他直接责任人员，依法给予降级、撤职、开除的处分，并可以依法吊销有关责任人员的执业证书；构成犯罪的，依法追究刑事责任：

（一）疾病预防控制机构、医疗机构和从事病原微生物实验的单位，不符合国家规定的条件和技术标准，对传染病病原体样本未按照规定进行严格管理，造成实验室感染和病原微生物扩散的；

（二）违反国家有关规定，采集、保藏、携带、运输和使用传染病菌种、毒种和传染病检测样本的；

（三）疾病预防控制机构、医疗机构未执行国家有关规定，导致因输入血液、使用血液制品引起经血液传播疾病发生的。

第七十五条 未经检疫出售、运输与人畜共患传染病有关的野生动物、家畜家禽的，由县级以上地方人民政府畜牧兽医行政部门责令停止违法行为，并依法给予行政处罚。

第七十六条 在国家确认的自然疫源地兴建水利、交通、旅游、能源等大型建设项目，未经卫生调查进行施工的，或者未按照疾病预防控制机构的意见采取必要的传染病预防、控制措施的，由县级以上人民政府卫生行政部门责令限期改正，给予警告，处五千元以上三万元以下的罚款；逾期不改正的，处三万元以上十万元以下的罚款，并可以提请有关人民政府依据职责权限，责令停建、关闭。

第七十七条 单位和个人违反本法规定，导致传染病传播、流行，给他人人身、财产造成损害的，应当依法承担民事责任。

第九章 附 则

第七十八条 本法中下列用语的含义：

（一）传染病病人、疑似传染病病人：指根据国务院卫生行政部门发布的《中华人民共和国传染病防治法规定管理的传染病诊断标准》，符合传染病病人和疑似传染病病人诊断标准的人。

（二）病原携带者：指感染病原体无临床症状但能排出病原体的人。

（三）流行病学调查：指对人群中疾病或者健康状况的分布及其决定因素进行调查研究，提出疾病预防控制措施及保健对策。

（四）疫点：指病原体从传染源向周围播散的范围较小或者单个疫源地。

（五）疫区：指传染病在人群中暴发、流行，其病原体向周围播散时所能波及的地区。

（六）人畜共患传染病：指人与脊椎动物共同罹患的传染病，如鼠疫、狂犬病、血吸虫病等。

（七）自然疫源地：指某些可引起人类传染病的病原体在自然界的野生动物中长期存在和循环的地区。

（八）病媒生物：指能够将病原体从人或者其他动物传播给人的生物，如蚊、蝇、蚤类等。

（九）医源性感染：指在医学服务中，因病原体传播引起的感染。

（十）医院感染：指住院病人在医院内获得的感染，包括在住院期间发生的感染和在医院内获得出院后发生的感染，但不包括入院前已开始或者入院时已处于潜伏期的感染。医院工作人员在医院内获得的感染也属医院感染。

（十一）实验室感染：指从事实验室工作时，因接触病原体所致的感染。

（十二）菌种、毒种：指可能引起本法规定的传染病发生的细菌菌种、病毒毒种。

（十三）消毒：指用化学、物理、生物的方法杀灭或者消除环境中的病原微生物。

（十四）疾病预防控制机构：指从事疾病预防控制活动的疾病预防控制中心以及与上述机构业务活动相同的单位。

（十五）医疗机构：指按照《医疗机构管理条例》取得医疗机构执业许可证，从事疾病诊断、治疗活动的机构。

第七十九条 传染病防治中有关食品、药品、血液、水、医疗废物和病原微生物的管理以及动物防疫和国境卫生检疫，本法未规定的，分别适用其他有关法律、行政法规的规定。

第八十条 本法自 2013 年 6 月 29 日起施行。

附　录

国务院办公厅关于加强传染病防治人员安全防护的意见

国办发〔2015〕1号

各省、自治区、直辖市人民政府，国务院各部委、各直属机构：

党中央、国务院高度重视传染病防治工作，关心爱护防治人员的职业安全和身心健康。为进一步加强传染病防治人员安全防护，维护防治人员健康权益，调动防治人员工作积极性，保障国家公共卫生安全，经国务院同意，现提出以下意见：

一、充分认识加强传染病防治人员安全防护的重要意义

传染病防治关系人民群众的身体健康和生命安全，关系经济社会发展和国家安全稳定。近十几年来，我国先后发生传染性非典型肺炎、人感染高致病性禽流感、甲型H1N1流感等突发新发传染病疫情。艾滋病、结核病等重大传染病防治形势依然严峻，防治工作任务艰巨繁重。随着全球化进程加快和我国对外交往增多，埃博拉出血热、中东呼吸综合征等境外传染病输入风险明显增加，给我国公共卫生安全带来挑战。广大防治人员在传染病防治工作中发挥着主力军作用，直接面临职业暴露的感染风险。加强传染病防治人员的安全防护，是保障其身心健康和生命安全的必然要求，是科学有效开展传染病防治的重要举措。各地区、各有关部门要深刻认识加强传染病防治人员安全防护的重要意义，坚持以人为本、依法科学、分类指导、突出重点、强化保障，认真履职尽责，完善落实相关政策措施，切实维护传染病防治人员

健康权益。

二、加强传染病疫情调查处置的卫生防护

卫生计生等部门要抓紧制定完善传染病现场调查处置人员的防护标准、职业暴露应急处置预案，定期组织开展人员防护培训和演练，建立预防性用药储备和使用制度。为从事现场流行病学调查、口岸检疫、动物疫病防治和监督执法等工作的人员提供符合生物安全标准的防护装备，配置必要的现场调查处置设备设施，及时做好职业暴露后处置，有效降低其在病例调查、传染源和密切接触者追踪运送、环境危险因素调查和疫源地消毒等现场工作中的感染风险。及时做好疫点、疫区或被污染场所、物品的卫生处理，对密切接触者进行医学观察时采取必要预防措施，保障防治人员免受疫病侵害。

三、加强传染病患者转运救治的感染控制与职业防护

根据区域卫生规划要求，按照填平补齐的原则，在充分调研论证的基础上，重点加强综合性医院感染性疾病科和传染病专科医院的功能分区及污水、污物处理等安全防护设施建设。各出入境检验检疫机构要加强口岸隔离留验场所建设。医疗机构要做好传染病患者的接诊和相关处置工作。对于承担传染性强、原因不明传染病转运救治任务的定点医疗机构，要配置负压担架、负压救护车和负压病房，确保转运救治过程中患者家属及医务人员安全。完善医院感染管理规范和标准，健全医院感染管理组织机构，重点加强医疗机构预检分诊和发热门诊、肠道门诊工作，落实医院感染监测、消毒隔离和医务人员手卫生、职业防护及职业暴露后干预等关键防控措施，强化对患者及其家属的健康教育，保障群众就医和医务人员从业安全。卫生计生部门要指导承担转运救治任务的单位和运输企业做好相关人员防护。

四、加强实验室生物安全条件建设和管理

建立和完善生物安全实验室网络，提升高致病性病原微生物实验室检测能力和防护水平，降低标本转运、保藏、检测等环节的感染风险。科学规划和布局高等级生物安全实验室，每个省份应当设

有生物安全三级实验室，推进国家生物安全四级实验室建设。发展改革、财政等部门和地方要做好高等级生物安全实验室建设的投资安排。实验室建设要依法开展环境影响评价。各地和有关单位要加强生物安全三级实验室的使用管理和维护，确保其有效运转、发挥作用。进一步加强实验室装备建设，逐步使省、市、县级疾病预防控制机构仪器配备达到《疾病预防控制中心建设标准》规定要求。切实落实重大科研基础设施和大型科研仪器向社会开放的规定，建立高等级生物安全实验室共享机制，满足传染病防控、医疗、科研等工作需要。卫生计生、农业、质检、林业等部门要完善实验室生物安全、菌毒种保藏、储存运输相关规范和操作流程，制定实验室生物安全事故应对和处置预案，完善应对准备和相关设备、设施、技术储备。要健全生物安全实验室管理体系，加强对实验室生物安全防护的质量控制和全过程监管，做好样本采集、运输、保存、检测等环节的人员防护，明确行政管理和技术责任人，有效预防实验室生物安全事故发生。

五、做好医疗废物处置、患者遗体处理及相关人员防护

严格落实《医疗废物管理条例》规定，切实做好医疗废物集中无害化处置，落实医疗废物收集、运送、贮存、处置的全过程管理。各地要加强医疗废物集中处置单位建设，确保医疗废物出口通畅。医疗卫生机构和医疗废物集中处置单位要建立健全医疗废物管理责任制，严格执行转移联单制度，防止医疗废物流失。禁止任何单位和个人非法转让、买卖医疗废物。按规定对传染病患者遗体进行卫生处理，对死者生前居住场所进行消毒，对确诊或疑似传染病患者尸体解剖查验过程中产生的医疗废物进行规范处理，并做好工作人员的安全防护。

六、完善传染病防治人员工资待遇倾斜政策

根据《中华人民共和国传染病防治法》和《突发公共卫生事件应急条例》等法律法规规定，对从事传染病预防、医疗、科研、教学及现场处理疫情的人员，以及在生产、工作中接触传染病病原体的其他人员给予适当津贴，并建立动态调整机制。

对直接参与国内传染病类突发公共卫生事件现场调查处置、患者救治、口岸检疫、动物防疫等各类一线工作的人员，以及政府选派直接参与国外重大传染病疫情防治工作的医疗和公共卫生等防控人员，根据工作风险、强度和时间给予临时性工作补助。国务院有关部门要制定调整相关津贴和临时性工作补助的具体办法。

七、完善传染病感染保障政策

将诊断标准明确、因果关系明晰的职业行为导致的传染病，纳入职业病分类和目录。将重大传染病防治一线人员，纳入高危职业人群管理。对在重大传染病疫情中参与传染病防治工作致病、致残、死亡的人员，参照机关事业单位工伤抚恤或工伤保险等有关规定给予抚恤、保障。不断完善医疗保障政策，逐步扩大基本医保保障范围，加快实施城乡居民大病保险制度，加强基本医保、医疗救助和疾病应急救助工作的衔接，切实减轻重大传染病患者就医负担。

八、加大传染病防治宣传教育力度

健全信息发布常态机制，坚持公开透明发布传染病防治信息。加强公共卫生突发事件应对过程中的舆论引导，落实媒体宣传责任，进一步加大传染病防治和公共卫生教育公益宣传力度，积极报道传染病防治典型事迹，树立传染病防治工作者的良好形象。在全国范围内深入开展"健康中国行—全民健康素养促进活动"，引导群众树立健康观念，培养健康行为，提高全民健康素养。大力普及传染病防治科学知识，提高群众依法防病意识，积极营造全社会参与传染病防治的良好氛围。

九、强化政府责任落实

各级人民政府要加强对传染病防治人员安全防护工作的组织领导、统筹协调，明确部门分工任务。要将传染病防治所需必要经费纳入同级财政预算，及时足额拨付。完善传染病防治相关安全防护装备和耗材的供应与储备机制。加强对传染病防治人员尤其是处理重大传染病疫情一线人员的心理健康关爱。对在传染病防治工作中作出显著成绩和贡献的单位和个人，按照国家有关规定给予表彰和奖励。各地区、各有关部门要按照本意见精神，抓紧研究制定具体实施方案，细化政策措施，加强督导检查，确保各项工作落实到位。

国务院办公厅
2015 年 1 月 6 日

传染病防治卫生监督工作规范

国家卫生计生委关于印发传染病防治
卫生监督工作规范的通知
国卫监督发〔2014〕44 号

各省、自治区、直辖市卫生计生委（卫生厅局），新疆生
产建设兵团卫生局，中国疾病预防控制中心、卫生监督
中心：

2010 年原卫生部印发《传染病防治日常卫生监督工
作规范》（卫监督发〔2010〕82 号），对指导和规范地方
传染病防治监督工作发挥了积极作用。经认真总结近几年
的执行情况，结合机构改革和职能转变要求，我委组织对
原规范进行了修改完善，形成了《传染病防治卫生监督工
作规范》（可从我委网站"综合监督"栏目下载）。现印
发给你们，请遵照执行。

国家卫生计生委
2014 年 7 月 14 日

第一章 总 则

第一条 为保障公众健康，规范传染病防治卫生监督工作，根
据《中华人民共和国传染病防治法》及相关法规、规章，制定本
规范。

第二条 本规范所称传染病防治卫生监督，是指县级以上地方
卫生计生行政部门及其综合监督执法机构依据传染病防治相关法律
法规，对医疗卫生机构传染病防治工作进行监督执法的活动。

本规范所指的医疗卫生机构包括医疗机构、疾病预防控制机构
和采供血机构。

第三条 县级以上地方卫生计生行政部门负责传染病防治卫生监督能力建设，保障人员配备，合理配置工作装备，并将工作经费纳入预算管理。

第四条 县级以上地方卫生计生行政部门及其综合监督执法机构在开展传染病防治卫生监督时，适用本规范。

第二章 监督职责及要求

第五条 省级卫生计生行政部门及其综合监督执法机构职责：

（一）制定全省（区、市）传染病防治卫生监督工作规划、年度计划，以及相应工作制度；根据传染病防治卫生监督工作情况，确定年度重点监督工作；

（二）组织实施全省（区、市）传染病防治卫生监督工作及相关培训；对下级传染病防治卫生监督工作进行指导、督查；

（三）组织协调、督办、查办辖区内传染病防治重大违法案件；

（四）承担国家卫生监督抽检任务，组织实施辖区内卫生监督抽检；

（五）负责全省（区、市）传染病防治卫生监督信息管理及数据汇总、核实、分析和上报工作；

（六）承担上级部门指定或交办的传染病防治卫生监督任务。

第六条 设区的市、县级卫生计生行政部门及其综合监督执法机构职责：

（一）根据本省（区、市）传染病防治卫生监督工作规划、年度计划，结合实际，制订辖区内传染病防治卫生监督计划，明确重点监督内容并组织落实；

（二）组织开展辖区内传染病防治卫生监督培训工作；

（三）组织开展辖区内医疗卫生机构预防接种、传染病疫情报告、传染病疫情控制措施、消毒隔离制度执行情况、医疗废物处置及病原微生物实验室生物安全管理等传染病防治日常卫生监督工作；

（四）组织查处辖区内传染病防治违法案件；

（五）负责辖区内传染病防治卫生监督信息的汇总、核实、分析和上报工作；

（六）设区的市对县级传染病防治卫生监督工作进行指导、督查；

（七）承担上级部门指定或交办的传染病防治卫生监督任务。

第七条 省级和设区的市级综合监督执法机构应当明确具体科（处）室，负责传染病防治卫生监督工作；县级综合监督执法机构应当有负责传染病防治监督的科室或指定专人从事传染病防治卫生监督工作。

第八条 实施现场卫生监督前，监督人员应当明确传染病防治卫生监督任务、方法、要求，检查安全防护装备，做好安全防护。

第九条 实施现场卫生监督时，发现违法行为，应当依法收集证据；在证据可能灭失或以后难以取得的情况下，应当依法先行采取证据保全措施。

第十条 县级以上地方综合监督执法机构应当建立传染病防治卫生监督档案，掌握辖区内医疗卫生机构的基本情况及传染病防治工作情况。

第三章　卫生监督内容及方法

第一节　预防接种的卫生监督

第十一条 疾病预防控制机构、接种单位预防接种的卫生监督内容：

（一）接种单位和人员的资质情况；

（二）接种单位疫苗公示、接种告知（询问）的情况；

（三）疫苗的接收、购进、分发、供应、使用登记和报告情况；

（四）预防接种异常反应或者疑似预防接种异常反应的处理和报告情况；

（五）疾病预防控制机构开展预防接种相关宣传、培训、技术指导等工作情况。

第十二条 监督检查疾病预防控制机构、接种单位预防接种时，主要采取以下方法：

（一）查阅接种单位的医疗机构执业许可证、经过县级卫生计生行政部门指定的证明文件、工作人员的预防接种专业培训和考核合格资料；

（二）核查接种单位接收第一类疫苗或者购进第二类疫苗的记录，接种情况登记、报告记录，以及完成国家免疫规划后剩余第一类疫苗的报告记录；

（三）查阅接种单位医疗卫生人员在实施接种前，对受种者或者其监护人告知、询问记录；查阅实施预防接种的医疗卫生人员填写的接种记录；

（四）检查接种单位在其接种场所的显著位置公示第一类疫苗的品种和接种方法的情况；

（五）查阅乡级医疗卫生机构向承担预防接种工作的村医疗卫生机构分发第一类疫苗的记录；

（六）查阅疾病预防控制机构的疫苗购进、分发、供应记录，核查记录的保存期限；

（七）查阅疾病预防控制机构开展预防接种相关宣传、培训、技术指导等工作记录和资料；

（八）查阅疾病预防控制机构、接种单位接收或者购进疫苗时向疫苗生产企业、疫苗批发企业索取的证明文件，核查文件的保存期限；

（九）查阅疾病预防控制机构、接种单位对预防接种异常反应或者疑似预防接种异常反应的处理和报告的记录。

第二节 传染病疫情报告的卫生监督

第十三条 传染病疫情报告的卫生监督内容：

（一）建立传染病疫情报告的管理组织、制度情况；

（二）依法履行传染病疫情报告、日常管理和质量控制的情况；

（三）疾病预防控制机构及时对辖区内的传染病疫情信息审核确认，并开展疫情分析、调查与核实的情况；

（四）疾病预防控制机构依法履行与相关部门传染病疫情信息通报职责的情况。

第十四条 监督检查疾病预防控制机构传染病疫情报告情况时，主要采取以下方法：

（一）查阅设置疫情报告管理部门或明确疫情报告管理职责分工的文件资料，核查疫情报告管理部门和专职疫情报告人员，查阅传染病疫情报告管理制度；

（二）查阅传染病疫情报告和审核记录、各类常规疫情分析报告等文字资料，核查设置疫情值班、咨询电话的情况；核查收到无网络直报条件责任报告单位报送的传染病报告卡后，进行网络直报的情况；

（三）查阅传染病疫情通报制度，与港口、机场、铁路疾病预防控制机构以及国境卫生检疫机关互相通报甲类传染病疫情的记录；与动物防疫机构互相通报动物间和人间发生的人畜共患传染病疫情以及相关信息的记录；

（四）检查传染病疫情网络直报设备运行情况，疫情报告人员现场演示传染病的报告、审核确认、查重等情况；

（五）查阅与传染病疫情报告相关的其他记录情况。

第十五条 监督检查医疗机构传染病疫情报告情况时，主要采取以下方法：

（一）查阅设置疫情报告管理部门或明确疫情报告管理职责分工的文件资料，核查专职疫情报告人员；查阅传染病报告管理制度，内容应当包括传染病诊断、登记、报告、异常信息的快速反馈、自查等方面。

（二）查阅诊疗原始登记（包括门诊日志、出入院登记、检验和影像阳性结果）、传染病报告卡、传染病网络直报信息等资料，核查未按照规定报告传染病疫情或隐瞒、谎报、缓报传染病疫情报告的情况；

（三）查阅开展传染病疫情报告管理内部自查的记录及有关资料；

（四）查阅定期组织临床医生、新上岗人员开展传染病报告管理专业培训与考核的资料；

（五）检查传染病疫情网络直报专用设备及运转情况，专职疫情报告人员演示传染病网络直报操作；

（六）对不具备网络直报条件的县级以下医疗机构，查阅传染病报告登记记录。

第十六条 监督检查采供血机构传染病疫情报告情况时，主要采取以下方法：

（一）查阅传染病疫情报告管理制度；

（二）查阅 HIV 抗体检测两次初筛阳性结果登记情况，以及献血者或供浆员登记簿，核查 HIV 初筛阳性结果报告情况及送检确认情况；

（三）对于设置疫情网络直报系统的机构，检查疫情报告人员演示网络直报操作，检查传染病疫情网络直报系统的运转情况；

（四）对不具备网络直报条件的机构，查阅传染病报告登记记录。

第三节　传染病疫情控制的卫生监督

第十七条 医疗机构传染病疫情控制的卫生监督内容：

（一）建立传染病预检、分诊制度及落实情况；检查医疗卫生人员、就诊病人防护措施的落实情况；

（二）感染性疾病科或分诊点的设置和运行情况；

（三）发现传染病疫情时，按照规定对传染病病人、疑似传染病病人提供诊疗的情况；

（四）消毒隔离措施落实情况；对传染病病原体污染的污水、污物、场所和物品的消毒处理情况。

第十八条 监督检查医疗机构传染病疫情控制时，主要采取以下方法：

（一）查阅传染病预检、分诊制度和应急处理预案等管理文件；

（二）检查感染性疾病科或分诊点设置情况和预检、分诊落实情况；

（三）检查医疗卫生人员、就诊病人防护措施落实情况；

（四）检查对传染病病人、疑似传染病病人提供诊疗服务情况；

（五）检查对法定传染病病人或者疑似传染病病人采取隔离控制措施的场所、设施设备以及使用记录。查阅对被传染病病原体污染的场所、物品以及对医疗废物实施消毒或者无害化处置的记录。

第十九条 疾病预防控制机构传染病疫情控制的卫生监督内容：

（一）依法履行传染病监测职责的情况；

（二）发现传染病疫情时，依据属地管理原则及时采取传染病控制措施的情况。

第二十条 监督检查疾病预防控制机构传染病疫情控制时，主要采取以下方法：

（一）查阅传染病监测制度、本辖区内的传染病监测计划和工作方案，收集、分析和报告传染病监测信息的资料，以及预测传染病的发生、流行趋势的资料；

（二）查阅传染病疫情调查处置技术方案或预案，以及传染病疫情调查处理记录、报告；

（三）查阅传染病疫情流行病学调查工作记录和资料，以及疫点、疫区卫生处理记录。

第四节 消毒隔离制度执行情况的卫生监督

第二十一条 消毒隔离制度执行情况的卫生监督内容：

（一）建立消毒管理组织、制度及落实情况；

（二）医疗卫生人员接受消毒技术培训、掌握消毒知识、执行消毒隔离制度的情况；

（三）医疗用品、器械的消毒、灭菌情况；

（四）开展消毒与灭菌效果检测的情况；

（五）消毒产品进货检查验收、使用和管理情况；

（六）对传染病病人、疑似传染病病人的消毒隔离措施落实情况。

第二十二条 监督检查消毒隔离制度执行情况时，主要采取以下方法：

（一）查阅消毒管理组织设置文件、消毒管理制度、工作计划及检查记录；

（二）查阅工作人员消毒技术培训记录；现场提问相关工作人员消毒隔离知识；检查相关工作人员消毒隔离制度执行情况；

（三）查阅消毒与灭菌效果检测记录或检测报告，查阅检测结果不合格的整改记录。必要时现场采样监测消毒与灭菌效果；

（四）查阅消毒产品进货检查验收记录；检查消毒产品相关证明文件、使用日期和有效期；

（五）检查医疗机构相关科室（重点是发热门诊、肠道门诊和感染性疾病科等）执行消毒技术规范、标准和规定情况；

（六）检查对传染病病人、疑似传染病病人进行隔离的场所、设施和措施。

第五节 医疗废物处置的卫生监督

第二十三条 医疗废物处置情况的卫生监督内容：

（一）医疗废物管理组织、制度、应急方案的建立和落实情况；

（二）从事医疗废物分类收集、运送、暂时贮存、处置工作人员和管理人员的职业卫生安全防护和培训情况；

（三）医疗废物分类收集、转运、登记的情况；

（四）医疗废物暂时贮存的情况；

（五）医疗废物、污水的处置情况；

（六）实行医疗废物集中处置的医疗卫生机构与具有资质的医疗废物集中处置单位签订合同的情况；不具备集中处置医疗废物条件的医疗卫生机构按照有关部门的要求自行处置医疗废物的情况。

第二十四条 监督检查医疗废物处置时，主要采取以下方法：

（一）查阅设置医疗废物管理监控部门或者专（兼）职人员、岗位职责的文件资料，核查监控部门和管理人员；

（二）查阅医疗废物管理责任制，医疗废物分类收集、交接、登记等规章制度以及应急方案；

（三）查阅从事医疗废物分类收集、运送、暂时贮存、处置的工作人员和管理人员，进行相关法律和专业技术、安全防护以及紧急处理等知识培训的资料；

（四）检查从事医疗废物分类收集、运送、暂时贮存、处置的工作人员和管理人员的职业卫生安全防护设备，查阅健康检查记录；

（五）查阅医疗废物登记簿，检查医疗废物分类收集点是否按照《医疗废物分类目录》规定，使用专用包装物或容器分类收集医疗废物，检查医疗废物分类收集方法说明和警示标识；

（六）检查医疗废物运送工具、专用包装物或容器、暂时贮存的地点和条件，核查医疗废物运送线路；

（七）检查使用后的医疗废物运送工具的消毒、清洁地点与情况；

（八）查阅医疗废物集中处置单位资质、危险废物转移联单等资料；检查不具备集中处置医疗废物条件的医疗卫生机构自行处置医疗废物的设施、方法及记录资料；

（九）检查对污水、传染病病人或者疑似传染病病人的排泄物实施消毒的设备设施及其运转维护情况；查阅消毒处理记录和监测记录。

第六节　病原微生物实验室生物安全管理的卫生监督

第二十五条 病原微生物实验室生物安全管理的卫生监督内容：

（一）一、二级病原微生物实验室的备案情况；三、四级病原微生物实验室开展高致病性病原微生物实验活动的资格；

（二）从事实验活动的人员培训、考核及上岗持证情况；

（三）管理制度、应急预案的制定和落实情况；

（四）开展实验活动情况；

（五）实验档案建立和保存情况；

（六）菌（毒）种和样本的采集、运输和储存情况。

第二十六条 监督检查病原微生物实验室菌（毒）种和样本采集、运输及实验活动等管理情况时，主要采取以下方法：

（一）查阅一级、二级实验室的备案证明和三级、四级实验室《高致病性病原微生物实验室资格证书》；

（二）查阅实验室工作人员的培训、考核资料和上岗证；

（三）核查实验室将病原微生物菌（毒）种和样本就地销毁或者送交保藏机构保管的记录；

（四）检查二级及以上实验室相应设备配置情况；

（五）查阅实验档案；核查高致病性病原微生物相关实验活动实验档案的保存年限；

（六）查阅从事某种高致病性病原微生物或者疑似高致病性病原微生物实验活动的批准文件；查阅实验室经论证可使用新技术、新方法从事高致病性病原微生物相关实验活动的证明文件；查阅从事在我国尚未发现或者已经宣布消灭的病原微生物相关实验活动的资质证明文件，以及相关实验活动的记录；

（七）查阅高致病性病原微生物实验室安全保卫制度；检查三、四级实验室在明显位置标示的生物危险标识和生物安全实验室级别标志，以及进入实验室人员的防护用品配备情况；

（八）查阅高致病性病原微生物或者疑似高致病性病原微生物相关实验活动的登记及结果报告记录；检查是否在同一个实验室的同一个独立安全区域内同时从事两种或者两种以上高致病性病原微生物的相关实验活动；

（九）查阅高致病性病原微生物实验室感染应急处置预案及向所在地省级卫生计生行政部门备案的资料；

（十）查阅实验室工作人员出现高致病性病原微生物感染、实验室发生高致病性病原微生物泄漏的报告、处置记录；

（十一）查阅高致病性病原微生物样本来源、采集过程和方法的记录；

（十二）查阅运输高致病性病原微生物菌（毒）种或样本的批准文件；查阅高致病性病原微生物菌（毒）种和样本运输过程中发生被盗、被抢、丢失、泄漏后的报告记录。

第二十七条 监督检查保藏机构菌（毒）种和样本储存管理时，主要采取以下方法：

（一）查阅保藏机构的资格证书；

（二）查阅安全保管制度、病原微生物菌（毒）种和样本进出与储存的记录，接受实验室提交的病原微生物菌（毒）种和样本的登记和开具接收证明情况；

（三）查阅向实验室提供高致病性病原微生物菌（毒）种和样本的登记，核查实验室提交的从事高致病性病原微生物相关实验活动的批准文件；检查高致病性病原微生物菌（毒）种和样本设专库或者专柜单独储存的情况；

（四）查阅高致病性病原微生物菌（毒）种和样本储存过程中发生被盗、被抢、丢失、泄漏后的报告记录。

第四章 信息管理

第二十八条 各级卫生计生行政部门应当加强传染病防治卫生监督信息系统建设，组织分析辖区传染病防治卫生监督信息，为制定传染病防治相关政策提供依据。

第二十九条 各级综合监督执法机构应当定期汇总分析传染病防治卫生监督信息，报同级卫生计生行政部门和上级综合监督执法机构。

各级综合监督执法机构应当设置专（兼）职人员负责辖区传染病防治卫生监督信息采集、报告任务，及时、准确上报监督检查相关信息。

第五章 监督情况的处理

第三十条 县级以上地方卫生计生行政部门及其综合监督执法机构开展传染病防治卫生监督后，应当及时将检查情况反馈被检查单位，将监督检查结果与医疗机构不良执业行为记分、校验和等级评审等管理工作挂钩。对存在问题的，应当出具卫生监督意见书；对存在违法行为的，应当依法查处；对涉嫌犯罪的，应当及时移送当地公安机关。

第三十一条 对菌（毒）种保藏机构未依照规定储存实验室送交的菌（毒）种和样本，或者未依照规定提供菌（毒）种和样本的，县级以上地方卫生计生行政部门应当及时逐级报告。

第三十二条 对重大的传染病防治违法案件，县级以上地方卫生计生行政部门应当及时向上级卫生计生行政部门报告。

第六章 附 则

第三十三条 对涉及消毒产品、饮用水、学校和公共场所的传染病防治卫生监督，应当适用相关的法律、法规和规章。

对医疗废物集中处置单位、科研机构及其他相关单位的传染病防治卫生监督参照本规范执行。

第三十四条 传染病疫情暴发、流行期间，县级以上地方卫生计生行政部门及其综合监督执法机构应当重点对医疗卫生机构传染病疫情报告、疫情控制措施等进行监督检查。

第三十五条 本规范自公布之日起实施。原卫生部 2010 年 9 月 17 日印发的《传染病防治日常卫生监督工作规范》（卫监督发〔2010〕82 号）同时废止。

卫生部办公厅关于加强人感染
高致病性禽流感等呼吸道
传染病防控工作的通知

卫办应急发〔2010〕95号

各省、自治区、直辖市卫生厅局，新疆生产建设兵团卫生局，中国疾病预防控制中心：

近日，湖北省报告1例人感染高致病性禽流感（以下简称人禽流感）病例，患者经抢救无效死亡。疫情发生后，湖北省卫生厅高度重视，按照有关规定和方案，及时开展流行病学调查、密切接触者的隔离医学观察、健康宣教等疫情防控措施，疫情得到有效控制。

目前，我国南方地区将进入夏季流感高峰期，为进一步加强全国人禽流感等呼吸道传染病防控工作，有效应对可能出现的疫情，切实保障人民群众身体健康和生命安全，现就有关工作要求如下：

一、加强领导，落实联防联控工作机制

各级卫生行政部门要充分认识到人禽流感等呼吸道传染病对人民群众身体健康的威胁，对社会经济发展可能造成的严重影响，进一步强化对人禽流感等呼吸道传染病防控工作领导，落实联防联控工作机制，加强部门配合和信息沟通。各地要采取有效措施，及早发现呼吸道传染病暴发的风险，切实做好各类呼吸道传染病防控工作，及时妥善应对突发事件，减少疫情对人民群众身体健康的危害和对社会经济的影响。

二、加强监测，落实疫情报告制度

各地要继续做好流感样病例哨点监测工作，及早发现流感活动异常增高，密切监测病毒变异情况。各级各类医疗机构要进一步强化预检分诊制度，医务人员发现可疑病例，应当认真询问病例的流行病学史，特别是病死禽类接触史等；要切实加强不明原因肺炎病例的监测、管理和排查，尤其是群体性不明原因肺炎的监测、检测、报告和复核工作，并按要求及时进行网络直报。各级疾病预防控制机构要认真开展流行病学调查，及时对网络直报突发公共卫生事件相关信息进行审核，中国疾病预防控制中心要加强对各地流感样病例监测和病原学监测的技术指导。各级卫生行政部门要加强对辖区内医疗卫生机构人禽流感监测和报告工作的督导检查，确保有效落实疫情报告制度。

三、积极准备，切实做好技术和物资储备

各级卫生行政部门特别是上海世博会和广州亚运会举办地区及其周边省级卫生行政部门要进一步完善相关预案和工作方案，指导辖区内医疗卫生机构有序有效开展夏秋季呼吸道传染病防控工作。要加强重点医疗机构、重点科室的能力建设。要做好疾病预防控制机构和医疗机构检测试剂、耗材、抗病毒药物、消杀药械和防护用品的储备工作，并明确调用程序，确保及时有效地使用上述物资。要加强医务人员培训，重点强化病例早发现、早治疗能力，进一步提高防控人禽流感等呼吸道传染病的敏感性。

四、及时应对，有效降低疫情危害

各地卫生行政部门尤其是青海玉树地震灾区、南方洪涝灾害地区、上海世博会和广州亚运会举办地区及其周边省级卫生行政部门，要组织专家加强对辖区内人禽流感等呼吸道传染病疫情形势的研判，采取有效措施，切实加强疫情防控工作。一旦发生突发急性呼吸道传染病疫情，要按照属地化管理原则，在当地党委和政府领导下，会同当地相关部门，按照相关预案和工作方案及时妥善应对，最大限度防止疫情扩散，降低疫情危害。

五、广泛宣传，提高人民群众防病意识

各地要加大人禽流感等呼吸道传染病防控宣传力度，采用人民群众喜闻乐见的形式开展健康教育，倡导健康文明的生活方式，告知群众发现病死禽应当及时报告当地兽医部门，不接触、不食用病死禽，进一步提高防病意识和自我防护能力。各级卫生行政部门要加强人禽流感等呼吸道传染病防控的风险沟通工作，一旦发生疫情，要按规定及时、准确地发布疫情信息和防控工作情况，避免引起不必要的恐慌。

二〇一〇年六月十一日

学校和托幼机构传染病疫情
报告工作规范（试行）

卫办疾控发〔2006〕65号

根据《传染病防治法》和《学校卫生工作条例》的规定，为了使全国各类中小学校（以下简称学校）和托幼机构的传染病疫情等突发公共卫生事件报告工作统一、有序，特制定本工作规范。

一、相关部门职责

（一）教育行政部门

1、负责对学校和托幼机构传染病疫情等突发公共卫生事件报告工作的督促与检查；

2、负责与卫生行政部门共同组织开展学校和托幼机构有关人员传染病防控及传染病疫情等突发公共卫生事件报告工作相关知识的培训；

3、协助同级卫生行政部门制定本地区学校和托幼机构传染病疫情等突发公共卫生事件监测与报告工作相关要求或规范；

4、加强与卫生行政部门的沟通，及时了解本地区学校和托幼机构传染病疫情等突发公共卫生事件相关信息。

（二）卫生行政部门

1、根据本工作规范，负责制定本地区学校和托幼机构传染病疫情等突发公共卫生事件监测与报告工作相关要求或规范；

2、配合同级教育行政部门开展对学校和托幼机构传染病疫情等突发公共卫生事件监测与报告工作的督促与检查；

3、与同级教育行政部门共同组织开展学校和托幼机构传染病防控及传染病疫情等突发公共卫生事件监测与报告工作相关知识的培训；

4、负责及时向同级教育行政部门通报本地区学校和托幼机构传染病疫情等突发公共卫生事件相关信息。

（三）疾病预防控制机构

1、负责为学校和托幼机构开展传染病疫情等突发公共卫生事件防控、疫情监测与报告工作提供技术支持，并定期到学校进行经常性的技术指导；

2、负责对学校或托幼机构发生的传染病疫情等突发公共卫生事件开展流行病学调查工作，并提出防控措施与建议；

3、协助学校和托幼机构对其全体师生进行传染病防控、疫情监测与报告相关知识的宣传与培训；

4、负责及时将涉及本地区学校和托幼机构传染病疫情等突发公共卫生事件信息告知学校和托幼机构，并指导学校和托幼机构具体落实传染病防控措施。

（四）学校和托幼机构

1、负责建立、健全本单位传染病疫情等突发公共卫生事件的发现、收集、汇总与报告管理工作制度；

2、负责指定专人或兼职教师负责本单位内传染病疫情等突发公共卫生事件、因病缺勤等健康信息的收集、汇总与报告工作；

3、协助疾病预防控制机构对本单位发生的传染病疫情等突发公共卫生事件进行调查和处理，接受教育行政部门与卫生行政部门对学校传染病疫情等突发公共卫生事件的督促、检查；

4、负责组织开展对本单位全体人员传染病防治知识的宣传教育；

5、学校校长或者托幼机构主要领导是传染病疫情等突发公共卫生事件报告的第一责任人。

二、学校和托幼机构传染病疫情等突发公共卫生事件报告人（以下简称学校疫情报告人）

（一）学校疫情报告人的设置要求

1、工作认真负责，责任心强；

2、了解传染病防控相关知识，专（兼）职卫生保健人员优先考虑；

3、必须为学校或者托幼机构的在编人员。

（二）学校疫情报告人职责

1、在校长的领导下，具体负责本单位传染病疫情和疑似传染病疫情等突发公共卫生事件报告工作；

2、协助本单位建立、健全传染病疫情等突发公共卫生事件监测、发现及报告相关工作制度及工作流程；

3、定期对全校（托幼机构）学生的出勤、健康情况进行巡查；

4、负责指导全校（托幼机构）学生的晨检工作。

三、学校和托幼机构传染病疫情监测与报告

各类中小学校和托幼机构应当建立由学生到教师、到学校疫情报告人、到学校（托幼机构）领导的传染病疫情发现、信息登记与报告制度。

（一）学校和托幼机构传染病疫情监测

学校和托幼机构应当建立学生晨检、因病缺勤病因追查与登记制度。学校和托幼机构的老师发现学生有传染病早期症状、疑似传染病病人以及因病缺勤等情况时，应及时报告给学校疫情报告人。学校疫情报告人应及时进行排查，并将排查情况记录在学生因病缺勤、传染病早期症状、疑似传染病病人患病及病因排查结果登记日志上。

1、晨检 晨检应在学校疫情报告人的指导下进行，由班主任或班级卫生员对早晨到校的每个学生进行观察、询问，了解学生出勤、健康状况。发现学生有传染病早期症状（如发热、皮疹、腹泻、呕吐、黄疸等）以及疑似传染病病人时，应当及时告知学校疫情报告人，学校疫情报告人要进行进一步排查，以确保做到对传染病病人的早发现、早报告。

2、因病缺勤 班主任应当密切关注本班学生的出勤情况，对于因病缺勤的学生，应当了解学生的患病情况和可能的病因，如有怀疑，要及时报告给学校疫情报告人。学校疫情报告人接到报告后应及时追查学生的患病情况和可能的病因，以做到对传染病病人的早发现。

（二）学校传染病疫情报告

1、报告内容及时限

（1）在同一宿舍或者同一班级，1 天内有 3 例或者连续 3 天内有多个学生（5 例以上）患病，并有相似症状（如发热、皮疹、腹泻、呕吐、黄疸等）或者共同用餐、饮水史时，学校疫情报告人应当在 24 小时内报出相关信息。

（2）当学校和托幼机构发现传染病或疑似传染病病人时，学校疫情报告人应当立即报出相关信息。（3）个别学生出现不明原因的高热、呼吸急促或剧烈呕吐、腹泻等症状时，学校疫情报告人应当在 24 小时内报出相关信息。

（4）学校发生群体性不明原因疾病或者其它突发公共卫生事件时，学校疫情报告人应当在 24 小时内报出相关信息。

2、报告方式

当出现符合本工作规范规定的报告情况时，学校疫情报告人应当以最方便的通讯方式（电话、传真等）向属地疾病预防控制机构（农村学校向乡镇卫生院防保组）报告，同时，向属地教育行政部门报告。

传染病病人或疑似传染病病人
尸体解剖查验规定

中华人民共和国卫生部令
第 43 号

《传染病病人或疑似传染病病人尸体解剖查验规定》已于 2004 年 12 月 16 日经卫生部部务会议讨论通过，现予以发布，自 2005 年 9 月 1 日起施行。

中华人民共和国卫生部部长
二〇〇五年四月三十日

第一条 为了及时查明传染病病因，提高传染病诊疗水平，有效控制传染病流行，防止疫情扩散，根据《中华人民共和国传染病防治法》第四十六条（以下简称《传染病防治法》），制定本规定。

第二条 本规定适用于病因不明的传染病病人或者疑似传染病病人尸体的解剖查验工作。

第三条 传染病病人或者疑似传染病病人尸体解剖查验工作应当在卫生行政部门指定的具有传染病病人尸体解剖查验资质的机构（以下简称查验机构）内进行。

设区的市级以上卫生行政部门应当根据本辖区传染病防治工作实际需要，指定具有独立病理解剖能力的医疗机构或者具有病理教研室或者法医教研室的普通高等学校作为查验机构。

从事甲类传染病和采取甲类传染病预防、控制措施的其他传染病病人或者疑似传染病病人尸体解剖查验的机构，由省级以上卫生行政部门指定。

第四条 查验机构应当具备下列条件：

（一）有独立的解剖室及相应的辅助用房，人流、物流、空气流合理，采光良好，其中解剖室面积不少于15平方米；

（二）具有尸检台、切片机、脱水机、吸引器、显微镜、照相设备、计量设备、消毒隔离设备、个人防护设备、病理组织取材工作台、储存和运送标本的必要设备、尸体保存设施以及符合环保要求的污水、污物处理设施；

（三）至少有二名具有副高级以上病理专业技术职务任职资格的医师，其中有一名具有正高级病理专业技术职务任职资格的医师作为主检人员；

（四）具有健全的规章制度和规范的技术操作规程，并定期对工作人员进行培训和考核；

（五）具有尸体解剖查验和职业暴露的应急预案。

从事甲类传染病和采取甲类传染病预防、控制措施的其他传染病或者疑似传染病病人尸体解剖查验机构的解剖室应当同时具备对外排空气进行过滤消毒的条件。

第五条 医疗机构为了查找传染病病因，对在医疗机构死亡的传染病人或疑似传染病病人，经所在地设区的市级卫生行政部门批准，进行尸体解剖查验，并告知死者家属，做好记录。

第六条 疾病预防控制机构接到有关部门通知，对在医疗机构外死亡、具有传染病特征的病人尸体应当采取消毒隔离措施；需要查找传染病病因的，经所在地设区的市级卫生行政部门批准，进行尸体解剖查验，并告知死者家属，做好记录。

第七条 解剖查验应当遵循就近原则，按照当地卫生行政部门规定使用专用车辆运送至查验机构。

第八条 除解剖查验工作需要外，任何单位和个人不得对需要解剖查验的尸体进行搬运、清洗、更衣、掩埋、火化等处理。

第九条 医疗机构应当向查验机构提供临床资料复印件，并与查验机构办理交接手续。

第十条 查验机构应当指定一名主检人员。查验人员在尸体解剖查验前，应当认真查阅有关临床资料。

第十一条　解剖查验工作应当严格遵守有关技术操作规范和常规，并符合传染病预防控制的规定。

对解剖查验中的标本采集、保藏、携带和运输应当执行《病原微生物实验室生物安全管理条例》等规定。

解剖查验过程中采集的标本，应当在符合生物安全要求的实验室进行检验。

第十二条　在解剖查验过程中，对所产生的医疗废物应当按照《医疗废物管理条例》等有关规定进行处理。

第十三条　从事尸体解剖查验工作的病理专业技术人员在解剖查验全过程中应当实施标准防护措施，严格遵守有关技术操作规程，采取有效措施防止交叉感染、环境污染造成疫病播散。查验机构要做好有关技术人员的健康监护工作。

第十四条　查验机构应当尽快出具初步查验报告，并及时反馈相应的医疗机构、疾病预防控制机构或者卫生行政部门。

医疗机构根据初步查验报告、病理报告和病原学检验报告，综合临床表现，尽快明确诊断，并按规定报告。

第十五条　尸体解剖查验工作结束后，病理专业技术人员应当对尸体进行缝合、清理。查验机构应当在所在地疾病预防控制机构的指导下或者按其提出的卫生要求对尸体、解剖现场及周围环境进行严格消毒处理。

解剖查验后的尸体经卫生处理后，按照规定火化或者深埋。

第十六条　停放传染病或疑似传染病病人尸体的场所、专用运输工具以及使用过的单体冰柜均应当按照规定严格消毒。

第十七条　有关单位和个人违反本规定，有下列情形之一的，由卫生行政部门依据《传染病防治法》、《执业医师法》、《医疗机构管理条例》等有关法律法规进行相应处理，并对负有责任的主管人员和其他直接责任人员给予行政处分；造成严重后果构成犯罪的，依法追究刑事责任。

（一）医疗机构未经批准，擅自对病因不明并具有传染病特征的病人尸体进行解剖查验的；

（二）查验机构及其工作人员在解剖查验过程中，未按规定采取有效的消毒、防护、隔离等措施的；

（三）查验机构及其工作人员出具虚假查验报告的；

（四）查验机构未按规定履行查验职责的；

（五）法律、行政法规规定的其他违法情形。

第十八条 按照《传染病防治法》的规定，为查找传染病病因，对传染病病人尸体或者疑似传染病病人尸体进行解剖查验，卫生行政部门应当保障工作实施经费，对工作人员采取有效的卫生防护措施和医疗保健措施。

第十九条 本规定自 2005 年 9 月 1 日起施行。

艾滋病防治条例

中华人民共和国国务院令
第 457 号

《艾滋病防治条例》已经 2006 年 1 月 18 日国务院第 122 次常务会议通过，现予公布，自 2006 年 3 月 1 日起施行。

总理 温家宝
二〇〇六年一月二十九日

第一章 总 则

第一条 为了预防、控制艾滋病的发生与流行，保障人体健康和公共卫生，根据传染病防治法，制定本条例。

第二条 艾滋病防治工作坚持预防为主、防治结合的方针，建立政府组织领导、部门各负其责、全社会共同参与的机制，加强宣传教育，采取行为干预和关怀救助等措施，实行综合防治。

第三条 任何单位和个人不得歧视艾滋病病毒感染者、艾滋病病人及其家属。艾滋病病毒感染者、艾滋病病人及其家属享有的婚姻、就业、就医、入学等合法权益受法律保护。

第四条 县级以上人民政府统一领导艾滋病防治工作，建立健全艾滋病防治工作协调机制和工作责任制，对有关部门承担的艾滋病防治工作进行考核、监督。

县级以上人民政府有关部门按照职责分工负责艾滋病防治及其监督管理工作。

第五条　国务院卫生主管部门会同国务院其他有关部门制定国家艾滋病防治规划；县级以上地方人民政府依照本条例规定和国家艾滋病防治规划，制定并组织实施本行政区域的艾滋病防治行动计划。

第六条　国家鼓励和支持工会、共产主义青年团、妇女联合会、红十字会等团体协助各级人民政府开展艾滋病防治工作。

居民委员会和村民委员会应当协助地方各级人民政府和政府有关部门开展有关艾滋病防治的法律、法规、政策和知识的宣传教育，发展有关艾滋病防治的公益事业，做好艾滋病防治工作。

第七条　各级人民政府和政府有关部门应当采取措施，鼓励和支持有关组织和个人依照本条例规定以及国家艾滋病防治规划和艾滋病防治行动计划的要求，参与艾滋病防治工作，对艾滋病防治工作提供捐赠，对有易感染艾滋病病毒危险行为的人群进行行为干预，对艾滋病病毒感染者、艾滋病病人及其家属提供关怀和救助。

第八条　国家鼓励和支持开展与艾滋病预防、诊断、治疗等有关的科学研究，提高艾滋病防治的科学技术水平；鼓励和支持开展传统医药以及传统医药与现代医药相结合防治艾滋病的临床治疗与研究。

国家鼓励和支持开展艾滋病防治工作的国际合作与交流。

第九条　县级以上人民政府和政府有关部门对在艾滋病防治工作中做出显著成绩和贡献的单位和个人，给予表彰和奖励。

对因参与艾滋病防治工作或者因执行公务感染艾滋病病毒，以及因此致病、丧失劳动能力或者死亡的人员，按照有关规定给予补助、抚恤。

第二章 宣传教育

第十条 地方各级人民政府和政府有关部门应当组织开展艾滋病防治以及关怀和不歧视艾滋病病毒感染者、艾滋病病人及其家属的宣传教育，提倡健康文明的生活方式，营造良好的艾滋病防治的社会环境。

第十一条 地方各级人民政府和政府有关部门应当在车站、码头、机场、公园等公共场所以及旅客列车和从事旅客运输的船舶等公共交通工具显著位置，设置固定的艾滋病防治广告牌或者张贴艾滋病防治公益广告，组织发放艾滋病防治宣传材料。

第十二条 县级以上人民政府卫生主管部门应当加强艾滋病防治的宣传教育工作，对有关部门、组织和个人开展艾滋病防治的宣传教育工作提供技术支持。

医疗卫生机构应当组织工作人员学习有关艾滋病防治的法律、法规、政策和知识；医务人员在开展艾滋病、性病等相关疾病咨询、诊断和治疗过程中，应当对就诊者进行艾滋病防治的宣传教育。

第十三条 县级以上人民政府教育主管部门应当指导、督促高等院校、中等职业学校和普通中学将艾滋病防治知识纳入有关课程，开展有关课外教育活动。

高等院校、中等职业学校和普通中学应当组织学生学习艾滋病防治知识。

第十四条 县级以上人民政府人口和计划生育主管部门应当利用计划生育宣传和技术服务网络，组织开展艾滋病防治的宣传教育。

计划生育技术服务机构向育龄人群提供计划生育技术服务和生殖健康服务时，应当开展艾滋病防治的宣传教育。

第十五条 县级以上人民政府有关部门和从事劳务中介服务的机构，应当对进城务工人员加强艾滋病防治的宣传教育。

第十六条 出入境检验检疫机构应当在出入境口岸加强艾滋病防治的宣传教育工作，对出入境人员有针对性地提供艾滋病防治咨询和指导。

第十七条 国家鼓励和支持妇女联合会、红十字会开展艾滋病防治的宣传教育，将艾滋病防治的宣传教育纳入妇女儿童工作内容，提高妇女预防艾滋病的意识和能力，组织红十字会会员和红十字会志愿者开展艾滋病防治的宣传教育。

第十八条 地方各级人民政府和政府有关部门应当采取措施，鼓励和支持有关组织和个人对有易感染艾滋病病毒危险行为的人群开展艾滋病防治的咨询、指导和宣传教育。

第十九条 广播、电视、报刊、互联网等新闻媒体应当开展艾滋病防治的公益宣传。

第二十条 机关、团体、企业事业单位、个体经济组织应当组织本单位从业人员学习有关艾滋病防治的法律、法规、政策和知识，支持本单位从业人员参与艾滋病防治的宣传教育活动。

第二十一条 县级以上地方人民政府应当在医疗卫生机构开通艾滋病防治咨询服务电话，向公众提供艾滋病防治咨询服务和指导。

第三章 预防与控制

第二十二条 国家建立健全艾滋病监测网络。

国务院卫生主管部门制定国家艾滋病监测规划和方案。省、自治区、直辖市人民政府卫生主管部门根据国家艾滋病监测规划和方案，制定本行政区域的艾滋病监测计划和工作方案，组织开展艾滋病监测和专题调查，掌握艾滋病疫情变化情况和流行趋势。

疾病预防控制机构负责对艾滋病发生、流行以及影响其发生、流行的因素开展监测活动。

出入境检验检疫机构负责对出入境人员进行艾滋病监测，并将监测结果及时向卫生主管部门报告。

第二十三条 国家实行艾滋病自愿咨询和自愿检测制度。

县级以上地方人民政府卫生主管部门指定的医疗卫生机构，应当按照国务院卫生主管部门会同国务院其他有关部门制定的艾滋病自愿咨询和检测办法，为自愿接受艾滋病咨询、检测的人员免费提供咨询和初筛检测。

第二十四条 国务院卫生主管部门会同国务院其他有关部门根据预防、控制艾滋病的需要，可以规定应当进行艾滋病检测的情形。

第二十五条 省级以上人民政府卫生主管部门根据医疗卫生机构布局和艾滋病流行情况，按照国家有关规定确定承担艾滋病检测工作的实验室。

国家出入境检验检疫机构按照国务院卫生主管部门规定的标准和规范，确定承担出入境人员艾滋病检测工作的实验室。

第二十六条 县级以上地方人民政府和政府有关部门应当依照本条例规定，根据本行政区域艾滋病的流行情况，制定措施，鼓励和支持居民委员会、村民委员会以及其他有关组织和个人推广预防艾滋病的行为干预措施，帮助有易感染艾滋病病毒危险行为的人群改变行为。

有关组织和个人对有易感染艾滋病病毒危险行为的人群实施行为干预措施，应当符合本条例的规定以及国家艾滋病防治规划和艾滋病防治行动计划的要求。

第二十七条 县级以上人民政府应当建立艾滋病防治工作与禁毒工作的协调机制，组织有关部门落实针对吸毒人群的艾滋病防治措施。

省、自治区、直辖市人民政府卫生、公安和药品监督管理部门应当互相配合，根据本行政区域艾滋病流行和吸毒者的情况，积极稳妥地开展对吸毒成瘾者的药物维持治疗工作，并有计划地实施其他干预措施。

第二十八条 县级以上人民政府卫生、人口和计划生育、工商、药品监督管理、质量监督检验检疫、广播电影电视等部门应当组织推广使用安全套，建立和完善安全套供应网络。

第二十九条　省、自治区、直辖市人民政府确定的公共场所的经营者应当在公共场所内放置安全套或者设置安全套发售设施。

第三十条　公共场所的服务人员应当依照《公共场所卫生管理条例》的规定，定期进行相关健康检查，取得健康合格证明；经营者应当查验其健康合格证明，不得允许未取得健康合格证明的人员从事服务工作。

第三十一条　公安、司法行政机关对被依法逮捕、拘留和在监狱中执行刑罚以及被依法收容教育、强制戒毒和劳动教养的艾滋病病毒感染者和艾滋病病人，应当采取相应的防治措施，防止艾滋病传播。

对公安、司法行政机关依照前款规定采取的防治措施，县级以上地方人民政府应当给予经费保障，疾病预防控制机构应当予以技术指导和配合。

第三十二条　对卫生技术人员和在执行公务中可能感染艾滋病病毒的人员，县级以上人民政府卫生主管部门和其他有关部门应当组织开展艾滋病防治知识和专业技能的培训，有关单位应当采取有效的卫生防护措施和医疗保健措施。

第三十三条　医疗卫生机构和出入境检验检疫机构应当按照国务院卫生主管部门的规定，遵守标准防护原则，严格执行操作规程和消毒管理制度，防止发生艾滋病医院感染和医源性感染。

第三十四条　疾病预防控制机构应当按照属地管理的原则，对艾滋病病毒感染者和艾滋病病人进行医学随访。

第三十五条　血站、单采血浆站应当对采集的人体血液、血浆进行艾滋病检测；不得向医疗机构和血液制品生产单位供应未经艾滋病检测或者艾滋病检测阳性的人体血液、血浆。

血液制品生产单位应当在原料血浆投料生产前对每一份血浆进行艾滋病检测；未经艾滋病检测或者艾滋病检测阳性的血浆，不得作为原料血浆投料生产。

医疗机构应当对因应急用血而临时采集的血液进行艾滋病检

测，对临床用血艾滋病检测结果进行核查；对未经艾滋病检测、核查或者艾滋病检测阳性的血液，不得采集或者使用。

第三十六条 采集或者使用人体组织、器官、细胞、骨髓等的，应当进行艾滋病检测；未经艾滋病检测或者艾滋病检测阳性的，不得采集或者使用。但是，用于艾滋病防治科研、教学的除外。

第三十七条 进口人体血液、血浆、组织、器官、细胞、骨髓等，应当经国务院卫生主管部门批准；进口人体血液制品，应当依照药品管理法的规定，经国务院药品监督管理部门批准，取得进口药品注册证书。

经国务院卫生主管部门批准进口的人体血液、血浆、组织、器官、细胞、骨髓等，应当依照国境卫生检疫法律、行政法规的有关规定，接受出入境检验检疫机构的检疫。未经检疫或者检疫不合格的，不得进口。

第三十八条 艾滋病病毒感染者和艾滋病病人应当履行下列义务：

（一）接受疾病预防控制机构或者出入境检验检疫机构的流行病学调查和指导；

（二）将感染或者发病的事实及时告知与其有性关系者；

（三）就医时，将感染或者发病的事实如实告知接诊医生；

（四）采取必要的防护措施，防止感染他人。

艾滋病病毒感染者和艾滋病病人不得以任何方式故意传播艾滋病。

第三十九条 疾病预防控制机构和出入境检验检疫机构进行艾滋病流行病学调查时，被调查单位和个人应当如实提供有关情况。

未经本人或者其监护人同意，任何单位或者个人不得公开艾滋病病毒感染者、艾滋病病人及其家属的姓名、住址、工作单位、肖像、病史资料以及其他可能推断出其具体身份的信息。

第四十条 县级以上人民政府卫生主管部门和出入境检验检疫

机构可以封存有证据证明可能被艾滋病病毒污染的物品，并予以检验或者进行消毒。经检验，属于被艾滋病病毒污染的物品，应当进行卫生处理或者予以销毁；对未被艾滋病病毒污染的物品或者经消毒后可以使用的物品，应当及时解除封存。

第四章　治疗与救助

第四十一条　医疗机构应当为艾滋病病毒感染者和艾滋病病人提供艾滋病防治咨询、诊断和治疗服务。

医疗机构不得因就诊的病人是艾滋病病毒感染者或者艾滋病病人，推诿或者拒绝对其其他疾病进行治疗。

第四十二条　对确诊的艾滋病病毒感染者和艾滋病病人，医疗卫生机构的工作人员应当将其感染或者发病的事实告知本人；本人为无行为能力人或者限制行为能力人的，应当告知其监护人。

第四十三条　医疗卫生机构应当按照国务院卫生主管部门制定的预防艾滋病母婴传播技术指导方案的规定，对孕产妇提供艾滋病防治咨询和检测，对感染艾滋病病毒的孕产妇及其婴儿，提供预防艾滋病母婴传播的咨询、产前指导、阻断、治疗、产后访视、婴儿随访和检测等服务。

第四十四条　县级以上人民政府应当采取下列艾滋病防治关怀、救助措施：

（一）向农村艾滋病病人和城镇经济困难的艾滋病病人免费提供抗艾滋病病毒治疗药品；

（二）对农村和城镇经济困难的艾滋病病毒感染者、艾滋病病人适当减免抗机会性感染治疗药品的费用；

（三）向接受艾滋病咨询、检测的人员免费提供咨询和初筛检测；

（四）向感染艾滋病病毒的孕产妇免费提供预防艾滋病母婴传播的治疗和咨询。

第四十五条　生活困难的艾滋病病人遗留的孤儿和感染艾滋病

病毒的未成年人接受义务教育的，应当免收杂费、书本费；接受学前教育和高中阶段教育的，应当减免学费等相关费用。

第四十六条　县级以上地方人民政府应当对生活困难并符合社会救助条件的艾滋病病毒感染者、艾滋病病人及其家属给予生活救助。

第四十七条　县级以上地方人民政府有关部门应当创造条件，扶持有劳动能力的艾滋病病毒感染者和艾滋病病人，从事力所能及的生产和工作。

第五章　保障措施

第四十八条　县级以上人民政府应当将艾滋病防治工作纳入国民经济和社会发展规划，加强和完善艾滋病预防、检测、控制、治疗和救助服务网络的建设，建立健全艾滋病防治专业队伍。

各级人民政府应当根据艾滋病防治工作需要，将艾滋病防治经费列入本级财政预算。

第四十九条　县级以上地方人民政府按照本级政府的职责，负责艾滋病预防、控制、监督工作所需经费。

国务院卫生主管部门会同国务院其他有关部门，根据艾滋病流行趋势，确定全国与艾滋病防治相关的宣传、培训、监测、检测、流行病学调查、医疗救治、应急处置以及监督检查等项目。中央财政对在艾滋病流行严重地区和贫困地区实施的艾滋病防治重大项目给予补助。

省、自治区、直辖市人民政府根据本行政区域的艾滋病防治工作需要和艾滋病流行趋势，确定与艾滋病防治相关的项目，并保障项目的实施经费。

第五十条　县级以上人民政府应当根据艾滋病防治工作需要和艾滋病流行趋势，储备抗艾滋病病毒治疗药品、检测试剂和其他物资。

第五十一条　地方各级人民政府应当制定扶持措施，对有关组织和个人开展艾滋病防治活动提供必要的资金支持和便利条件。有关组织和个人参与艾滋病防治公益事业，依法享受税收优惠。

第六章　法律责任

第五十二条　地方各级人民政府未依照本条例规定履行组织、领导、保障艾滋病防治工作职责，或者未采取艾滋病防治和救助措施的，由上级人民政府责令改正，通报批评；造成艾滋病传播、流行或者其他严重后果的，对负有责任的主管人员依法给予行政处分；构成犯罪的，依法追究刑事责任。

第五十三条　县级以上人民政府卫生主管部门违反本条例规定，有下列情形之一的，由本级人民政府或者上级人民政府卫生主管部门责令改正，通报批评；造成艾滋病传播、流行或者其他严重后果的，对负有责任的主管人员和其他直接责任人员依法给予行政处分；构成犯罪的，依法追究刑事责任：

（一）未履行艾滋病防治宣传教育职责的；

（二）对有证据证明可能被艾滋病病毒污染的物品，未采取控制措施的；

（三）其他有关失职、渎职行为。

出入境检验检疫机构有前款规定情形的，由其上级主管部门依照本条规定予以处罚。

第五十四条　县级以上人民政府有关部门未依照本条例规定履行宣传教育、预防控制职责的，由本级人民政府或者上级人民政府有关部门责令改正，通报批评；造成艾滋病传播、流行或者其他严重后果的，对负有责任的主管人员和其他直接责任人员依法给予行政处分；构成犯罪的，依法追究刑事责任。

第五十五条　医疗卫生机构未依照本条例规定履行职责，有下列情形之一的，由县级以上人民政府卫生主管部门责令限期改正，通报批评，给予警告；造成艾滋病传播、流行或者其他严重后果的，对负有责任的主管人员和其他直接责任人员依法给予降级、撤职、开除的处分，并可以依法吊销有关机构或者责任人员的执业许可证件；构成犯罪的，依法追究刑事责任：

（一）未履行艾滋病监测职责的；

（二）未按照规定免费提供咨询和初筛检测的；

（三）对临时应急采集的血液未进行艾滋病检测，对临床用血艾滋病检测结果未进行核查，或者将艾滋病检测阳性的血液用于临床的；

（四）未遵守标准防护原则，或者未执行操作规程和消毒管理制度，发生艾滋病医院感染或者医源性感染的；

（五）未采取有效的卫生防护措施和医疗保健措施的；

（六）推诿、拒绝治疗艾滋病病毒感染者或者艾滋病病人的其他疾病，或者对艾滋病病毒感染者、艾滋病病人未提供咨询、诊断和治疗服务的；

（七）未对艾滋病病毒感染者或者艾滋病病人进行医学随访的；

（八）未按照规定对感染艾滋病病毒的孕产妇及其婴儿提供预防艾滋病母婴传播技术指导的。

出入境检验检疫机构有前款第（一）项、第（四）项、第（五）项规定情形的，由其上级主管部门依照前款规定予以处罚。

第五十六条　医疗卫生机构违反本条例第三十九条第二款规定，公开艾滋病病毒感染者、艾滋病病人或者其家属的信息的，依照传染病防治法的规定予以处罚。

出入境检验检疫机构、计划生育技术服务机构或者其他单位、个人违反本条例第三十九条第二款规定，公开艾滋病病毒感染者、艾滋病病人或者其家属的信息的，由其上级主管部门责令改正，通报批评，给予警告，对负有责任的主管人员和其他直接责任人员依法给予处分；情节严重的，由原发证部门吊销有关机构或者责任人员的执业许可证件。

第五十七条　血站、单采血浆站违反本条例规定，有下列情形之一，构成犯罪的，依法追究刑事责任；尚不构成犯罪的，由县级以上人民政府卫生主管部门依照献血法和《血液制品管理条例》的规定予以处罚；造成艾滋病传播、流行或者其他严重后果的，对负有责任的主管人员和其他直接责任人员依法给予降级、撤职、开除的处分，并可以依法吊销血站、单采血浆站的执业许可证：

（一）对采集的人体血液、血浆未进行艾滋病检测，或者发现艾滋病检测阳性的人体血液、血浆仍然采集的；

（二）将未经艾滋病检测的人体血液、血浆，或者艾滋病检测阳性的人体血液、血浆供应给医疗机构和血液制品生产单位的。

第五十八条 违反本条例第三十六条规定采集或者使用人体组织、器官、细胞、骨髓等的，由县级人民政府卫生主管部门责令改正，通报批评，给予警告；情节严重的，责令停业整顿，有执业许可证件的，由原发证部门暂扣或者吊销其执业许可证件。

第五十九条 未经国务院卫生主管部门批准进口的人体血液、血浆、组织、器官、细胞、骨髓等，进口口岸出入境检验检疫机构应当禁止入境或者监督销毁。提供、使用未经出入境检验检疫机构检疫的进口人体血液、血浆、组织、器官、细胞、骨髓等的，由县级以上人民政府卫生主管部门没收违法物品以及违法所得，并处违法物品货值金额 3 倍以上 5 倍以下的罚款；对负有责任的主管人员和其他直接责任人员由其所在单位或者上级主管部门依法给予处分。

未经国务院药品监督管理部门批准，进口血液制品的，依照药品管理法的规定予以处罚。

第六十条 血站、单采血浆站、医疗卫生机构和血液制品生产单位违反法律、行政法规的规定，造成他人感染艾滋病病毒的，应当依法承担民事赔偿责任。

第六十一条 公共场所的经营者未查验服务人员的健康合格证明或者允许未取得健康合格证明的人员从事服务工作，省、自治区、直辖市人民政府确定的公共场所的经营者未在公共场所内放置安全套或者设置安全套发售设施的，由县级以上人民政府卫生主管部门责令限期改正，给予警告，可以并处 500 元以上 5000 元以下的罚款；逾期不改正的，责令停业整顿；情节严重的，由原发证部门依法吊销其执业许可证件。

第六十二条　艾滋病病毒感染者或者艾滋病病人故意传播艾滋病的，依法承担民事赔偿责任；构成犯罪的，依法追究刑事责任。

第七章　附　则

第六十三条　本条例下列用语的含义：

艾滋病，是指人类免疫缺陷病毒（艾滋病病毒）引起的获得性免疫缺陷综合征。

对吸毒成瘾者的药物维持治疗，是指在批准开办戒毒治疗业务的医疗卫生机构中，选用合适的药物，对吸毒成瘾者进行维持治疗，以减轻对毒品的依赖，减少注射吸毒引起艾滋病病毒的感染和扩散，减少毒品成瘾引起的疾病、死亡和引发的犯罪。

标准防护原则，是指医务人员将所有病人的血液、其他体液以及被血液、其他体液污染的物品均视为具有传染性的病原物质，医务人员在接触这些物质时，必须采取防护措施。

有易感染艾滋病病毒危险行为的人群，是指有卖淫、嫖娼、多性伴、男性同性性行为、注射吸毒等危险行为的人群。

艾滋病监测，是指连续、系统地收集各类人群中艾滋病（或者艾滋病病毒感染）及其相关因素的分布资料，对这些资料综合分析，为有关部门制定预防控制策略和措施提供及时可靠的信息和依据，并对预防控制措施进行效果评价。

艾滋病检测，是指采用实验室方法对人体血液、其他体液、组织器官、血液衍生物等进行艾滋病病毒、艾滋病病毒抗体及相关免疫指标检测，包括监测、检验检疫、自愿咨询检测、临床诊断、血液及血液制品筛查工作中的艾滋病检测。

行为干预措施，是指能够有效减少艾滋病传播的各种措施，包括：针对经注射吸毒传播艾滋病的美沙酮维持治疗等措施；针对经性传播艾滋病的安全套推广使用措施，以及规范、方便的性病诊疗措施；针对母婴传播艾滋病的抗病毒药物预防和人工代乳品喂养等措施；早期发现感染者和有助于危险行为改变的自愿咨询检测措施；健康教育措施；提高个人规范意识以及减少危险行为的针对性同伴教育措施。

第六十四条 本条例自 2006 年 3 月 1 日起施行。1987 年 12 月 26 日经国务院批准，1988 年 1 月 14 日由卫生部、外交部、公安部、原国家教育委员会、国家旅游局、原中国民用航空局、国家外国专家局发布的《艾滋病监测管理的若干规定》同时废止。

附 录

性病防治管理办法

中华人民共和国卫生部令

第 89 号

《性病防治管理办法》已于 2012 年 6 月 29 日经卫生部部务会审议通过，现予公布，自 2013 年 1 月 1 日起施行

中华人民共和国卫生部部长

2012 年 11 月 23 日

第一章 总 则

第一条 为预防、控制性病的传播流行，保护人体健康，根据《中华人民共和国传染病防治法》（以下简称《传染病防治法》）和《艾滋病防治条例》有关规定，制定本办法。

第二条 性病是以性接触为主要传播途径的疾病。本办法所称性病包括以下几类：

（一）《传染病防治法》规定的乙类传染病中的梅毒和淋病；

（二）生殖道沙眼衣原体感染、尖锐湿疣、生殖器疱疹；

（三）卫生部根据疾病危害程度、流行情况等因素，确定需要管理的其他性病。

艾滋病防治管理工作依照《艾滋病防治条例》的有关规定执行。

第三条 性病防治坚持预防为主、防治结合的方针，遵循依法

防治、科学管理、分级负责、专业指导、部门合作、社会参与的原则。

第四条 性病防治工作与艾滋病防治工作相结合，将性病防治工作纳入各级艾滋病防治工作协调机制，整合防治资源，实行性病艾滋病综合防治。

第五条 卫生部负责全国性病防治工作。根据需要制定国家性病防治规划；确定需要管理的性病目录，决定并公布需要列入乙类、丙类传染病管理的性病病种。

县级以上地方卫生行政部门负责本行政区域内性病防治工作，依照本办法和国家性病防治规划，结合当地性病流行情况和防治需求，制定并组织实施本行政区域性病防治计划。

卫生行政部门应当在同级人民政府的领导下，建立和完善性病防治管理和服务体系，将性病防治工作逐步纳入基本公共卫生服务内容；加强性病防治队伍建设，负责安排性病防治所需经费，组织开展性病防治工作。

第六条 卫生行政部门应当鼓励和支持社会组织参与性病防治工作，开展宣传教育、行为干预、心理支持和社会关怀等活动。

鼓励和支持医疗卫生、科研等相关机构开展性病防治工作研究和学术交流，参加性病防治公益活动。

第七条 医学院校、医务人员培训机构和医学考试机构，应当将性病防治政策和知识等纳入医学院校教育、住院医师培训、继续教育等各类培训以及医学考试的内容。

第八条 任何单位和个人不得歧视性病患者及其家属。性病患者就医、入学、就业、婚育等合法权益受法律保护。

第二章　机构和人员

第九条 卫生行政部门应当根据当地性病防治工作需求，指定承担性病防治任务的疾病预防控制机构，合理规划开展性病诊疗业务的医疗机构。

第十条 中国疾病预防控制中心在性病防治中的职责是：

（一）协助卫生部制定全国性病防治规划；

（二）指导全国性病防治工作，开展性病监测、疫情分析及管理、培训督导、防治效果评估等工作；

（三）组织制定和完善性病实验室检测等技术规范，开展性病实验室质量管理，定期开展性病诊断试剂临床应用质量评价。

第十一条　省级、设区的市和县级疾病预防控制机构在性病防治中的职责是：

（一）组织有关机构和专家，协助同级卫生行政部门制定本行政区域性病防治计划，开展性病的监测、流行病学调查、疫情分析及管理、培训督导等工作；

（二）组织并指导下级疾病预防控制机构和社会组织开展性病防治宣传教育、有易感染性病危险行为的人群干预工作；

（三）组织开展本行政区域性病实验室质量管理。

第十二条　医疗机构应当积极提供性病诊疗服务，方便患者就医。

医疗机构开展性病诊疗业务应当取得与性传播疾病诊疗相关的诊疗科目，确定相应科室，并应当具备以下条件：

（一）具有相应的诊疗场所，包括诊室、治疗室和检验科等；

（二）具备性病诊断治疗、消毒灭菌所必需的设备、设施及药品等；

（三）具有依法取得执业资格，并经性病诊疗培训考核合格的人员。

第十三条　开展性病诊疗业务的医疗机构职责是：

（一）根据性病诊断标准和技术规范对性病患者或者疑似病人进行诊断治疗，并按照规定报告疫情；

（二）开展性病防治知识宣传、健康教育、咨询和必要的干预；

（三）协助卫生行政部门开展性病诊疗业务培训；

（四）开展实验室检测质量控制；

（五）协助疾病预防控制机构开展性病疫情漏报调查和流行病学调查等工作。

第十四条　省级卫生行政部门应当定期组织从事性病诊断治疗和预防控制工作的专业人员进行岗位培训，并进行考核。

卫生行政部门和行业学会开展对皮肤科、妇产科、泌尿外科等相关学科医师的培训，应当包括性病防治知识和专业技术培训内容。

第十五条　医疗机构人员开展性病诊疗业务，应当依法取得执业资格，并应当定期接受性病防治知识和专业技术岗位培训。

疾病预防控制机构的人员开展性病预防控制工作，应当定期接受性病防治知识和专业技术岗位培训。

第十六条　县级以上地方卫生行政部门应当及时公布取得与性传播疾病诊疗相关科目的医疗机构信息。

开展性病诊疗业务的医疗机构发布有关医疗广告应当依法进行。

第三章　预防和控制

第十七条　疾病预防控制机构和开展性病诊疗业务的医疗机构应当根据当地性病流行特点，确定性病宣传和健康教育内容，对大众开展性病防治知识的宣传。

第十八条　各级疾病预防控制机构应当通过多种形式在有易感染性病危险行为的人群集中的场所宣传性病防治知识，倡导安全性行为，鼓励有易感染性病危险行为的人群定期到具备性病诊疗资质的医疗机构进行性病检查。

第十九条　开展性病诊疗业务的医疗机构应当为性病就诊者提供性病和生殖健康教育、咨询检测以及其他疾病的转诊服务。

第二十条　基层医疗卫生机构和开展性病防治工作的社会组织，应当在当地卫生行政部门的统一规划和疾病预防控制机构的指导下，对有易感染性病危险行为的人群开展性病、生殖健康知识宣传和行为干预，提供咨询等服务。

第二十一条　艾滋病自愿咨询检测机构和社区药物维持治疗门诊应当将梅毒免费咨询检测纳入日常服务内容；对咨询检测中发现

的梅毒阳性患者，应当告知其到开展性病诊疗业务的医疗机构就诊。

第二十二条 开展妇幼保健和助产服务的医疗机构应当对孕产妇进行梅毒筛查检测、咨询、必要的诊疗或者转诊服务，预防先天梅毒的发生。

第二十三条 性病患者应当采取必要的防护措施，防止感染他人，不得以任何方式故意传播性病。

第二十四条 性病流行严重的地区，卫生行政部门可以根据当地情况，对特定人群采取普查普治的防治措施。

第四章 诊断和治疗

第二十五条 开展性病诊疗业务的医疗机构，应当实行首诊医师负责制，建立门诊日志，对就诊者逐例登记，对有可能感染性病或者具有性病可疑症状、体征的就诊者应当及时进行相关性病检查，不得以任何理由推诿。当性病患者存在严重危及健康和生命的伴随疾病，可以转诊至伴随疾病的专科诊治，并给予性病诊治支持。

不具备开展性病诊疗条件的医疗机构或者科室，在诊治、体检、筛查活动中发现疑似或者确诊的性病患者时，应当及时转诊至具备性病诊疗条件的医疗机构或者科室处置。当患者存在严重危及健康和生命的伴随疾病，可以安排在伴随疾病的专科继续诊治，开展性病诊疗业务的医疗机构或者科室应当给予性病诊治支持。

第二十六条 医疗机构及其医务人员对就诊者进行性病相关检查时，应当遵循知情同意的原则。

第二十七条 开展性病诊疗业务的医疗机构，应当按照安全、有效、经济、方便的原则提供性病治疗服务，优先使用基本药物。

开展性病诊疗业务的医疗机构，应当公示诊疗、检验及药品、医疗器械等服务价格，按照有关规定收费。

性病治疗基本用药纳入基本药物目录并逐步提高报销比例，性病基本诊疗服务费用纳入报销范围。

第二十八条　开展性病诊疗业务的医务人员，应当严格按照卫生部发布的性病诊断标准及相关规范的要求，采集完整病史，进行体格检查、临床检验和诊断治疗。

第二十九条　开展性病诊疗业务的医务人员，应当规范书写病历，准确填报传染病报告卡报告疫情，对性病患者进行复查，提供健康教育与咨询等预防服务，并予以记录。

第三十条　开展性病诊疗业务的医务人员，应当告知性病患者及早通知与其有性关系者及时就医。

第三十一条　开展性病诊疗业务并提供孕产期保健和助产服务的医疗机构，应当按照国家推荐方案及时为感染梅毒的孕产妇提供治疗，并为其婴幼儿提供必要的预防性治疗、随访、梅毒相关检测服务等。对确诊的先天梅毒的患儿根据国家推荐治疗方案给予治疗或者转诊。

第三十二条　开展性病诊疗业务的医疗机构进行性病临床检验，应当制定检验标准操作和质量控制程序，按照技术规范进行检验和结果报告，参加性病实验室间质量评价，加强实验室生物安全管理。

第三十三条　医疗机构应当采取措施预防性病的医源性感染，加强医务人员的职业安全防护。

第五章　监测和报告

第三十四条　中国疾病预防控制中心制定全国性病监测方案。省级疾病预防控制机构根据全国性病监测方案和本地性病疫情，制定本行政区域的性病监测实施方案；组织开展性病监测和专题调查，了解不同人群性病发病特点和流行趋势。

第三十五条　开展性病诊疗业务的医疗机构是性病疫情责任报告单位，开展性病诊疗的医务人员是性病疫情责任报告人。

性病疫情责任报告单位应当建立健全性病疫情登记和报告制度；性病疫情责任报告人发现应当报告的性病病例时，应当按照要求及时报告疫情。

第三十六条 开展性病诊疗业务的医疗机构应当结合流行病学史、临床表现和实验室检验结果等做出诊断，按照规定进行疫情报告，不得隐瞒、谎报、缓报疫情。

艾滋病自愿咨询检测机构和社区药物维持治疗门诊应当按照要求收集和上报相关信息。

医疗卫生机构不得泄露性病患者涉及个人隐私的有关信息、资料。

第三十七条 各级卫生行政部门负责本行政区域内性病疫情报告网络建设，为网络的正常运行提供必要的保障条件。

第三十八条 疾病预防控制机构负责本行政区域内性病疫情信息报告的业务管理和技术指导工作，对性病疫情信息进行收集、核实、分析、报告和反馈，预测疫情趋势，对疫情信息报告质量进行检查。

第六章　监督管理

第三十九条 卫生部负责对全国性病防治工作进行监督管理，组织开展性病防治工作绩效考核和效果评估。

第四十条 县级以上地方卫生行政部门负责对本行政区域内性病防治工作进行监督管理，定期开展性病防治工作绩效考核与督导检查。督导检查内容包括：

（一）疾病预防控制机构性病防治工作职责落实情况；

（二）开展性病诊疗业务的医疗机构工作职责落实情况；

（三）不具备开展性病诊疗资质的医疗机构发现疑似性病患者的转诊情况；

（四）疾病预防控制机构与开展性病诊疗业务的医疗机构性病防治培训情况。

第四十一条 卫生行政部门对开展性病诊疗服务的医疗机构进行校验和评审时，应当将性病诊治情况列入校验和评审内容。

第四十二条 卫生行政部门应当受理个人或者组织对违反本办法行为的举报，并依法进行处理。

第四十三条 卫生行政部门工作人员依法进行监督检查时，应当出示证件；被检查单位应当予以配合，如实反映情况，提供必要的资料，不得拒绝、阻碍或者隐瞒。

第四十四条 疾病预防控制机构和开展性病诊疗业务的医疗机构应当加强本机构性病防治工作管理，对违反本办法规定的本机构工作人员，应当根据情节轻重，给予批评教育或者相应的纪律处分。

第七章 法律责任

第四十五条 县级以上卫生行政部门对督导检查中发现的或者接到举报查实的违反本办法的行为，应当依法及时予以纠正和处理；对工作不力、管理不规范的医疗卫生机构及其工作人员，应当予以通报批评；对负有责任的主管人员和其他直接责任人员，可以根据情节依法给予处分。

第四十六条 县级以上卫生行政部门违反本办法规定，造成性病疫情传播扩散的，按照《传染病防治法》的有关规定进行处理；构成犯罪的，依法追究刑事责任。

第四十七条 未取得《医疗机构执业许可证》擅自开展性病诊疗活动的，按照《医疗机构管理条例》的有关规定进行处理。

第四十八条 医疗机构违反本办法规定，超出诊疗科目登记范围开展性病诊疗活动的，按照《医疗机构管理条例》及其实施细则的有关规定进行处理。

医疗机构违反本办法规定，未按照有关规定报告疫情或者隐瞒、谎报、缓报传染病疫情或者泄露性病患者涉及个人隐私的有关信息、资料，按照《传染病防治法》有关规定进行处理。

第四十九条 医疗机构提供性病诊疗服务时违反诊疗规范的，由县级以上卫生行政部门责令限期改正，给予警告；逾期不改的，可以根据情节轻重处以三万元以下罚款。

第五十条 医师在性病诊疗活动中违反本办法规定，有下列情形之一的，由县级以上卫生行政部门按照《执业医师法》第三十七条的有关规定进行处理：

（一）违反性病诊疗规范，造成严重后果的；

（二）泄露患者隐私，造成严重后果的；

（三）未按照规定报告性病疫情，造成严重后果的；

（四）违反本办法其他规定，造成严重后果的。

第五十一条 护士在性病诊疗活动中违反本办法规定泄露患者隐私或者发现医嘱违反法律、法规、规章、诊疗技术规范未按照规定提出或者报告的，按照《护士条例》第三十一条的有关规定进行处理。

第五十二条 医疗机构违反有关规定发布涉及性病诊断治疗内容的医疗广告，由县级以上卫生行政部门按照国家有关法律法规的规定进行处理。

第五十三条 性病患者违反规定，导致性病传播扩散，给他人人身、财产造成损害的，应当依法承担民事赔偿责任；构成犯罪的，依法追究刑事责任。

第八章　附　则

第五十四条 省、自治区、直辖市卫生行政部门可以结合本地实际情况，根据本办法的规定制定实施细则。

第五十五条 医疗机构实验室的性病检测质量控制工作按照医疗机构临床实验室有关规定进行统一管理和质控。

第五十六条 本办法下列用语的含义：

承担性病防治任务的疾病预防控制机构，指按照卫生行政部门要求，承担性病防治工作职责的各级疾病预防控制中心或者皮肤病性病防治院、所、站。

有易感染性病危险行为的人群，指有婚外性行为、多性伴、同性性行为等行为的人群。

第五十七条 本办法自 2013 年 1 月 1 日起施行。1991 年 8 月 12 日卫生部公布的《性病防治管理办法》同时废止。

口岸艾滋病防治管理办法

国家质量监督检验检疫总局令

第 96 号

《口岸艾滋病防治管理办法》已经 2007 年 5 月 30 日国家质量监督检验检疫总局局务会议审议通过，现予公布，自 2007 年 12 月 1 日起施行。

国家质量监督检验检疫总局局长
二〇〇七年六月二十八日

第一章　总　则

第一条　为了做好国境口岸艾滋病的预防、控制工作，保障人体健康和口岸公共卫生，依据《中华人民共和国国境卫生检疫法》及其实施细则和《艾滋病防治条例》等法律法规的规定，制定本办法。

第二条　本办法适用于口岸艾滋病的检疫、监测、疫情报告及控制、宣传教育等工作。

第三条　国家质量监督检验检疫总局（以下简称国家质检总局）主管全国口岸艾滋病预防控制工作，负责制定口岸艾滋病预防控制总体规划，对全国口岸艾滋病预防控制工作进行组织、协调和管理。

第四条　国家质检总局设在各地的出入境检验检疫机构（以下简称检验检疫机构）负责制定所辖口岸区域艾滋病预防控制的工作计划，对口岸艾滋病预防控制工作进行组织、协调和管理，实施检疫、监测、疫情报告及控制、开展宣传教育。

第五条　检验检疫机构应当配合当地政府做好艾滋病预防控制工作，与地方各级卫生行政主管部门、疾病预防控制机构、公安机关、边防检查机关等建立协作机制，将口岸监控艾滋病的措施与地方的预防控制行动计划接轨，共同做好口岸艾滋病预防控制及病毒感染者和艾滋病病人的监控工作。

第六条　检验检疫机构应当在出入境口岸加强艾滋病防治的宣传教育工作，对入出境人员有针对性地提供艾滋病防治的咨询和指导，并设立咨询电话，向社会公布。

第二章　口岸检疫

第七条　检验检疫机构应当加强对入出境人员以及入出境微生物、人体组织、生物制品、血液及其制品等物品（以下简称特殊物品）的检疫和监督管理工作。

第八条　患有艾滋病或者感染艾滋病病毒的入出境人员，在入境时应当向检验检疫机构申报，检验检疫机构应当确认申报内容的真实性，并对其进行健康咨询，同时应当通知其目的地的检验检疫机构及疾病预防控制部门。

第九条　在境外居住 1 年以上的中国公民，入境时应当到检验检疫机构设立的口岸艾滋病监测点进行健康检查或者领取艾滋病检测申请单，1 个月内到口岸检验检疫机构或者县级以上的医院进行健康体检。

第十条　申请出境 1 年以上的中国公民以及在国际通航的交通工具上工作的中国籍员工，应当持有检验检疫机构或者县级以上医院出具的含艾滋病检测结果的有效健康检查证明。

第十一条　申请来华居留的境外人员，应当到检验检疫机构进行健康体检，凭检验检疫机构出具的含艾滋病检测结果的有效健康检查证明到公安机关办理居留手续。

第三章　口岸监测

第十二条　国家质检总局应当建立健全口岸艾滋病监测网络。检验检疫机构根据口岸艾滋病流行趋势，设立口岸艾滋病监测点，并报国家质检总局备案。

检验检疫机构按照国务院卫生行政主管部门和国家质检总局制定的艾滋病监测工作规范，开展艾滋病的监测工作，根据疫情变化情况和流行趋势，加强入出境重点人群的艾滋病监测。

第十三条 国家质检总局根据口岸艾滋病预防控制工作的需要，确定艾滋病筛查实验室和确证实验室。艾滋病筛查和确证实验室应当按照国家菌（毒）种和实验室生物安全管理的有关规定开展工作。

检验检疫机构承担艾滋病检测工作的实验室应当符合国务院卫生主管部门的标准和规范并经验收合格，方可开展艾滋病病毒抗体及相关检测工作。

第十四条 检验检疫机构为自愿接受艾滋病咨询和检测的人员提供咨询和筛查检测，发现艾滋病病毒抗体阳性的，应当及时将样本送艾滋病确证实验室进行确证。

第十五条 检验检疫机构应当按照国家有关规定，严格执行标准操作规程、生物安全管理制度及消毒管理制度，防止艾滋病医源性感染的发生。

第四章 疫情报告及控制

第十六条 检验检疫机构及其工作人员发现艾滋病病毒感染者和艾滋病病人时，应当按照出入境口岸卫生检疫信息报告的相关规定报告疫情。

疫情信息应当在 6 小时内通过卫生检疫信息管理系统进行报告。

第十七条 检验检疫机构应当按照有关法律法规的规定及时向当地卫生行政部门通报口岸艾滋病疫情信息。

第十八条 检验检疫机构应当对检出的艾滋病病毒感染者、艾滋病病人进行流行病学调查，提供艾滋病防治咨询服务。艾滋病病毒感染者、艾滋病病人应当配合检验检疫机构的调查工作并接受相应的医学指导。

第十九条 检验检疫机构为掌握或者控制艾滋病疫情进行相关

调查时，被调查单位和个人必须提供真实信息，不得隐瞒或者编造虚假信息。

未经本人或者其监护人同意，检验检疫机构及其工作人员不得公开艾滋病病毒感染者、艾滋病病人的相关信息。

第二十条 检验检疫机构应当对有证据证明可能被艾滋病病毒污染的物品，进行封存、检验或者消毒。经检验，属于被艾滋病病毒污染的物品，应当进行卫生处理或者予以销毁。

第五章 保障措施

第二十一条 口岸艾滋病预防控制经费由国家质检总局纳入预算，设立检验检疫机构艾滋病防治专项经费项目，用于艾滋病实验室建设及口岸艾滋病的预防控制工作。

第二十二条 检验检疫机构负责所辖口岸艾滋病预防控制专业队伍建设，配备合格的专业人员，开展专业技能的培训。

第二十三条 艾滋病预防控制资金要保证专款专用，提高资金使用效益，严禁截留或者挪作他用。

第六章 法律责任

第二十四条 任何单位和个人违反本办法规定，不配合检验检疫机构进行艾滋病疫情调查和控制的，检验检疫机构应当责令其改正；情节严重的，根据《中华人民共和国国境卫生检疫法》及其实施细则的有关规定予以处罚；构成犯罪的，依法追究刑事责任。

第二十五条 检验检疫机构未依照本办法的规定履行艾滋病预防控制管理和监督保障职责的，根据《艾滋病防治条例》的有关规定，由上级机关责令改正，通报批评。

第二十六条 检验检疫机构工作人员违反本办法规定有下列情形，造成艾滋病传播、流行以及其他严重后果的，由其所在单位依法给予行政处分；构成犯罪的，依法追究刑事责任：

（一）未依法履行艾滋病疫情监测、报告、通报或者公布职责，或者隐瞒、谎报、缓报和漏报艾滋病疫情的；

（二）发生或者可能发生艾滋病传播时未及时采取预防控制措施的；

（三）未依法履行监督检查职责，发现违法行为不及时查处的；

（四）未按照技术规范和要求进行艾滋病病毒相关检测的；

（五）故意泄露艾滋病病毒感染者、艾滋病病人涉及个人隐私的有关信息、资料的；

（六）其他失职、渎职行为。

第七章　附　则

第二十七条　本办法由国家质检总局负责解释。

第二十八条　本办法自 2007 年 12 月 1 日起施行。此前规定与本办法不一致的，以本办法为准。

预防艾滋病性病宣传教育原则

卫生部　中共中央宣传部　国家教育委员会
公安部　司法部　文化部广播影视部
国家计划生育委员会　新闻出版署
关于印发预防艾滋病性病宣传教育原则的通知
卫疾控发〔1998〕第 1 号

各省、自治区、直辖市党委宣传部、教育委员会、教育厅
（高教厅）、公安厅（局）、司法厅（局）、文化厅（局）、
广播电视厅（局）、卫生厅（局）、计划生育委员会、新
闻出版署，国务院防治艾滋病性病协调会议成员单位：

目前，艾滋病在全世界的广泛流行已成为严重的公共
卫生和社会问题。我国也面临着艾滋病加速流行的严峻形
势。各国防治经验表明，进行广泛、深入、持久、科学而
正确的宣传教育是预防与控制艾滋病的最有效措施之一，
也是宣传教育部门和全社会的共同任务。

根据我国预防与控制艾滋病、性病的宣传教育实际工
作的需要，组织有关部委制订了《预防艾滋病性病宣传教
育原则》，现印发给你们，请认真贯彻执行。

一九九八年一月八日

艾滋病病毒感染者虽然外表和正常人一样，但他们的血液、精
液、阴道分泌物、皮肤粘膜破损或炎症溃疡的渗出液里都含有大量艾
滋病病毒，具有很强的传染性；乳汁也含病毒，有传染性。唾液、泪
水、汗液和尿液中也能发现病毒，但含病毒很少，传染性不大。

艾滋病是一种目前尚无有效治愈办法、病死率极高的传染病。
研究证明，艾滋病通过三种途径传播：性接触、血液和母婴传

播。与人的行为紧密相关,对家庭、社会生产力破坏极大。由于对该病和感染者的不正确认识而产生的歧视和处理不当引起的社会不安定事件也屡见不鲜。它在世界范围内的迅速传播和广泛流行,已成为举世瞩目的公共卫生和社会热点问题。我国自1985年发现第一例艾滋病病人以来,艾滋病感染率一直控制在较低水平,然而,随着全球艾滋病流行重心逐渐向亚洲转移,近两年艾滋病的传播速度也呈倍增趋势。截至1997年9月,疫情已波及30个省、自治区、直辖市,累计报告发现艾滋病病毒感染者8千多例,据国内有关单位专家以组分法和德尔菲法测算,我国艾滋病病毒实际感染数应为15万–20万。加之卖淫、嫖娼、吸毒等易于艾滋病传播的危险因素存在,我国面临着艾滋病大面积加速流行的严峻局面。

缺乏预防艾滋病性病的知识是造成艾滋病传播的主要原因。通过宣传教育把有关预防知识交给群众,提高他们的自我防护能力是目前预防和控制艾滋病最有效的方法之一。我国一直坚持把宣传教育作为预防和控制艾滋病的主要措施,但是目前疫情迅速发展的形势,与艾滋病控制有效国家相比,我国宣传教育工作尚缺乏深度、广度和持久性,广大群众接受艾滋病宣传教育的机会十分有限。宣传活动主要集中在大中城市的每年年底的一段时间;在内容上,对艾滋病是可以预防的和正确对待艾滋病病人及感染者的宣传不够,关于推广使用避孕套防病和正确开展性健康教育等敏感问题缺乏统一认识和政策;艾滋病宣传教育的组织工作主要在卫生部门,其他部门虽然也做了不少工作,但总体上讲,全社会和有关部门共同参与的力度不够,尤其是大众媒介的充分参与亟待加强。1996年10月3日国务院召开了防治艾滋病性病协调会议,10月16日–19日卫生部召开了全国艾滋病防治会议,两会强调指出,目前是遏制我国艾滋病快速增长势头的关键时刻,必须不失时机地落实各项预防和控制措施,要求加强宣传教育并作为全社会的共同任务。

根据国务院防治艾滋病性病协调会议的要求,在预防与控制艾滋病宣传教育中应遵循以下原则:

一、强调预防艾滋病宣传教育是加强社会主义精神文明建设的重要内容。

1. 认真贯彻《中共中央关于加强社会主义精神文明建设若干问题的决议》精神，宣传党中央、国务院一直高度重视艾滋病性病防治工作，并把它作为社会主义精神文明建设的一项内容。报道各级政府负责，各部门参与，全社会动员，协调配合、综合治理，最大限度地减轻艾滋病给国家、社会、家庭和个人带来危害的工作情况和成功经验。

2. 结合法制和道德教育，开展《中华人民共和国传染病防治法》、《血液制品管理条例》、《医疗机构管理条例》和《中华人民共和国刑法》等有关法律、法规的宣传教育及公民义务献血和无偿献血的宣传教育。对有意造成艾滋病性病传播，触犯有关法律、法规的重大案例要根据中央的宣传精神和有关主管部门的意见适时予以报道。同时进行遵纪守法，严禁吸毒、贩毒、嫖娼、卖淫，保持和发扬中华民族的传统美德（洁身自爱、保持童贞、忠于配偶、白头偕老等），树立健康积极的恋爱、婚姻、家庭及性观念的教育。

3. 预防艾滋病、性病的宣传教育是大众媒介、宣传教育部门和全社会的共同任务。

对广大群众的宣传，要以大众传媒为主，开展有计划、经常性的预防知识宣传教育，采取群众喜闻乐见、易于接受的宣传形式，如公益性广告、健康与生活话题等。各类院校、宣传教育部门要在现行健康教育课程（活动）或群众性健康教育活动中增加预防艾滋病性病的内容。营业性娱乐场所、流动人口聚集的场所和出国人员较多的单位要备有宣传资料，开展适宜的宣传教育活动。

对重点人群的宣传要在卫生、宣传和有关部门的统一协调安排下开展活动。要采取一些更有针对性的宣传方式，如热线电话、医生咨询或通过制订乡规民约的家庭、社区教育，以及由非政府和社区组织开展心理咨询、同伴教育等进行宣传。选择性地报道这类活动的成功经验和好典型，促进全社会，特别是社区对艾滋病预防工作的关心和参与。对妇女收教所、戒毒所、劳教所、监狱等场所的特殊人群的宣传，在依法加强思想、文化、技术教育、心理健康咨询及其他宣传活动中增加预防控制艾滋病性病的内容。

各部门要对负责预防艾滋病宣传教育的干部，特殊人群的管理人员和有关预防艾滋病的热线电话、咨询机构的工作人员加强培训和管理。

二、把握预防艾滋病宣传教育内容的科学性、准确性和政策性。

1995 年 11 月卫生部疾病控制司制订下发的《预防艾滋病性病宣传教育提纲（试行）》介绍了艾滋病的病原、传播途径、预防手段等知识及开展宣传教育原则、内容、政策和技术等，为各地、各部门开展艾滋病防治知识的宣传教育工作提供了技术指导。经过一年的试行、修改后，可继续作为艾滋病性病宣传教育工作的参考文件。针对目前存在的问题，特提出如下宣传要点：

1. 艾滋病的流行情况及其对个人、家庭、社会和经济发展的严重危害。报道卫生行政部门公布的数据和情况，可用国内外的具体实例教育人们，如针对目前赴泰国、马来西亚旅游、探亲和经商活动日益频繁，适当宣传东南亚地区的流行情况，以唤起人们的警觉。

2. 艾滋病的传播途径和预防方法。要科学地宣传艾滋病的主要传播方式及主要高危行为，如共用注射器吸毒、不良性行为、使用没有严格消毒器具的不安全拔牙、供输血液、注射、美容或其他侵入人体的操作等；同时要告诉人们艾滋病不通过一般公共活动传播，以免造成不必要的恐慌。强调艾滋病是完全可以预防的，在提法中不宜用"绝症""超级癌症"之类词，应使用"艾滋病是一种目前尚无有效治愈方法但是完全可以预防的严重传染病"的提法。

3. 防止对艾滋病病毒感染者和艾滋病病人的歧视宣传，要明确：（1）歧视不利于预防和控制艾滋病的传播，反而极易成为引起社会不安定的因素；（2）每个人都必须懂得预防知识和措施，否则都有感染艾滋病的可能；（3）感染者是无知和疾病的受害者，与其他病人一样需要人们和社会给予人道主义的关心和帮助，即使是由于有过某种过失行为而感染艾滋病病毒也是受害者。要适当报道关怀帮助感染者和病人的典型事例。

三、其他有关问题宣传原则

由于艾滋病的传播，在相当程度上涉及法律、伦理道德和个人隐私等社会问题，防治工作中正确处理治本与治标宣传的关系也具有很强的政策性。治本是结合法制和道德教育进行防病教育，治标是借鉴国外的某些成功经验，如宣传推广使用避孕套防病及吸毒者在戒毒前不共用注射器以防止艾滋病的传播等。因此，要实事求是地理解治本的长期性和防病的紧迫性，讲究宣传策略和方法，其宣传方式须与国情及其他相关政策协调一致。

1. 关于推广使用避孕套预防性病艾滋病传播的宣传

根据国务院批准卫生部下发的《关于加强预防和控制艾滋病工作的意见》中对推广使用避孕套的要求，结合防病话题告诉人们避孕套不仅可以避孕，还能预防通过性途径传播的疾病，如乙肝、丙肝、性病、艾滋病等。同时要让人们认识到避孕套的防病作用是建立在正确使用的基础上，理解避孕套预防艾滋病的效果并不是100%，但远比不使用避孕套要安全。由于避孕套具有避孕和防病的双重功能，因此即使已经采用了上环或结扎等避孕措施，为了防病仍需使用避孕套。

要避免将避孕套作为卖淫佐证的报道。

2. 有关艾滋病疫情的报道

各地要随着疫情的发展，及时报道当地艾滋病的流行情况，帮助群众认识艾滋病，自觉预防艾滋病。在艾滋病疫情报道中，凡涉及感染者、病人的个人情况，未经本人同意，任何单位或个人均不得公开泄露，电视影像的遮挡必须可靠。涉及艾滋病疫情的报道，数字要准确，发稿前应经当地卫生行政部门核实。

3. 关于通过不规范、不安全的供输血、注射、牙科检查治疗等侵入人体医疗操作传播艾滋病的案例以及其他有关违法案例的报道，为不影响正常的执法管理和医疗卫生工作秩序，发稿前应经当地卫生行政部门及审理案件的公安、司法部门核实。

4. 报道艾滋病治疗药物和防治成果时要特别慎重，必须经有关卫生行政部门核实。失实的报道，不但会误导群众产生消极影响，而且可能触犯国家有关药品法规，也有损国家形象。

职业暴露感染艾滋病病毒处理程序规定

国家卫生计生委办公厅关于印发职业暴露
感染艾滋病病毒处理程序规定的通知
国卫办疾控发〔2015〕38 号

各省、自治区、直辖市卫生计生委，新疆生产建设兵团卫生局，中国疾病预防控制中心：

2013 年印发的《职业病分类和目录》（国卫疾控发〔2013〕48 号）将"艾滋病（限于医疗卫生人员及人民警察）"纳入"职业性传染病"类别。为规范职业暴露感染艾滋病病毒的处理程序，并为艾滋病职业暴露诊断提供依据，我委制定了《职业暴露感染艾滋病病毒处理程序规定》（可从国家卫生计生委网站下载）。现印发给你们，请遵照执行。

国家卫生计生委办公厅
2015 年 7 月 8 日

第一章 总 则

第一条 为规范职业暴露感染艾滋病病毒处理程序，为艾滋病职业暴露感染提供诊断依据，制定本规定。

第二条 本规定适用于医疗卫生人员及人民警察等因职业活动发生以下导致感染或可能感染艾滋病病毒的情况：

（一）被含有艾滋病病毒血液、体液污染的医疗器械及其他器具刺伤皮肤的；

（二）被艾滋病病毒感染者或病人的血液、体液污染了皮肤或者黏膜的；

（三）被携带艾滋病病毒的生物样本、废弃物污染了皮肤或者黏膜的；

（四）其他因职业活动发生或可能感染艾滋病的。

第三条 职业暴露感染艾滋病病毒处理程序包括处置和调查工作，工作应当遵循科学、严谨、公正、及时的原则。

第二章 职责分工

第四条 地方各级卫生计生行政部门应当根据职业暴露处置工作需要，指定辖区内具备条件的医疗卫生机构作为艾滋病病毒职业暴露处置机构，并向社会公布名单和相关服务信息。

处置机构承担职业暴露的现场处置、处置指导、暴露后感染危险性评估咨询、预防性治疗、实验室检测、收集、保存接触暴露源的相关信息、信息登记报告以及随访检测等工作。

第五条 省级卫生计生行政部门指定1—2所本省（自治区、直辖市）的医疗卫生机构作为职业暴露感染艾滋病病毒的调查机构，并向社会公布名单。

调查机构承担职业暴露随访期内艾滋病病毒抗体发生阳转者的材料审核、调查工作。

第六条 同一家医疗卫生机构原则上不得同时为处置机构和调查机构。

第七条 中国疾病预防控制中心负责组织专家对全国艾滋病病毒职业暴露感染处置及调查工作进行技术指导。省级疾病预防控制中心负责组织专家对本省艾滋病病毒职业暴露感染处置及调查工作进行技术指导。

第三章 处 置

第八条 医疗卫生人员及人民警察等在职业活动中发生艾滋病病毒职业暴露后，应当及时就近到医疗机构进行局部紧急处理，并在1小时内报告用人单位。用人单位应当在暴露发生后2小时内向辖区内的处置机构报告，并提供相关材料，配合处置工作。

第九条 艾滋病病毒职业暴露防护及暴露后的局部紧急处理、

感染危险性评估要按照《医务人员艾滋病病毒职业暴露防护工作指导原则（试行）》（卫医发〔2004〕108号）有关规定执行。预防性治疗要按照国家免费艾滋病抗病毒药物治疗的有关规定执行。

第十条　处置机构在接到用人单位报告后，应当立即组织人员开展感染危险性评估、咨询、预防性治疗和实验室检测工作，收集、保存接触暴露源的相关信息，填写"艾滋病病毒职业暴露个案登记表"和"艾滋病病毒职业暴露事件汇总表"，并将"艾滋病病毒职业暴露事件汇总表"上传至艾滋病综合防治信息系统。

处置机构应当按照要求在随访期内开展随访检测，及时更新相关信息。

处置机构对暴露情况进行感染危险性评估时，应当首先了解暴露源是否携带艾滋病病毒。对于不清楚感染状况的暴露源，应当在暴露当日采集其样本进行检测。

第十一条　对存在艾滋病病毒职业暴露感染风险的暴露者，处置机构应当在发生暴露24小时内采集其血样，按照《全国艾滋病检测技术规范》的要求检测艾滋病病毒抗体，若抗体初筛检测阴性，需要在随访期内进行动态抗体检测；若抗体初筛检测阳性，进行抗体确证检测，若抗体确证为阳性，视为暴露前感染，将感染者转介到相关医疗卫生机构按规定进行随访干预和抗病毒治疗。

第十二条　处置机构应当妥善保存暴露源样品、暴露者的暴露当日血液样品和随访期内阳转血液样品，必要时应当送调查机构保存备查。样品现场采集时应当至少有2名见证人，每份血液样品含全血1支、血浆2支（每支1毫升以上）。暴露源为病毒培养物标本的，每份标本应当有2支（每支1毫升以上）。样品送检单信息应当与"艾滋病病毒职业暴露个案登记表"相关联。

第四章　调　查

第十三条　在随访期内，暴露者艾滋病病毒抗体发生阳转的，处置机构应当及时报告调查机构，并会同用人单位提交以下材料：

（一）暴露者完整的"艾滋病病毒职业暴露个案登记表"；（处

置机构提供）

（二）暴露者接触过暴露源的相关信息；（处置机构提供）

（三）暴露者与用人单位存在劳动或人事关系等相关证明材料，并写明工种、工作岗位；（用人单位提供）

（四）暴露源携带艾滋病病毒的证明材料；（处置机构提供）

（五）暴露者在随访期内的艾滋病病毒抗体检测报告；（处置机构提供）

第十四条　调查机构组织临床、检验、流行病学等相关领域专家对收到的材料进行审核，必要时可以到处置机构进行核实。

第十五条　对于暴露源阳性，有"艾滋病病毒职业暴露个案登记表"，在暴露 24 小时内检测艾滋病病毒抗体为阴性，随访期内艾滋病病毒抗体阳转的暴露者，为艾滋病病毒职业暴露感染。

对于暴露者在暴露前、后 6 个月内发生过易感染艾滋病病毒的行为，或者有线索显示暴露者感染的病毒不是来自本次职业暴露的，应当根据需要进行分子流行病学检测，并根据检测结果判定暴露感染者感染的病毒是否来自本次职业暴露。

第十六条　调查机构出具的调查结论应当书面告知当事人和用人单位，并作为职业病诊断的重要依据。

第十七条　参与职业暴露处置调查的人员应当依法保护暴露者的个人隐私。

第五章　附　则

第十八条　本办法所称随访期是指发生职业暴露之后 6 个月。处置机构应当分别在暴露 24 小时内及之后的第 4.8、12 周和第 6 个月抽血复查。对于暴露者存在基础疾患或免疫功能低下，产生抗体延迟等特殊情况的，随访期可延长至 1 年。

第十九条　本办法所称暴露源为艾滋病病毒阳性者的血液、体液，被含有艾滋病病毒阳性者血液、体液污染的医疗器械、医疗垃圾及其他器具，以及含艾滋病病毒的生物样本或废弃物等。

第二十条　本办法自发布之日起施行。

中国遏制与防治艾滋病
"十三五"行动计划

国务院办公厅关于印发中国遏制与防治
艾滋病"十三五"行动计划的通知
国办发〔2017〕8 号

各省、自治区、直辖市人民政府，国务院各部委、各直属
机构：

《中国遏制与防治艾滋病"十三五"行动计划》已经
国务院同意，现印发给你们，请认真贯彻执行。

国务院办公厅
2017 年 1 月 19 日

为落实《"健康中国2030"规划纲要》和深化医药卫生体制改
革部署，进一步推进艾滋病防治工作，切实维护广大人民群众身体
健康，制定本行动计划。

一、防治现状

"十二五"期间，各地区、各部门认真贯彻党中央、国务院决
策部署，落实艾滋病防治各项措施，取得了显著进展。艾滋病检测
力度持续加大，经注射吸毒传播、输血传播和母婴传播得到有效控
制，艾滋病病毒感染者和病人（以下简称感染者和病人）发现率提
高 68.1%，病死率降低 57.0%，重点地区疫情快速上升势头得到基
本遏制，全国整体疫情控制在低流行水平，受艾滋病影响人群生活
质量不断提高，社会歧视进一步减轻，基本实现了《中国遏制与防
治艾滋病"十二五"行动计划》总体目标。

目前，我国艾滋病流行形势依然严峻，防治工作中新老问题和
难点问题并存，防治任务更加艰巨。尚有一定数量的感染者和病人

未被检测发现，性传播成为最主要传播途径，男性同性性行为人群感染率持续升高，青年学生感染人数增加较快，卖淫嫖娼等违法犯罪活动、合成毒品滥用及不安全性行为在一定范围存在等诸多因素加大了艾滋病传播风险，社交新媒体的普遍使用增强了易感染艾滋病行为的隐蔽性，人口频繁流动增加了预防干预难度。部分地区和部门对防治工作重视不足，政策落实不到位，防治技术手段有限，防治能力尚不能满足工作需要，社会组织等社会力量参与防治的作用发挥还不够充分，仍需要长期不懈做好艾滋病防治各项工作。

二、总体要求

（一）指导思想

全面贯彻党的十八大和十八届三中、四中、五中、六中全会精神，深入学习贯彻习近平总书记系列重要讲话精神，紧紧围绕统筹推进"五位一体"总体布局和协调推进"四个全面"战略布局，认真落实党中央、国务院决策部署，牢固树立和贯彻落实创新、协调、绿色、开放、共享的发展理念，坚持正确的卫生与健康工作方针，全面落实法定防治职责，巩固当前防治成果，充分利用新技术、新方法，进一步提高防治成效，不断降低艾滋病疫情流行水平，保障人民群众身体健康，奋力推进健康中国建设。

（二）工作原则

坚持政府组织领导、部门各负其责、全社会共同参与；坚持预防为主、防治结合、依法防治、科学防治；坚持综合治理、突出重点、分类指导。

（三）工作目标

最大限度发现感染者和病人，有效控制性传播，持续减少注射吸毒传播、输血传播和母婴传播，进一步降低病死率，逐步提高感染者和病人生存质量，不断减少社会歧视，将我国艾滋病疫情继续控制在低流行水平。

1. 居民艾滋病防治知识知晓率达85%以上。流动人口、青年学生、监管场所被监管人员等重点人群以及易感染艾滋病危险行为人群防治知识知晓率均达90%以上。

2. 男性同性性行为人群艾滋病相关危险行为减少10%以上，其他性传播危险行为人群感染率控制在0.5%以下。参加戒毒药物维持治疗人员年新发感染率控制在0.3%以下。

3. 夫妻一方感染艾滋病家庭的配偶传播率下降到1%以下。艾滋病母婴传播率下降到4%以下。

4. 经诊断发现并知晓自身感染状况的感染者和病人比例达90%以上。符合治疗条件的感染者和病人接受抗病毒治疗比例达90%以上，接受抗病毒治疗的感染者和病人治疗成功率达90%以上，累计接受中医药治疗的人数比2015年增加一倍。

三、防治措施

（一）提高宣传教育针对性，增强公众艾滋病防治意识

加强艾滋病防治宣传教育，根据不同人群特点，开发适宜的宣传材料，提高信息针对性和可接受性。充分发挥社会公众人物影响和互联网、微博、微信等新媒体作用，开展艾滋病疫情信息交流与警示、感染风险评估、在线咨询等活动，增强宣传效果。

1. 深入开展大众人群宣传教育。强化社会主义核心价值观宣传，弘扬中华民族传统美德，引导大众自觉抵制卖淫嫖娼等社会丑恶现象，营造不歧视感染者和病人的社会氛围。宣传、网信、新闻出版广电、卫生计生等部门要充分发挥新闻媒体作用，指导将艾滋病防治宣传列入日常工作计划，每月至少开展1次艾滋病防治公益宣传。各级党校、行政学院、团校等要让学员在校期间接受艾滋病防治知识和政策专题培训。民族事务管理、文化、农业、科技等部门要结合少数民族风俗习惯和社会主义新农村建设以及支农、惠农等活动，开展艾滋病防治宣传教育工作。居（村）民委员会要利用城乡社区综合服务设施，采取大众喜闻乐见的方式开展艾滋病防治宣传，引导健全村规民约，倡导公序良俗。工会、共青团、妇联、红十字会、工商联等单位要深入开展"职工红丝带健康行动"、"青春红丝带"、"妇女'面对面'宣传教育"和"红丝带健康包"等专项行动。

2. 持续加强重点人群宣传教育。对于流动人口、青年学生、老年人、出国劳务人员、监管场所被监管人员等重点人群，应当强化艾滋病感染风险及道德法治教育，提高自我防护能力，避免和减少易感染艾滋病行为。教育、卫生计生和共青团等部门和单位要将性道德、性责任、预防和拒绝不安全性行为作为教育重点，督促学校落实预防艾滋病专题教育任务，积极发挥学生社团、青年志愿者和学生家长的作用，加强学校预防艾滋病和性健康的宣传教育。建立健全学校艾滋病疫情通报制度和定期会商机制，开展高校预防艾滋病教育试点工作并逐步推广。卫生计生、民政、工商和工商联等部门和单位要重点加强流动人口集中的用工单位和居住社区的艾滋病防治宣传工作。人力资源社会保障部门要将艾滋病防治宣传纳入农村劳动力转移培训等职业培训内容。交通运输、质检等部门要利用机场、车站、码头、口岸等场所进行多种形式的艾滋病防治宣传。公安、司法行政等部门要将艾滋病防治宣传纳入监管场所教育内容。公安、司法行政、卫生计生、食品药品监管等部门要将预防艾滋病与禁毒工作相结合，加强合成毒品和滥用物质危害的宣传教育。民政、文化、卫生计生等部门要进一步丰富老年人业余文化生活。

（二）提高综合干预实效性，有效控制性传播和注射吸毒传播

1. 强化社会综合治理。要依法严厉打击卖淫嫖娼、聚众淫乱、吸毒贩毒等违法犯罪活动，加大城乡结合部、农村等薄弱地区打击力度，依法从重处罚容留与艾滋病传播危险行为相关活动的场所和人员。公安部门要落实与艾滋病有关案件的举报和立案处理程序，严厉打击利用感染者身份的违法犯罪活动。公安、卫生计生、食品药品监管等部门要密切监测药物滥用情况，及时将易促进艾滋病传播的滥用物质纳入合成毒品管控范围，依法打击滥用物质的生产、流通和使用行为。宣传、文化、公安、新闻出版广电、网信及通信主管部门要加强网络管理，结合打击网络传播淫秽色情信息等专项行动，及时清理传播色情信息、从事色情和毒品交易的网络平台和社交媒体。

2. 着力控制性传播。加强易感染艾滋病危险行为人群的警示教育和法制宣传，突出疫情和危害严重性、有效防治措施等，促使其避免和减少易感染艾滋病危险行为。工商、质检、旅游、文化、卫生计生等部门要全面落实宾馆等公共场所摆放安全套有关规定，采取措施提高安全套可及性和使用率。男性同性性传播疫情上升较快的大中城市应加强疫情和危险因素监测，开展信息互通、协同干预等联防联控工作，采取医学、心理、社会、文化等手段，探索适合国情的综合干预策略。卫生计生部门要对夫妻一方感染艾滋病家庭全面实施综合干预措施，降低家庭内传播。要加强性病防治，及时对性病病人进行规范化诊断治疗，为性病就诊者提供艾滋病检测咨询服务，对感染者和病人开展性病筛查。

3. 持续减少注射吸毒传播。保持禁毒工作的高压态势，进一步减缓新吸毒人员的增加速度，将艾滋病防治与禁毒工作紧密结合，减少注射吸毒传播艾滋病。公安、卫生计生、司法行政、民政、人力资源社会保障等部门要创新吸毒人员服务管理，最大限度地有效管控吸毒人员，开展针对性的戒毒治疗、康复指导和救助服务，帮助他们戒断毒瘾回归社会。对于适合戒毒药物维持治疗的吸毒人员，应当及时转介到戒毒药物维持治疗机构。卫生计生、公安、食品药品监管等部门要进一步做好戒毒药物维持治疗工作的组织协调、信息交流和监督管理，维护治疗机构秩序，提高服务质量和防治效果。注射吸毒人员相对集中地区应当根据实际情况，增设戒毒药物维持治疗门诊或延伸服药点。戒毒药物维持治疗难以覆盖的地区应当继续开展清洁针具交换工作。

（三）提高检测咨询可及性和随访服务规范性，最大限度发现感染者和减少传播

1. 扩大检测服务范围。卫生计生、质检、公安、司法行政、发展改革、财政等部门要支持进一步健全实验室网络，构建布局合理、方便快捷的艾滋病自愿咨询检测网络，根据需要设置艾滋病确证检测实验室，提高检测能力。县级以上医疗机构、妇幼保健机构、疾病预防控制机构应当具备实验室艾滋病检测能力，疫情严重

地区的社区卫生服务机构和乡镇卫生院应当具备快速检测能力。各地级市和疫情严重的县（市、区）应当具备确证检测能力。有条件的监管场所和检验检疫机构应当设立艾滋病检测实验室或快速检测点。检测机构要主动为有感染艾滋病风险人员提供检测咨询服务。疫情严重地区要将艾滋病、性病检测咨询纳入婚前自愿医学检查和重点公共场所服务人员健康体检。公安、司法行政、卫生计生部门要加强合作，为打击卖淫嫖娼、聚众淫乱、吸毒贩毒活动中抓获人员以及监管场所被监管人员提供艾滋病检测服务。检测机构要创新服务方式，强化主动服务意识，通过网络、电话预约等多种手段，方便有意愿人群接受检测服务。探索通过药店、网络销售检测试剂等方式开展艾滋病自我检测，建立健全与随访服务等工作衔接的机制。

2. 提高随访服务质量。卫生计生部门要按照常住地管理原则，组织疾病预防控制机构、医疗机构、基层医疗卫生机构和社会组织开展随访服务。要切实提高首次随访工作质量，强化对感染者和病人的心理支持、行为干预及检测、医学咨询和转介等工作，告知其合法权益、责任义务和相关政策法规，督促他们及时将感染情况告知与其有性关系者，并动员开展检测。结合定期随访工作，对感染者和病人的行为及健康状况进行科学评估，提供针对性的随访干预服务。做好流动感染者和病人随访服务，建立健全流出地、流入地疾病预防控制机构转介机制。公安、司法行政、卫生计生等部门要做好监管场所感染者和病人告知及医学咨询、心理支持、出入监管场所转介等随访服务。卫生计生、外交、教育、公安、质检、外专等部门要完善对在华外籍感染者的宣传教育、检测咨询、随访干预、治疗管理等相关防治政策。

3. 加强疫情监测研判。医疗卫生机构要严格依法及时报告艾滋病疫情。卫生计生部门要根据艾滋病疫情和危险因素情况，及时调整、优化监测点设置，加强数据收集，提高监测数据质量。质检部门要对出入境人员开展艾滋病监测，及时向卫生计生部门通报疫情。卫生计生部门要强化艾滋病疫情和耐药监测、信息分析和利用，及时向有关部门提供相关信息，为科学决策提供依据，做好疫情和政务信息公开，回应社会关切。

（四）全面落实核酸检测和预防母婴传播工作，持续减少输血传播和母婴传播

1. 落实血液筛查核酸检测工作。卫生计生、发展改革、财政等部门要完善血站服务体系，合理规划设置血站核酸检测实验室，供应临床的血液全部按规定经过艾滋病病毒、乙肝病毒、丙肝病毒核酸检测。做好核酸检测实验室质量控制，加强信息化建设，有效降低血液残余风险度。建立健全无偿献血长效工作机制，提高固定无偿献血者比例，采取有效措施减少易感染艾滋病危险行为人群献血。公安、卫生计生等部门要依法严厉打击非法采供血液（血浆）和组织他人出卖血液（血浆）活动。出入境检验检疫机构要加强对入出境人体组织、血液、血液制品和生物制品检疫。卫生计生部门要加强对各类医疗卫生机构院内感染控制的培训和管理，做好艾滋病职业暴露处置和调查工作，加强工作人员安全防护。

2. 落实预防母婴传播工作。卫生计生部门要以妇幼健康服务网络为平台，将预防艾滋病、梅毒和乙肝母婴传播工作与妇幼健康服务工作有机结合，重点提高经济发展落后、偏远、少数民族地区开展预防母婴传播服务的能力，促进孕产妇及时接受孕期检查和住院分娩，在预防母婴传播工作全面覆盖的基础上提高服务质量。医疗卫生机构应当结合婚前保健、孕前保健、孕产期保健、儿童和青少年保健、性病防治等常规医疗保健服务开展预防艾滋病、梅毒和乙肝母婴传播的健康教育和咨询指导，引导新婚人群、孕产妇尽早接受相关检测，对感染艾滋病、梅毒和乙肝的孕产妇及所生儿童提供治疗、预防性用药、监测、随访、转介等系列干预服务。

（五）全面落实救治救助政策，挽救感染者和病人生命并提高生活质量

1. 全力推进抗病毒治疗工作。卫生计生部门要对有意愿且无治疗禁忌症的感染者和病人实施抗病毒治疗。按照就近治疗原则，科

学合理设置抗病毒治疗定点医疗机构，优化艾滋病检测、咨询、诊断、治疗等工作流程，提高感染者和病人治疗可及性和及时性。疫情严重地区要推广从诊断到治疗"一站式"服务。抗病毒治疗定点医疗机构要严格执行有关诊疗指南，进一步规范治疗管理，加强耐药检测和病情监测，及时更换药物和处理药物不良反应，提高治疗质量和效果。要加强感染者和病人中结核病等机会性感染疾病的筛查、诊断和治疗工作。传染病防治机构、公共卫生机构、承担感染者和病人综合医疗服务的定点医疗机构等要建立健全与抗病毒治疗定点医疗机构的转诊制度，保障感染者和病人得到及时、规范的抗病毒治疗。加强流动人口中感染者和病人治疗工作，探索建立异地治疗工作机制和保障机制。公安、司法行政、卫生计生等部门要密切配合，为监管场所内符合条件的感染者和病人提供规范化治疗。

2. 逐步扩大中医药治疗规模。中医药、卫生计生等部门要充分发挥中医药在防治艾滋病工作中的作用，健全中医药参与艾滋病防治诊疗工作机制，研究形成中西医综合治疗方案，扩大中医药治疗覆盖面。疫情严重地区和有较好工作基础地区要开展中西医综合治疗试点，逐步扩大试点规模。

3. 加强合法权益保障。要依法保障感染者和病人就医、就业、入学等合法权益。卫生计生部门要根据艾滋病疫情变化，适时调整承担综合医疗服务工作的定点医疗机构。疫情严重地区要适当增加定点医疗机构数量，优化布局，保障感染者和病人就医需要。医疗卫生机构要强化首诊（问）负责制，对诊疗服务中发现的感染者和病人，做好接诊、转诊和相关处置工作，不得以任何理由推诿或者拒绝诊治。民政、人力资源社会保障、卫生计生、财政等部门要认真落实社会保障政策，加强相关社会福利、社会保险、社会救助等政策衔接，确保感染者和病人基本医疗、基本养老、基本生活保障等权益。教育、卫生计生等部门要密切配合，保障受艾滋病影响儿童接受教育的合法权益。

4. 强化救助政策落实。要建立孤儿基本生活最低养育标准自然增长机制，为艾滋病致孤儿童和感染儿童及时、足额发放基本生活费，并加强规范管理和信息化建设，鼓励有条件地区为受艾滋病影响儿童提供必要保障。民政、卫生计生、红十字会、工商联等部门和单位要加强对生活困难感染者和病人生活救助，将政府救助与社会关爱相结合，加强对感染者和病人爱心帮扶、情感支持、临终关怀等工作。扶贫、卫生计生等部门要将艾滋病防治与扶贫开发相结合，按照精准扶贫要求，对艾滋病疫情严重的贫困地区加大扶贫开发力度，支持符合扶贫条件、有劳动能力的感染者和病人开展力所能及的生产活动，共享经济和社会发展成果。公安、司法行政、卫生计生、民政等部门要做好违法犯罪感染者和病人回归社会后的治疗、救助等衔接工作。

（六）全面落实培育引导措施，激发社会组织参与活力

1. 发挥社会组织独特优势。要按照创新社会治理体制总体要求，发挥社会组织易于接触特殊人群、工作方式灵活等优势，将社会力量参与艾滋病防治工作纳入整体防治工作计划。卫生计生、财政、民政等部门要鼓励、支持社会组织在易感染艾滋病危险行为人群干预、感染者和病人随访服务、关怀救助等领域开展工作。医疗卫生机构要与社会组织密切合作，加强技术指导，建立信息沟通、业务考核等工作制度，实现防治工作有效衔接。社会组织应当在医疗卫生机构指导下，在易感染艾滋病危险行为人群中开展健康教育、安全套推广、艾滋病咨询和动员检测、艾滋病性病诊疗和戒毒药物维持治疗转介等服务，在感染者和病人中开展心理支持、安全性行为教育和治疗依从性教育等服务，动员感染者和病人的配偶或与其有性关系者主动检测。

2. 发挥社会组织参与艾滋病防治基金引导作用。卫生计生、财政、民政等部门要通过多渠道筹资，扩大社会组织参与艾滋病防治基金规模并完善管理。依据公平、公开、公正原则，通过择优竞争方式，支持具备条件、信誉良好的社会组织开展工作，发挥社会组织孵化基地的作用，培育并支持社区社会组织参与艾滋病防治工作。加强基金项目管理，建立监督评价机制，确保资金

安全，提高项目成效。要组织、动员和支持社会组织申请基金项目，合理设置社会组织孵化基地，加强培训和扶持，促进符合条件的社会组织登记，强化对社会组织的监督与管理，逐步提高社会组织参与艾滋病防治的工作能力。要引导社会组织不断加强自身能力建设，积极申请地方政府的购买艾滋病防治服务项目，并做好项目实施。

3. 动员社会力量广泛参与。发挥工会、共青团、妇联、红十字会、工商联等单位在艾滋病防治工作中的作用。制定并实施优惠政策，动员和支持企业、基金会、有关组织和志愿者开展与艾滋病防治相关的社会宣传、捐款捐物、扶贫救助等公益活动。

四、保障措施

（一）强化组织领导，落实防治责任

各地区要对本行政区域内的艾滋病综合防治工作负总责，进一步加强组织领导，将防治工作纳入政府工作重要议事日程和考核内容，制定符合本地区疫情特点和工作实际的防治规划，定期分析和研判艾滋病流行形势，落实管理责任制，明确部门职责、工作目标和工作任务。要充分发挥地方各级防治艾滋病工作委员会等协调机制作用，加强对防治工作的统筹协调，形成防治合力。疫情严重地区要实行政府一把手负责制，进一步完善艾滋病防治工作机制，有效控制疫情。要认真开展艾滋病综合防治示范区建设工作，探索适合我国不同流行水平、不同传播特点的工作模式，着力解决重点难点问题，增强防治效果。各有关部门要落实防治职责，将艾滋病防治纳入本部门日常工作，制定年度工作计划，建立考核制度。

（二）加强队伍建设，提高防治能力

各地区要根据本地艾滋病防治需要，进一步优化医院、基层医疗卫生、疾病预防控制、妇幼保健、采供血等机构的职责分工和衔接机制，提高整体防治水平。加强艾滋病防治专业队伍建设，提高疾病预防控制机构的疫情分析研判和防治效果评价能力，配齐配强专业人员，加强培训，提高防治能力。要完善承担艾滋病防治任务定点医院补偿机制，按照国家有关规定，落实艾滋病防治人员卫生防疫津贴、医疗卫生津贴等特殊岗位津贴补贴，在绩效工资分配上适当进行倾斜，为防治队伍正常履职尽责提供保障。

（三）加大投入力度，保障防治经费和药品供应

各级政府要根据卫生投入政策，合理安排艾滋病防治经费，逐步加大投入力度，提高资金使用效益。要探索通过政府购买服务等方式支持开展艾滋病防治工作。卫生计生、财政、发展改革等部门要对疫情严重地区、中西部贫困地区的艾滋病防治工作给予重点支持，对中医药治疗艾滋病工作给予扶持。卫生计生、工业和信息化、科技、商务、食品药品监管、知识产权、发展改革、中医药等部门要建立会商机制，加强艾滋病防治药物研发，促进专利实施与运用，加快注册审批，保障药品生产供应。卫生计生、财政、税务、海关等部门要依据相关政策规定适时调整免费抗病毒治疗药品目录，落实相关税收优惠政策。逐步将艾滋病药品采购纳入公共资源交易平台，通过招标采购或国家药品价格谈判机制完善采购供应模式，创新支付、配送服务方式，确保价格合理、配送及时、保障供应、质量安全。

（四）加强科研与国际合作，提升防治水平

科技、卫生计生等部门要按照科技计划管理改革要求，统筹研究部署艾滋病相关重点科研工作。结合"艾滋病和病毒性肝炎等重大传染病防治"、"重大新药创制"科技重大专项和自然科学基金项目等实施，组织科研攻关，重点开展艾滋病疫苗、新型诊断试剂及耐药检测技术、预防母婴传播技术及易感染艾滋病危险行为人群感染预防控制策略、创新药物及二线药物仿制、临床及中西医综合治疗方案优化等研究，力争在防控关键环节取得突破。加大以问题为导向的应用性研究力度，加快成果转化及推广应用，为防治工作提供技术支撑。卫生计生等部门要加强国际合作，借鉴和吸收国际先进理念和防治经验。建立健全与周边国家的合作机制，及时交流疫情及防控信息，共同做好边境地区艾滋病防治工作。开展与国际组织、其他发展中国家的合作交流，通过提供技术支持等方式，推

广中国艾滋病防治经验，扩大国际影响。

五、督导与评估

国务院防治艾滋病工作委员会办公室要制订本行动计划督导与评估方案，组织相关部门开展督导检查，在"十三五"末组织或委托第三方开展评估工作。各地区、各有关部门要对本行动计划实施进展、质量和成效进行督导与评估，将重点任务落实情况作为督查督办的重要事项，确保本行动计划各项任务得到贯彻落实。

国家人口计生委办公厅关于进一步
做好艾滋病预防工作的通知

人口办科技〔2011〕44号

各省、自治区、直辖市人口计生委，新疆生产建设兵团人口计
生委：

为贯彻落实《国务院关于进一步加强艾滋病防治工作的通知》
（国发〔2010〕48号）（以下简称《通知》）精神，扎实履行《艾
滋病防治条例》（以下简称《条例》）赋予人口和计划生育系统的
艾滋病预防工作职责，保护广大人民群众健康权益，现对各级人口
和计划生育部门进一步做好艾滋病预防工作的具体要求通知如下。

一、充分认识人口和计划生育系统开展艾滋病预防工作的重
要性

艾滋病是严重危害人体健康的重大传染病，预防和控制艾滋
病，关系到国家安全和民族兴衰。当前，我国艾滋病防治工作面临
一些新情况，虽然疫情快速上升的势头有所减缓，病死率有所下
降，但艾滋病流行形势依然严峻，部分地区和人群疫情已进入高流
行状态，传播方式更加隐蔽，性传播已成为主要传播途径，有易感
染艾滋病病毒危险行为人群和流动人群防控工作难度加大，防治任
务十分艰巨。当前，我国已婚育龄群众约5.5亿，流动人口约2.2
亿，且大部分流动人口处于性活跃期。加强育龄人群和流动人口的
艾滋病预防工作，对减缓艾滋病从高危人群向一般人群扩散、提高
育龄群众的计划生育生殖健康水平具有重要意义。

二、人口和计划生育系统负有预防艾滋病的重要职责

人口和计划生育管理服务网络是抗击艾滋病的重要力量，人口
和计划生育系统承担着预防艾滋病的法定职责。《条例》明确规定，
"县级以上人民政府人口和计划生育主管部门应当利用计划生育宣
传和技术服务网络，组织开展艾滋病防治的宣传教育。计划生育技

术服务机构向育龄人群提供计划生育技术服务和生殖健康服务时，应当开展艾滋病防治的宣传教育"，"县级以上人民政府卫生、人口和计划生育、工商、药品监督管理、质量监督检验检疫、广播电影电视等部门应当组织推广使用安全套，建立和完善安全套供应网络"。《通知》进一步要求，"充分利用人口和计划生育管理服务网络，向育龄人群、流动人口宣传艾滋病防治知识"。因此，各级人口和计划生育部门要切实担负起预防艾滋病的相关责任。

三、采取多种形式宣传普及艾滋病防治知识

各级人口和计划生育部门要加大对《条例》、《通知》等法规文件的贯彻力度，积极创新宣传手段，广泛深入开展艾滋病防治知识的宣传普及。要采用摆放展板、发放宣传材料、人口学校宣讲、开展针对性咨询等形式，在人口和计划生育技术服务机构内营造艾滋病防治宣传氛围。要重视元旦、春节、三八妇女节、计划生育协会会员活动日、世界人口日、男性健康日、世界艾滋病日等重要纪念日的宣传契机，组织艾滋病防治知识集中宣传。要借助"你在他乡还好吗"和流动人口"关怀关爱"专项活动等人口计生系统的品牌项目，做好艾滋病防治知识的宣传教育，切实提高流动人口的自我保健意识。要注意开发运用互联网、手机等新型传播媒介，不断拓展宣传教育渠道。

各级人口和计划生育部门要切实发挥人口和计划生育技术服务机构的艾滋病预防宣传作用，在向群众提供计划生育生殖健康服务的过程中，组织计划生育技术服务人员大力开展艾滋病宣传咨询服务。要将艾滋病疫情行势、生殖健康知识、艾滋病防治知识、艾滋病防治政策纳入宣传咨询的重要内容。要向群众宣传使用安全套是阻断艾滋病经性传播的有效途径，积极推广使用安全套，做好已婚育龄人群安全套免费发放和农民工的安全套发放工作。要充分利用流动服务车深入乡村和技术服务人员上门随访的服务形式，向广大育龄群众提供艾滋病宣传咨询。

四、切实加强艾滋病预防工作的组织领导

生育部门要从科学发展观的高度，充分认识艾滋病防治工作的重要性、长期性和艰巨性。以对党和国家负责、对民族长远发展负责、对人民负责的态度，把艾滋病预防工作纳入重要议事日程，切实加强领导。要组织学习《条例》和《通知》精神，提高人口和计划生育系统开展预防艾滋病工作的自觉性、积极性和有效性。要落实工作经费，制定工作计划，建立工作制度，抓好任务落实。要加强对各级计划生育技术服务人员的培训力度，不断提高宣传咨询能力。要及时总结工作经验，查找存在问题，积极开展地区间的经验交流和学习，切实履行好人口和计划生育系统的艾滋病预防职责。

国家人口计生委办公厅

二〇一一年十一月九日

关于进一步落实受艾滋病影响
儿童医疗教育和生活保障等
政策措施的通知

国卫办疾控发〔2014〕72号

各省、自治区、直辖市卫生计生委、教育厅局、民政厅局，新疆生产建设兵团卫生局、教育局、民政局：

为进一步贯彻落实《艾滋病防治条例》、《国务院关于进一步加强艾滋病防治工作的通知》（国发〔2010〕48号）和《中国遏制与防治艾滋病"十二五"行动计划》（国办发〔2012〕4号），确保受艾滋病影响儿童医疗、教育和生活保障等政策措施落实到位，现重申以下要求：

一、努力消除对受艾滋病影响儿童的社会歧视

各地要切实加强艾滋病防治知识的宣传教育，让群众正确认识和科学防治艾滋病，知晓日常生活接触不会传播艾滋病，排斥和歧视艾滋病患者无助于防治艾滋病，消除对艾滋病患者的恐惧心理，提高群众防治艾滋病知识的认知度。加大《艾滋病防治条例》普法宣传，任何单位和个人不得歧视艾滋病病毒感染者、艾滋病病人及其家属，艾滋病病毒感染者和病人及其家属享有的就医、入学等合法权益受法律保护。弘扬社会主义核心价值观，倡导和谐、文明、友善的价值理念，形成全社会共同抗击艾滋病、关心爱护受艾滋病影响儿童的良好社会氛围。要因地制宜地采取形式多样、群众喜闻乐见、通俗易懂的方式，进一步加大对农村地区、边远、贫困和少数民族地区的宣传教育力度，努力做到家喻户晓、妇孺皆知。

二、切实落实受艾滋病影响儿童的各项政策措施

（一）进一步落实受艾滋病影响儿童的医疗服务

各地要切实加强预防艾滋病母婴传播工作，有效降低感染艾滋病病毒孕产妇母婴传播风险。对艾滋病病毒感染儿童，要落实定期

随访检测、抗病毒治疗和心理关怀等服务。要做好受艾滋病影响儿童的医疗救治、救助工作，各级医疗卫生机构应当落实首诊（问）负责制，对诊疗服务中发现的艾滋病病毒感染儿童，按照有关规定做好接诊和处置工作，不得以任何理由推诿或者拒绝诊治。加强基本医疗保险、大病保险、医疗救助等制度的有效衔接，切实减轻其医疗负担。

（二）进一步落实受艾滋病影响儿童接受教育的合法权益

各地教育行政部门和学校要在当地政府的统一领导下，与卫生计生、民政等部门密切配合，保障受艾滋病影响儿童接受教育的合法权益。在学前教育阶段、义务教育阶段、高中阶段和高等教育阶段家庭困难学生的资助体系中统筹解决受艾滋病影响儿童的资助问题，保证不让受艾滋病影响儿童因家庭困难上不起学或辍学。要加强对学校教师的宣传教育，增进教师对艾滋病综合防治知识的了解，引导学生平等对待受艾滋病影响儿童，及时化解受艾滋病影响儿童的心理问题，解决其学习困难。对少数入学困难的受艾滋病影响儿童，各地教育部门要妥善安排。

（三）进一步落实受艾滋病影响儿童的基本生活保障

各地要全面落实艾滋病致孤儿童和艾滋病病毒感染儿童的基本生活保障制度，按照民政部、财政部《关于发放孤儿基本生活费的通知》（民发〔2010〕161号）及《关于发放艾滋病病毒感染儿童基本生活费的通知》（民发〔2012〕179号）要求，及时、足额为艾滋病致孤儿童和艾滋病病毒感染儿童发放基本生活费，并建立基本生活最低养育标准自然增长机制。同时要进一步加强艾滋病病毒感染儿童基本生活费规范管理，建立民政、卫生计生部门联合审核上报机制，防止冒领、侵占现象的发生。要按照《社会救助暂行办法》的规定，确保将所有符合条件的受艾滋病影响儿童及时纳入城乡低保、特困人员供养范围，做到应保尽保；对受艾滋病影响导致基本生活暂时出现严重困难的家庭，给予临时救助。要用足用好社会救助、社会福利、社会保险和慈善捐赠等相关政策和资源，切实保障受艾滋病影响儿童的基本生活。

三、依法保护受艾滋病影响儿童的隐私

各地要依法加强对受艾滋病影响儿童的隐私保护，未经监护人同意，任何单位或者个人不得将儿童的姓名、住址、学校、肖像、病史资料以及其他可能推断出其具体身份的信息公开。对于泄露艾滋病病毒感染儿童信息的，依法进行处理。要教育和引导监护人和其他知情人避免将艾滋病病毒感染儿童的感染状况和其他信息告知无关人员，防止因信息泄露对儿童生活、学习、心理等方面造成不必要的伤害。

四、进一步加强督导检查

各级卫生计生、教育和民政部门要加大受艾滋病影响儿童医疗、教育和生活保障等政策措施落实情况的督导检查力度。对推诿或者拒绝受艾滋病影响儿童入学、就医，以及截留、冒领或不按照规定为艾滋病致孤儿童和艾滋病病毒感染儿童发放基本生活费的单位和个人，要依法依规严肃处理。国家卫生计生委、教育部和民政部将于近期组成联合督导组，对政策落实情况开展抽查。

国家卫生计生委办公厅
教育部办公厅 民政部办公厅
2014 年 12 月 21 日

关于进一步推进艾滋病防治工作的通知

国卫疾控发〔2013〕33 号

各省、自治区、直辖市卫生厅局（卫生计生委）、发展改革委、民政厅（局）、财政厅局、人力资源社会保障厅局、扶贫办（局），新疆生产建设兵团卫生局、发展改革委、民政局、财务局、人力资源社会保障局、扶贫办：

近年来，各地认真贯彻《国务院关于进一步加强艾滋病防治工作的通知》（国发〔2010〕48 号）和《中国遏制与防治艾滋病"十二五"行动计划》（国办发〔2012〕4 号），切实落实各项艾滋病防治工作措施，防治工作取得明显成效。当前，经性传播成为艾滋病主要传播途径，预防控制工作难度加大，随着艾滋病病毒感染者和病人增加，医疗救治、关怀救助任务日益加重。为有效控制艾滋病疫情，现就有关工作通知如下：

一、坚持预防为主，进一步加强艾滋病预防控制工作

各地要将预防为主、减少艾滋病新发感染作为当前的首要工作任务，切实落实各项预防控制措施。将经常性艾滋病防治宣传教育与重点时段宣传教育相结合，大力宣传艾滋病的危害、传播途径和预防措施等知识，提高群众防治艾滋病意识和能力。根据本地艾滋病疫情及行为危险因素监测情况，对重点人群加强宣传教育，并根据其人口学特点、行为方式、接受能力等，开展形式多样的宣传教育活动，倡导建立健康文明的生活方式。

要根据当地艾滋病防治工作需要，优化自愿咨询检测点的设置，提高有条件的医院、乡镇卫生院、社区卫生服务中心和计划生育服务站筛查、检测能力，形成布局合理、功能完善的艾滋病检测网络，确保检测服务方便可及。加强对高危行为人群的艾滋病危害警示教育和综合干预，创新干预方法，提高干预质量，促进其主动检测、减少高危行为。加强对孕产妇的筛查，对感染艾滋病的孕产

妇及其所生儿童要切实落实综合干预措施。大力推动无偿献血，强化血液安全管理，推进血站核酸检测工作。全面开展使用抗病毒治疗药物预防配偶间传播工作，积极探索在男性同性性行为人群中使用抗病毒治疗药物预防传播的有效模式。加强艾滋病病毒感染者和病人的法制宣传和道德教育，增强其法制观念和社会责任感。对于故意传播艾滋病和利用感染者身份进行违法犯罪活动的，应依法打击。

二、改进医疗服务，进一步维护艾滋病患者就医权益

要认真贯彻国家关于加强艾滋病患者医疗服务工作的有关要求，科学布局，指定具备条件的医院承担艾滋病患者的综合医疗服务工作（以下简称定点医院），并及时向社会公布。要强化医疗机构首诊（问）负责制，对诊疗服务中发现的艾滋病患者，做好接诊和相关处置工作，不得以任何理由推诿或者拒绝诊治。在不具备相关诊疗条件时，首诊医疗机构要及时转诊至定点医院，不适宜转诊的，由卫生计生行政部门组织定点医院医务人员到首诊医疗机构开展诊断、治疗及相关医疗服务工作。各地卫生计生行政部门要加强监督检查，对推诿或者拒绝为艾滋病患者诊治的医疗机构和医务人员，要依法依规严肃处理。

建立医疗机构、疾病预防控制机构、妇幼保健机构协调工作机制，优化艾滋病检测、咨询、诊断、治疗、预防母婴传播等工作流程，提高工作效率，切实缩短从检测到治疗时间，保证感染者和病人及时接受抗病毒治疗和预防母婴传播干预措施。加强抗病毒治疗工作，及时对符合治疗条件的患者开展规范性治疗、用药指导和病情监测，及时处理药物不良反应。充分发挥中医药在防治艾滋病工作中的作用，探索中西医结合的综合治疗方案，提高治疗依从性和治疗质量，进一步降低病死率。有条件的地区，要组织医疗卫生机构，联合为艾滋病患者共同提供检测、咨询、诊断和治疗的"一站式"服务。

三、做好制度衔接，进一步提高感染者关怀救助水平

各地要将艾滋病机会性感染纳入新农合大病保障范围，尚未纳

入的省份要在 2014 年 6 月底前完成纳入。完善落实职工医保大额医疗费用补助等补充保险政策，推进城乡居民大病保险试点，对艾滋病机会性感染病人符合规定的医疗费用，医疗保险基金按规定支付。积极推进对符合条件的艾滋病机会性感染病人的医疗救助工作，加强医疗救助与基本医疗保险、大病保险和其他社会救助制度的有效衔接，切实减轻患者医疗负担。积极推行基本医疗保险、大病保险、医疗救助的"一站式"即时结算，方便患者结算。

进一步加强对艾滋病患者的关怀救助工作，逐步形成"政府救助与社会关爱相结合，艾滋病防治与扶贫开发相结合"的工作体系。对符合条件的艾滋病患者，应当按照规定纳入城乡低保、农村五保供养、基本养老保险范围。按照国家相关生活补助政策要求，结合本地实际，合理确定艾滋病致孤儿童和艾滋病病毒感染儿童的基本生活费标准和发放程序，在保证及时、足额发放的同时，切实保护好个人隐私。结合各地扶贫开发工作，对符合扶贫条件、有劳动能力的艾滋病患者，通过贴息贷款、小额信贷等方式，采取以工代赈、就业促进等形式，支持开展力所能及的生产活动，增加家庭收入。积极动员社会力量，弘扬中华民族扶危济困的传统美德，为艾滋病患者献爱心、送温暖。

四、创新社会管理，进一步动员社会力量参与防治工作

各地要按照改革社会组织管理制度的总体要求，积极引导社会组织有序参与艾滋病防治工作。对符合条件的社会组织，要予以登记。鼓励各地探索建立防治艾滋病社会组织培育基地，为达不到登记条件的社会组织提供办公场地、信息、资金和技术等支持，逐步提高防治艾滋病社会组织工作能力，促进其尽快达到登记条件。

要按照《国务院办公厅关于政府向社会力量购买服务的指导意见》（国办发〔2013〕96 号）要求，通过择优竞争的方式，依据"公平、公开、公正"的原则，将宣传教育、动员检测、干预服务、心理支持和关怀救助等适合市场化方式提供的防治艾滋病服务，交由具备条件、信誉良好的社会力量承担。制订明确的防治服务内容和规范要求，确保服务质量。加强医疗卫生机构与社会组织协作，

建立信息沟通制度，实现防治工作有效衔接。研究建立严格的监督评价机制、优胜劣汰的竞争机制和退出机制，加强对购买服务的监督评估，确保目标人群获得优质服务。

五、落实防护措施，进一步保障相关人员职业健康

各地要科学制订职业暴露感染艾滋病应急预案，根据本地实际情况，按照"布局合理，储备充足，安全有效，使用方便"的原则，调整设置职业暴露预防药品储备库，并及时通知有职业暴露风险的机构。有职业暴露风险的机构要完善预防控制职业暴露的工作制度，全面开展职业防护知识教育和技能培训，为相关人员配备必要的防护用品，并按照应急预案的要求及时处置有关人员发生的职业暴露。

职业病诊断与鉴定机构要认真学习贯彻新修订的《职业病分类和目录》，切实提高职业暴露感染艾滋病的诊断能力和水平，及时对疑似职业暴露感染艾滋病的人员进行诊断。诊断明确并认定为工伤的，人力资源社会保障部门和用人单位要按照工伤保险政策，落实有关待遇。职业暴露感染艾滋病人员所在单位要加强对他们的关怀照顾，妥善解决其工作、生活中的实际困难。

六、加强体系建设，进一步提高艾滋病防治工作能力

各地要结合深化医药卫生体制改革工作的推进，优化配置医疗卫生和计划生育服务资源，充分发挥医院、基层医疗卫生机构、疾病预防控制机构、妇幼保健机构、血站、计划生育技术服务机构和计划生育协会在防治艾滋病工作中的优势，形成合力。进一步加强医疗卫生机构艾滋病防治能力建设，逐步提升医疗卫生机构防治水平。根据艾滋病治疗需要和医保基金、财政等各方面承受能力，在基本药物目录中适当增加抗艾滋病病毒治疗和机会性感染治疗药品的种类，完善艾滋病治疗药品供应保障体系。针对防治工作中的突出问题，结合"艾滋病和病毒性肝炎重大传染病防治"专项和"重大新药创制"专项的实施，组织科研攻关，落实科技示范区工作任务，加大成果转化，为防治工作提供技术支撑。

为了适应当前艾滋病防治需要，探索适合我国不同流行水平、

不同传播类型地区的工作模式，国家将在认真总结前两轮艾滋病综合防治示范区经验的基础上，开展第三轮艾滋病综合防治示范区工作，鼓励地方因地制宜地完善工作机制，健全防治体系，提升防治能力，创新工作方法，优化防治服务，提高防治效果。各省（区、市）要加强对艾滋病防治工作的组织领导，落实防治责任，加大投入力度，并结合本地实际情况，建立省级艾滋病综合防治示范区。通过国家级、省级示范区的建设，带动艾滋病防治工作的全面深入开展，促进"十二五"防治目标的实现。

国家卫生计生委　国家发展改革委　民政部
财政部　人力资源社会保障部　国务院扶贫办
2013 年 11 月 30 日

结核病防治管理办法

中华人民共和国卫生部令
第 92 号

《结核病防治管理办法》已于 2013 年 1 月 9 日经卫生部
部务会审议通过，现予公布，自 2013 年 3 月 24 日起施行。

中华人民共和国卫生部部长
2013 年 2 月 20 日

第一章 总 则

第一条 为进一步做好结核病防治工作，有效预防、控制结核
病的传播和流行，保障人体健康和公共卫生安全，根据《中华人民
共和国传染病防治法》及有关法律法规，制定本办法。

第二条 坚持预防为主、防治结合的方针，建立政府组织领
导、部门各负其责、全社会共同参与的结核病防治机制。加强宣传
教育，实行以及时发现患者、规范治疗管理和关怀救助为重点的防
治策略。

第三条 卫生部负责全国结核病防治及其监督管理工作，县级
以上地方卫生行政部门负责本辖区内的结核病防治及其监督管理
工作。

卫生行政部门应当积极协调有关部门加强结核病防治能力建设，逐步构建结核病定点医疗机构、基层医疗卫生机构、疾病预防控制机构分工明确、协调配合的防治服务体系。

第四条 各级各类医疗卫生机构应当按照有关法律法规和卫生行政部门的规定，在职责范围内做好结核病防治的疫情监测和报告、诊断治疗、感染控制、转诊服务、患者管理、宣传教育等工作。

第二章 机构与职责

第五条 卫生部组织制定全国结核病防治规划、技术规范和标准；统筹医疗卫生资源，建设和管理全国结核病防治服务体系；对全国结核病防治工作进行监督检查及评价。

第六条 县级以上地方卫生行政部门负责拟订本辖区内结核病防治规划并组织实施；组织协调辖区内结核病防治服务体系的建设和管理，指定结核病定点医疗机构；统筹规划辖区内结核病防治资源，对结核病防治服务体系给予必要的政策和经费支持；组织开展结核病防治工作的监督、检查和绩效评估。

第七条 疾病预防控制机构在结核病防治工作中履行以下职责：

（一）协助卫生行政部门开展规划管理及评估工作；

（二）收集、分析信息，监测肺结核疫情；及时准确报告、通报疫情及相关信息；开展流行病学调查、疫情处置等工作；

（三）组织落实肺结核患者治疗期间的规范管理；

（四）组织开展肺结核或者疑似肺结核患者及密切接触者的追踪工作；

（五）组织开展结核病高发和重点行业人群的防治工作；

（六）开展结核病实验室检测，对辖区内的结核病实验室进行质量控制；

（七）组织开展结核病防治培训，提供防治技术指导；

（八）组织开展结核病防治健康教育工作；

（九）开展结核病防治应用性研究。

第八条　结核病定点医疗机构在结核病防治工作中履行以下职责：

（一）负责肺结核患者诊断治疗，落实治疗期间的随访检查；

（二）负责肺结核患者报告、登记和相关信息的录入工作；

（三）对传染性肺结核患者的密切接触者进行检查；

（四）对患者及其家属进行健康教育。

第九条　非结核病定点医疗机构在结核病防治工作中履行以下职责：

（一）指定内设职能科室和人员负责结核病疫情的报告；

（二）负责结核病患者和疑似患者的转诊工作；

（三）开展结核病防治培训工作；

（四）开展结核病防治健康教育工作。

第十条　基层医疗卫生机构在结核病防治工作中履行以下职责：

（一）负责肺结核患者居家治疗期间的督导管理；

（二）负责转诊、追踪肺结核或者疑似肺结核患者及有可疑症状的密切接触者；

（三）对辖区内居民开展结核病防治知识宣传。

第三章　预　防

第十一条　各级各类医疗卫生机构应当开展结核病防治的宣传教育，对就诊的肺结核患者及家属进行健康教育，宣传结核病防治政策和知识。

基层医疗卫生机构定期对辖区内居民进行健康教育和宣传。

疾病预防控制机构对易患结核病重点人群和重点场所进行有针对性的健康教育和宣传工作。

第十二条　根据国家免疫规划对适龄儿童开展卡介苗预防接种工作。

承担预防接种工作的医疗卫生机构应当按照《疫苗流通和预防接种管理条例》和预防接种工作规范的要求，规范提供预防接种服务。

第十三条 医疗卫生机构在组织开展健康体检和预防性健康检查时，应当重点做好以下人群的肺结核筛查工作：

（一）从事结核病防治的医疗卫生人员；

（二）食品、药品、化妆品从业人员；

（三）《公共场所卫生管理条例》中规定的从业人员；

（四）各级各类学校、托幼机构的教职员工及学校入学新生；

（五）接触粉尘或者有害气体的人员；

（六）乳牛饲养业从业人员；

（七）其他易使肺结核扩散的人员。

第十四条 医疗卫生机构要制订结核病感染预防与控制计划，健全规章制度和工作规范，开展结核病感染预防与控制相关工作，落实各项结核病感染防控措施，防止医源性感染和传播。

结核病定点医疗机构应当重点采取以下感染预防与控制措施：

（一）结核病门诊、病房设置应当符合国家有关规定；

（二）严格执行环境卫生及消毒隔离制度，注意环境通风；

（三）对于被结核分枝杆菌污染的痰液等排泄物和污物、污水以及医疗废物，应当按照医疗废物管理的相关规定进行分类收集、暂存及处置；

（四）为肺结核可疑症状者或者肺结核患者采取必要的防护措施，避免交叉感染发生。

第十五条 医务人员在工作中严格遵守个人防护的基本原则，接触传染性肺结核患者或者疑似肺结核患者时，应当采取必要的防护措施。

第十六条 疾病预防控制机构、医疗机构、科研等单位的结核病实验室和实验活动，应当符合病原微生物生物安全管理各项规定。

医疗机构实验室的结核病检测工作，按照卫生部医疗机构临床实验室管理的规定进行统一管理和质量控制。

第十七条　肺结核疫情构成突发公共卫生事件的，应当按照有关预案采取以下控制措施：

（一）依法做好疫情信息报告和风险评估；

（二）开展疫情流行病学调查和现场处置；

（三）将发现的肺结核患者纳入规范化治疗管理；

（四）对传染性肺结核患者的密切接触者进行医学观察，必要时在征得本人同意后对其实施预防性化疗；

（五）开展疫情风险沟通和健康教育工作，及时向社会公布疫情处置情况。

第四章　肺结核患者发现、报告与登记

第十八条　各级各类医疗机构应当对肺结核可疑症状者及时进行检查，对发现的确诊和疑似肺结核患者应当按照有关规定进行疫情报告，并将其转诊到患者居住地或者就诊医疗机构所在地的结核病定点医疗机构。

第十九条　卫生行政部门指定的医疗卫生机构应当按照有关工作规范，对艾滋病病毒感染者和艾滋病患者进行结核病筛查和确诊。

第二十条　基层医疗卫生机构协助县级疾病预防控制机构，对已进行疫情报告但未到结核病定点医疗机构就诊的肺结核患者和疑似肺结核患者进行追踪，督促其到结核病定点医疗机构进行诊断。

第二十一条　结核病定点医疗机构应当对肺结核患者进行诊断，并对其中的传染性肺结核患者的密切接触者进行结核病筛查。

承担耐多药肺结核防治任务的结核病定点医疗机构应当对耐多药肺结核可疑者进行痰分枝杆菌培养检查和抗结核药物敏感性试验。

第二十二条　结核病定点医疗机构对肺结核患者进行管理登

记。登记内容包括患者诊断、治疗及管理等相关信息。结核病定点医疗机构应当根据患者治疗管理等情况，及时更新患者管理登记内容。

第二十三条 结核病疫情的报告、通报和公布，依照《传染病防治法》的有关规定执行。

第五章 肺结核患者治疗与管理

第二十四条 对发现的肺结核患者进行规范化治疗和督导管理。

第二十五条 结核病定点医疗机构应当为肺结核患者制定合理的治疗方案，提供规范化的治疗服务。

设区的市级以上结核病定点医疗机构严格按照实验室检测结果，为耐多药肺结核患者制定治疗方案，并规范提供治疗。

第二十六条 各级各类医疗机构对危、急、重症肺结核患者负有救治的责任，应当及时对患者进行医学处置，不得以任何理由推诿，不得因就诊的患者是结核病病人拒绝对其其他疾病进行治疗。

第二十七条 疾病预防控制机构应当及时掌握肺结核患者的相关信息，督促辖区内医疗卫生机构落实肺结核患者的治疗和管理工作。

第二十八条 基层医疗卫生机构应当对居家治疗的肺结核患者进行定期访视、督导服药等管理。

第二十九条 卫生行政部门指定的医疗机构应当按照有关工作规范对结核菌/艾滋病病毒双重感染患者进行抗结核和抗艾滋病病毒治疗、随访复查和管理。

第三十条 医疗卫生机构对流动人口肺结核患者实行属地化管理，提供与当地居民同等的服务。

转出地和转入地结核病定点医疗机构应当及时交换流动人口肺结核患者的信息，确保落实患者的治疗和管理措施。

第六章　监督管理

第三十一条　县级以上地方卫生行政部门对结核病防治工作行使下列监管职责：

（一）对结核病的预防、患者发现、治疗管理、疫情报告及监测等管理措施落实情况进行监管；

（二）对违反本办法的行为责令被检查单位或者个人限期进行改进，依法查处；

（三）负责预防与控制结核病的其他监管事项。

第三十二条　县级以上地方卫生行政部门要重点加强对相关单位以下结核病防治工作的监管：

（一）结核病定点医疗机构的诊断、治疗、管理和信息录入等工作；

（二）疾病预防控制机构的结核病疫情监测与处置、流行病学调查、高发和重点行业人群防治、实验室检测和质量控制、实验室生物安全、督导、培训和健康促进等工作；

（三）基层医疗卫生机构的转诊、追踪、患者督导管理和健康教育等工作；

（四）非结核病定点医疗机构的结核病疫情报告、转诊、培训、健康教育等工作。

第三十三条　卫生行政部门依照本办法实施监管职责时，根据结核病防治工作的需要，可向有关单位和个人了解情况，索取必要的资料，对有关场所进行检查。在执行公务中应当保护患者的隐私，不得泄漏患者个人信息及相关资料等。被检查单位和个人应当予以配合，如实提供有关情况，不得拒绝、阻挠。

第七章　法律责任

第三十四条　县级以上地方卫生行政部门有下列情形之一的，

由上级卫生行政部门责令改正，通报批评；造成肺结核传播、流行或者其他严重后果的，对负有责任的主管人员和其他直接责任人员，依法给予行政处分；构成犯罪的，依法追究刑事责任：

（一）未履行肺结核疫情报告职责，或者瞒报、谎报、缓报肺结核疫情的；

（二）未及时采取预防、控制措施导致发生或者可能发生肺结核传播的；

（三）未履行监管职责，或者发现违法行为不及时查处的。

第三十五条 疾病预防控制机构违反本办法规定，有下列情形之一的，由县级以上卫生行政部门责令限期改正，通报批评，给予警告；对负有责任的主管人员和其他直接责任人员，依法给予处分；构成犯罪的，依法追究刑事责任：

（一）未依法履行肺结核疫情监测、报告职责，或者隐瞒、谎报、缓报肺结核疫情的；

（二）发现肺结核疫情时，未依据职责及时采取措施的；

（三）故意泄露涉及肺结核患者、疑似肺结核患者、密切接触者个人隐私的有关信息、资料的；

（四）未履行对辖区实验室质量控制、培训等防治职责的。

第三十六条 医疗机构违反本办法规定，有下列情形之一的，由县级以上卫生行政部门责令改正，通报批评，给予警告；造成肺结核传播、流行或者其他严重后果的，对负有责任的主管人员和其他直接责任人员，依法给予处分；构成犯罪的，依法追究刑事责任：

（一）未按照规定报告肺结核疫情，或者隐瞒、谎报、缓报肺结核疫情的；

（二）非结核病定点医疗机构发现确诊或者疑似肺结核患者，未按照规定进行转诊的；

（三）结核病定点医疗机构未按照规定对肺结核患者或者疑似肺结核患者诊断治疗的，或者拒绝接诊的；

（四）未按照有关规定严格执行隔离消毒制度，对结核菌污染的痰液、污物和污水未进行卫生处理的；

（五）故意泄露涉及肺结核患者、疑似肺结核患者、密切接触者个人隐私的有关信息和资料的。

第三十七条 基层医疗卫生机构违反本办法规定，有下列情形之一的，由县级卫生行政部门责令改正，给予警告：

（一）未履行对辖区内肺结核患者居家治疗期间的督导管理职责的；

（二）未按照规定转诊、追踪肺结核患者或者疑似肺结核患者及有可疑症状的密切接触者。

第三十八条 其他单位和个人违反本办法规定，导致肺结核传播或者流行，给他人人身、财产造成损害的，应当依法承担民事责任；构成犯罪的，依法追究刑事责任。

第八章　附　则

第三十九条 本办法下列用语含义：

肺结核可疑症状者：咳嗽、咯痰2周以上以及咯血或者血痰是肺结核的主要症状，具有以上任何一项症状者为肺结核可疑症状者。

疑似肺结核患者：凡符合下列条件之一者为疑似病例。（1）有肺结核可疑症状的5岁以下儿童，同时伴有与传染性肺结核患者密切接触史或者结核菌素试验强阳性；（2）仅胸部影像学检查显示与活动性肺结核相符的病变。

传染性肺结核：指痰涂片检测阳性的肺结核。

密切接触者：指与传染性肺结核患者直接接触的人员，包括患者的家庭成员、同事和同学等。

耐多药肺结核：肺结核患者感染的结核分枝杆菌体外被证实至少同时对异烟肼和利福平耐药。

结核菌/艾滋病病毒双重感染：指艾滋病病毒感染者或者艾滋病患者发生活动性肺结核，或者结核病患者感染艾滋病病毒。

转诊：指各级医疗卫生机构将发现的疑似或确诊的肺结核患者转至结核病定点医疗机构。

追踪：指基层医疗卫生机构在疾病预防控制机构的指导下，对未到结核病定点医疗机构就诊的肺结核患者和有可疑症状的密切接触者进行追访，使其到结核病定点医疗机构就诊。

基层医疗卫生机构：指乡镇卫生院、村卫生室和城市社区卫生服务机构。

第四十条 本办法由卫生部负责解释。

第四十一条 本办法自 2013 年 3 月 24 日起施行。1991 年 9 月 12 日卫生部公布的《结核病防治管理办法》同时废止。

附　录

"十三五"全国结核病防治规划

国务院办公厅关于印发"十三五"
全国结核病防治规划的通知
国办发〔2017〕16 号

各省、自治区、直辖市人民政府，国务院各部委、各直属
机构：

　　《"十三五"全国结核病防治规划》已经国务院同意，
现印发给你们，请认真贯彻执行。

国务院办公厅
2017 年 2 月 1 日

　　为进一步减少结核病危害，加快推进健康中国建设，根据《中华人民共和国传染病防治法》，结合深化医改要求，制定本规划。

　　一、防治现状

　　结核病以肺结核为主，是严重危害人民群众身体健康的重大传染病之一。"十二五"期间，各地区、各有关部门认真贯彻党中央、国务院决策部署，依法履行结核病防治职责，落实各项防治措施，进一步健全结核病防治服务体系，取得了明显成效。全国结核病疫情呈逐年下降趋势，共发现并治疗管理活动性肺结核患者 427 万例，成功治疗率保持在 85% 以上，肺结核报告发病率、死亡率明显下降，基本实现了"十二五"规划目标。

同时，我国结核病防治工作还面临着诸多问题与挑战。目前我国仍是全球 30 个结核病高负担国家之一，每年新发结核病患者约 90 万例，位居全球第 3 位。结核病发病人数仍然较多，中西部地区、农村地区结核病防治形势严峻。但我国现行结核病防治服务体系和防治能力还不能满足新形势下防治工作需要，部分结核病定点医疗机构诊治条件较差，防治所需设施设备不足，基层防治力量薄弱，流动人口结核病发现和治疗管理难度大，公众对结核病防治知识认知度不高，防范意识普遍不强。"十三五"时期是我国结核病防治的关键时期，需要各地区、各有关部门采取有效可行措施，坚决防控疫情，保障人民群众身体健康。

二、总体要求

（一）指导思想

全面贯彻党的十八大和十八届三中、四中、五中、六中全会精神，深入贯彻习近平总书记系列重要讲话精神和治国理政新理念新思想新战略，认真落实党中央、国务院决策部署，按照"五位一体"总体布局和"四个全面"战略布局，牢固树立和贯彻落实创新、协调、绿色、开放、共享的发展理念，坚持正确的卫生与健康工作方针，以深化医药卫生体制改革为动力，强化结核病患者发现报告、诊断治疗和随访服务等全环节管理，全面推进结核病防治工作，提升全民健康素质，为推进健康中国建设、全面建成小康社会奠定坚实基础。

（二）工作原则

坚持以人民健康为中心，坚持预防为主、防治结合、依法防治、科学防治，坚持政府组织领导、部门各负其责、全社会协同，坚持突出重点、因地制宜、分类指导，稳步推进结核病防控策略。

（三）规划目标

到 2020 年，政府领导、部门合作、全社会协同、大众参与的结核病防治机制进一步完善。疾病预防控制机构、结核病定点医疗机构、基层医疗卫生机构分工明确、协调配合的服务体系进一步健全，结核病防治服务能力不断提高，实现及早发现并全程规范治疗，人民群众享有公平可及、系统连续的预防、治疗、康复等防治服务。医疗保障政策逐步完善，患者疾病负担进一步减轻。肺结核发病和死亡人数进一步减少，全国肺结核发病率下降到 58/10 万以下，疫情偏高地区肺结核发病率较 2015 年下降 20%。

1. 报告肺结核患者和疑似肺结核患者的总体到位率达到 95%以上。病原学检查阳性肺结核患者的密切接触者筛查率达到 95%。肺结核患者病原学阳性率达到 50%以上。耐多药肺结核高危人群耐药筛查率达到 95%以上。

2. 肺结核患者成功治疗率达到 90%以上。基层医疗卫生机构肺结核患者规范管理率达到 90%以上。

3. 学生体检结核病筛查比例明显提高。艾滋病病毒感染者的结核病检查率达到 90%以上。公众结核病防治核心知识知晓率达到 85%以上。

4. 所有地市级定点医疗机构具备开展药敏试验、菌种鉴定和结核病分子生物学诊断的能力。所有县级定点医疗机构具备痰涂片和痰培养检测能力。东中部地区和西部地区分别有 80%和 70%的县（市、区）具备开展结核病分子生物学诊断的能力。

5. 实现基本医疗保险、大病保险、医疗救助等制度与公共卫生项目的有效衔接。增加抗结核药品供给，提高患者门诊和住院医疗费用保障水平，减少患者因经济原因终止治疗，减轻患者负担，避免因病致贫、因病返贫。

三、防治措施

（一）完善防治服务体系

1. 健全服务网络

各地区要明确省、市、县三级结核病定点医疗机构，并予以公布。各县（市、区）要根据当地疫情、地理、交通、人口等因素确定 1 家或多家定点医疗机构，改善诊疗条件，方便患者就医，基本实现普通肺结核患者诊治不出县。每个地市至少确定 1 家定点医疗机构负责诊治耐多药和疑难重症肺结核患者。鼓励三级医院承担定点医疗机构防治任务，重点收治基层转诊特殊病例。所有定点医疗机构要达到呼吸道传染病诊疗和防护条件。

2. 加强队伍建设

各级疾病预防控制机构、定点医疗机构和基层医疗卫生机构要配备专人负责结核病防治工作。加强人员培训，提高承担结核病诊疗和防治管理工作人员的服务能力。各地区要落实传染病防治人员卫生防疫津贴政策，对工作期间患结核病的防治人员按规定给予治疗和相应的工伤或抚恤待遇。建立健全结核病防治工作考核激励机制，调动防治人员的积极性，稳定防治队伍。做好疾病预防控制机构、定点医疗机构和基层医疗卫生机构结核病防治人员和相关实验室检测人员的防护工作，降低防治人员结核病感染率。

3. 推进防治结合

各地区要完善结核病分级诊疗和综合防治服务模式，健全疾病预防控制机构、结核病定点医疗机构、基层医疗卫生机构分工明确、协调配合的服务体系。进一步强化结核病报告和登记管理制度。各级各类医疗卫生机构发现肺结核患者和疑似患者要按照传染病报告要求进行网络直报，并将其转诊至当地定点医疗机构。定点医疗机构负责对肺结核患者进行诊断、治疗、登记、定期复诊检查和健康教育等，要具备结核病痰涂片检测、痰培养检测及结核病分子生物学诊断能力，地市级定点医疗机构还要具备药敏试验、菌种鉴定能力。基层医疗卫生机构负责转诊、追踪肺结核患者或疑似患者及有可疑症状的密切接触者，并根据定点医疗机构制定的治疗方案，对患者居家治疗期间进行督导管理，对患者及其家属进行健康教育等。疾病预防控制机构负责结核病疫情监测与处置，组织开展肺结核患者密切接触者流行病学调查和筛查，开展信息收集与分析，组织落实转诊追踪和患者治疗期间的规范管理，组织开展结核病高发和重点行业人群的防治工作，开展结核病防治宣传教育、技术指导及实验室质量控制等工作。

（二）多途径发现患者

1. 加大就诊人群中患者发现力度

各级各类医疗卫生机构应当在诊疗和健康体检工作中，加强对有咳嗽、咳痰两周以上或痰中带血等肺结核可疑症状者的排查，发现肺结核疑似患者应转诊到当地定点医疗机构进行规范诊治，并及时报告。

2. 开展重点人群主动筛查

疾病预防控制机构、定点医疗机构和基层医疗卫生机构要相互配合，做好对病原学检查阳性肺结核患者的密切接触者、艾滋病病毒感染者和病人、65岁以上老年人、糖尿病患者等结核病重点人群的主动筛查工作。加强出入境人员结核病主动筛查工作，做好相应的医疗和防控措施。将结核病筛查纳入学校入学、监管场所（监狱、看守所、拘留所、收容教育所、强制隔离戒毒所、强制医疗所等场所）入监（所）和流动人口等人群的健康体检项目，早期发现传染源。疫情高发的县、乡、村要开展肺结核普查。

3. 及时发现耐多药肺结核患者

县级定点医疗机构负责对所有肺结核患者进行痰涂片和痰培养检测，对病原学检查阳性肺结核患者和耐多药肺结核高危人群进行耐药筛查，并将耐多药肺结核疑似患者转至地市级定点医疗机构进行耐药检测和诊断。积极推广耐多药快速检测技术，缩短诊断时间。开展耐药监测工作，掌握结核病流行传播规律和菌株变异情况，优化防治政策。

（三）规范诊疗行为

1. 实施结核病诊疗规范

各级定点医疗机构要根据肺结核门诊诊疗规范、临床路径和结核病防治工作规范等有关技术指南要求，对肺结核患者进行诊疗，推广使用固定剂量复合制剂。注重发挥中医药在结核病治疗、康复中的作用。定点医疗机构要为基层医疗卫生机构和非定点医疗机构转诊患者建立绿色通道，及时安排就诊。病情稳定的患者要转回基层，由基层医疗卫生机构提供健康管理服务，确保患者接受全程规范治疗。规范医务人员诊疗行为，落实定点医疗机构处方点评、抗结核药品使用、辅助用药等跟踪监控制度。

2. 探索实施传染性肺结核患者住院治疗

有条件的地区要开展传染性肺结核患者住院治疗试点，逐步实现传染期内患者住院治疗。落实结核病感染控制措施，防止医院内交叉感染。

3. 规范耐多药肺结核患者诊疗和管理

定点医疗机构要规范耐多药患者住院治疗，患者出院后纳入门诊登记管理。各地区可因地制宜设立耐多药患者住院治疗点，对病情平稳但仍具有传染性的患者进行规范的住院治疗。疾病预防控制机构要加强对耐多药患者登记管理、诊疗随访和全疗程督导服药等工作的监管和指导。

4. 完善儿童结核病防治措施

提高卡介苗接种覆盖率和接种质量。各省（区、市）应当专门指定儿童结核病定点医疗机构，对儿科医生开展结核病防治技术培训，规范儿童结核病诊断和治疗服务。对传染性肺结核患者的儿童密切接触者中发现的潜伏期感染者进行重点观察。

5. 加强结核病医疗质量控制

各地区要完善结核病医疗质量管理工作机制，根据本地实际制定结核病医疗质量管理相关制度、规范和具体实施方案，将结核病诊疗纳入医疗质量控制工作体系。各省（区、市）要指定1家省级定点医疗机构负责组织有关专家对本省（区、市）结核病诊疗质量进行评估，并将评估结果作为对医院评价的重要依据。

（四）做好患者健康管理服务

要按照国家基本公共卫生服务项目要求做好肺结核患者健康管理服务，并将服务质量纳入对基层医疗卫生机构的考核内容。疾病预防控制机构、定点医疗机构和基层医疗卫生机构要做到患者转诊追踪、治疗管理等工作全程无缝衔接。疾病预防控制机构和定点医疗机构要加强对基层医疗卫生机构的培训、技术指导和督导。推行结核病患者家庭医生签约服务制度。创新方法和手段，充分利用移动互联网等新技术为患者开展随访服务，提高患者治疗依从性。

（五）做好医疗保险和关怀救助工作

要将临床必需、安全有效、价格合理、使用方便的抗结核药品按规定纳入基本医保支付范围。各地区要因地制宜逐步将肺结核（包括耐多药肺结核）纳入基本医疗保险门诊特殊病种支付范围。推进医疗保险支付方式改革，发挥医疗保险对医疗行为和费用的引导制约作用。按照健康扶贫工作要求，对符合条件的贫困结核病患者及时给予相应治疗和救助，患者治疗费用按规定经基本医疗保险、大病保险支付后，发挥医疗救助和其他补助的制度合力，切实降低患者自付比例，避免患者家庭发生灾难性支出而因病致贫返贫。充分发挥社会组织特别是慈善组织等社会力量的作用，开展对贫困结核病患者的关怀和生活救助。

（六）加强重点人群结核病防治

1. 加强结核菌/艾滋病病毒双重感染防控

对艾滋病病毒感染者和病人进行结核病筛查，在艾滋病流行重点县（市、区），为结核病患者提供艾滋病病毒检测服务。负责结核病和艾滋病诊疗的定点医疗机构要建立健全合作机制，共同做好结核菌/艾滋病病毒双重感染者的筛查、诊治和管理工作。

2. 强化学校结核病防控

加强部门合作，建立卫生计生、教育等部门定期例会和信息通报制度。全面落实新生入学体检、因病缺课登记、病因追踪、健康教育等综合防控措施，对学校中的肺结核患者密切接触者开展筛查，及早发现肺结核患者，加强治疗管理，防止学校出现聚集性疫情。进一步加强学校结核病疫情监测和处置，为学校开展结核病防控工作提供专业培训、技术指导等。

3. 加强流动人口结核病防控

按照属地管理原则，做好流动人口结核病患者诊断、报告、转诊追踪、信息登记和治疗、随访服务等工作。对跨区域治疗的患者，做好信息衔接。做好基本医保异地就医直接结算工作。加强流动人口聚集场所宣传教育，提高流动人口结核病防控意识和能力。

4. 加强监管场所被监管人员结核病防控

开展入监（所）体检结核病筛查和日常监测，落实肺结核患者治疗管理，对即将出监（所）的尚未治愈的肺结核患者，监管场所应当及时做好转介工作，将有关信息报送监管场所所在地和被监管人员户籍地（或居住地）疾病预防控制机构，由地方定点医疗机构继续完成治疗。

（七）保障抗结核药品供应

完善药品采购机制，根据药品特性和市场竞争情况，实行分类采购，确保采购药品质量安全、价格合理、供应充足。鼓励各省（区、市）药品采购机构探索开展抗结核药品联合采购。对临床必需、市场价格低、临床用量小的抗结核药品实行集中挂网，由医院与企业议价采购，保障治疗用药需求。加强抗结核药品质量抽检，重点加强固定剂量复合制剂和二线抗结核药品注射制剂质量控制，确保药品质量。规范抗结核药品临床使用，加强不良反应报告监测和管理。

（八）提高信息化管理水平

进一步加强结核病防治工作信息化建设。依托全民健康保障信息化工程，提高结核病管理信息的及时性、完整性和准确性，规范结核病信息报告。将定点医疗机构纳入国家结核病防治信息管理系统，及时掌握肺结核患者登记、诊断治疗和随访复查等情况。结合区域人口健康信息平台建设，充分利用定点医疗机构和基层医疗卫生机构现有信息系统收集数据，加强信息整合。逐步实现结核病患者筛查、转诊追踪、诊断治疗、随访复查、治疗管理等全流程信息化管理，实现疾病预防控制机构、医疗卫生机构、基本医保经办机构之间纵向、横向的信息共享。利用远程医疗和远程教育网络，开展结核病防治技术指导和培训。

四、组织实施

（一）加强组织领导

地方各级人民政府要进一步加强组织领导，将结核病防治工作作为重要民生建设内容，纳入当地经济社会发展规划和政府目标管理考核内容，结合工作实际制定本辖区结核病防治规划及实施方案，落实各项防治责任，完成规划任务。要支持驻地部队开展结核病防治工作。

（二）落实部门职责

国家卫生计生委要充分发挥国务院防治重大疾病工作部际联席会议办公室的统筹协调作用，会同有关部门共同组织实施本规划并开展监督评估；加大贫困地区结核病防治力度，对农村贫困结核病患者进行分类救治；将结核病防治作为传染病防治监督执法的重要内容；协调完善全国结核病防治服务网络和专业队伍；建立健全结核病防治信息管理和共享机制。中央宣传部、新闻出版广电总局等部门要配合国家卫生计生委开展结核病防治工作公益宣传，大力普及结核病防治知识。国家发展改革委负责加强结核病防治机构等专业公共卫生基础设施建设，改善结核病防治设施条件。教育部负责加强学校结核病防治知识宣传教育，组织落实新生入学体检等学校结核病防控措施，创建良好学校卫生环境，督导学校在疾病预防控制机构指导下做好疫情报告，严防结核病疫情在校园内蔓延。科技部负责加强结核病疫苗、诊断试剂、治疗药物和方案等新技术研究的科技布局，推进科技重大专项等科研项目对结核病防治研究工作的支持；将结核病防治知识宣传纳入科普宣传工作计划。工业和信息化部负责组织协调抗结核药品、试剂的生产供应，完善相关产业政策，支持企业加快技术改造，增强抗结核药品创新和生产能力。公安部、司法部负责会同国家卫生计生委对监狱、看守所、拘留所、收容教育所、强制隔离戒毒所、强制医疗所等场所的被监管人员开展结核病检查和治疗管理；将结核病防治知识纳入监管场所干警和医务人员的岗位培训和教育内容，纳入被监管人员的入监（所）和日常教育内容。民政部负责拟订社会救助政策，对符合条件的贫困结核病患者按规定给予基本生活救助和医疗救助。财政部要根据结核病防治需要、经济发展水平和财力状况，合理安排补助资金并加强资金监管，保障防治工作开展，切实减轻肺结核患者就医负担。人力资源社会保障部和国家卫生计生委负责完善医保政策，推行医保支付方式改革，提高结核病患者医疗保障水平；将结核病防治知识纳入农村劳动力转移培训内容。质检总局负责加强口岸结核病防治知识宣传教育，组织各直属出入境检验检疫机构落实口岸结核病疫情监测和管理工作。食品药品监管总局负责加强对抗结核药品的审批和质量监管，完善药品质量抽验机制。国家中医药局负责指导各地区运用中医药技术方法在结核病诊疗中发挥作用，组织开展中医药防治结核病研究，发挥中医药在防治耐多药肺结核等方面的优势。国务院扶贫办负责加大对建档立卡贫困人口中已治愈、有劳动能力的结核病患者的扶贫开发支持力度，做到精准帮扶、无一遗漏。中国红十字会总会等社会团体负责为贫困结核病患者提供人道主义救助，开展健康教育和关爱活动。

（三）加强宣传教育

关注结核病预防、治疗全过程，不断创新方式方法，充分发挥"12320"公共卫生热线、微博微信、移动客户端等宣传平台作用，全方位、多维度开展宣传工作，推动形成广大群众积极支持、关注和参与结核病防治的良好社会氛围。以世界防治结核病日为契机，集中开展宣传活动。深入开展百千万志愿者结核病防治知识传播行动，把结核病防治知识纳入中小学健康教育内容，将结核病防治宣传教育工作常态化、持续化。对结核病患者及其家属、密切接触者和结核菌/艾滋病病毒双重感染者、学生、流动人口、老年人、糖尿病患者等重点人群，有针对性地开展宣传教育，增强宣传教育实效。

（四）加强科研与国际合作

开展多层次多形式的学术交流和医学教育，培养结核病防治人才，提升防治人员工作能力和研究水平。支持结核病防治研究，在结核病新型诊断试剂、疫苗和药物研发、中医药防治方案以及耐多药肺结核优化治疗方案等方面给予重点支持。加强结核病防治工作国际交流与合作，及时总结推广科研成果和国际合作经验，为我国结核病防治工作提供技术支撑。

五、监督与评估

地方各级人民政府要定期组织对本地区结核病防治工作的监督检查，发现问题及时解决，并通报检查结果和工作改进情况，可引入第三方机构参与考核评价，探索将考核结果作为财政投入、医保支付、职称评聘等重要依据。国家卫生计生委要会同有关部门不定期开展对各地区执行本规划情况的监督检查，于2020年组织开展规划执行情况总结评估，结果报国务院。

学校结核病防控工作规范（2017版）

关于印发学校结核病防控工作规范（2017版）的通知
国卫办疾控发〔2017〕22号

各省、自治区、直辖市卫生计生委、教育厅（教委），新疆生产建设兵团卫生局、教育局：

为进一步加强学校结核病防控工作，根据《传染病防治法》和《突发公共卫生事件应急条例》的规定，国家卫生计生委会同教育部对《学校结核病防控工作规范（试行）》进行了修订完善。现将修订后的《学校结核病防控工作规范（2017版）》（以下简称《工作规范》，可从国家卫生计生委网站下载）印发给你们，请遵照执行。同时，对持续做好学校结核病防控工作提出如下要求：

一、加强组织领导

各级卫生计生和教育行政部门要高度重视学校结核病防控工作，坚持属地管理、联防联控的工作原则，进一步加强对学校结核病防控工作的组织领导。要对照《工作规范》，强化部门合作和责任落实，做到对学校结核病疫情的早发现、早处置。

二、落实防控措施

各级教育行政部门要督促学校落实各项防控措施。学校要强化对学生的健康教育工作，切实改善教学和生活环境，加强日常晨检、因病缺课登记和追踪等工作，将结核病检查项目作为学校新生入学体检和教职员工常规体检的必查内容。各地疾病预防控制机构和医疗机构要高度重视结核病疫情信息报告和管理工作，主动监测各学校结核病报告发病情况，做到发现一个及时处理一个；要及时做好疫源追踪、流调和密切接触者筛查工作，防止疫情蔓延。

三、开展督导检查

各级卫生计生和教育行政部门要通过定期督导和年度目标责任考核等方式，切实加强监管，督促相关机构有效落实防控政策和措施。各级卫生计生监督执法机构要将学校结核病防控措施落实情况作为监督检查的重点内容，对发现的问题及时通报当地教育行政部门，对违法行为依法查处。

国家卫生计生委办公厅

教育部办公厅

2017 年 6 月 26 日

为加强学校结核病预防控制工作，有效防范学校结核病疫情的传播流行，确保广大师生身体健康与生命安全，依据《中华人民共和国传染病防治法》、《学校卫生工作条例》、《突发公共卫生事件应急条例》和《结核病防治管理办法》等法律法规和规范性文件，特制定本规范。

本规范所指的学校包括普通中小学、中等职业学校、普通高等学校、特殊教育学校和托幼机构等。

一、学校结核病常规预防控制措施

学校结核病常规防控工作是预防学校结核病疫情发生的基础。卫生计生和教育行政部门应当依法履行相应职责，遵循属地管理原则，建立联防联控工作机制，每年召开部门间沟通协调会，制定日常防控工作计划，督促各项防控措施的落实。

（一）健康体检

学校按有关规定将结核病检查项目作为新生入学体检和教职员工常规体检的必查项目（新生入学和教职员工常规体检结核病检查方案见附件 1），由具备资质的体检机构进行学校师生健康体检，并将体检结果纳入学生和教职员工的健康档案。疾病预防控制机构为学校师生健康体检提供技术支持和指导。对发现的疑似肺结核病例，体检机构要及时反馈给学校，由学校告知学生（或家长）到当地结核病定点医疗机构检查确诊并跟踪了解诊断结果。

（二）健康教育

学校通过健康教育课、主题班会、专题讲座，以及校园内传统媒介或新媒体等多种形式，向在校学生和教职员工广泛宣传结核病防治的核心知识（学校结核病健康教育宣传核心知识见附件2），提高师生对结核病的认知水平，增强自我防护意识，减少对结核病患者的歧视。疾病预防控制机构提供技术支持和指导，协助学校开展工作。

（三）学校环境卫生

学校应当按照《国家学校体育卫生条件试行基本标准》、《农村寄宿制学校生活卫生设施建设与管理规范》等涉及学校卫生的相关规范和标准要求，保障学生学习和生活的人均使用面积；加强教室、宿舍、图书馆等人群聚集场所的通风换气，保持室内空气流通；做好校园环境的清扫保洁，消除卫生死角。

（四）监测与报告

1. 晨检工作。中小学校应当由班主任或班级卫生员落实晨检工作，重点了解每名学生是否有咳嗽、咳痰、咯血或血痰、发热、盗汗等肺结核可疑症状。发现肺结核可疑症状者后，应当及时报告学校卫生（保健）室。

2. 因病缺勤病因追查及登记制度。班主任（或辅导员）应当及时了解因病缺勤学生的患病情况和可能原因。如怀疑为肺结核，应当及时报告学校卫生（保健）室或校医院，并由学校卫生（保健）室或校医院追踪了解学生的诊断和治疗情况。

3. 病例报告。对学校发现的肺结核疑似病例或确诊病例，按照《学校和托幼机构传染病疫情报告工作规范（试行）》的要求，由学校疫情报告人立即向属地疾病预防控制机构和教育行政部门报告。

4. 疫情监测。各级疾病预防控制机构要开展学校肺结核疫情的主动监测、舆情监测和汇总分析。对监测发现的学生（或教职员工）肺结核或疑似肺结核病例报告信息，应当及时组织人员进行调查核实，将结果反馈给学校。

二、学校结核病散发疫情的防控措施

学校结核病散发疫情是指在学校内发现结核病确诊病例，但尚未构成结核病突发公共卫生事件。卫生计生和教育行政部门要共同做好结核病散发疫情的处置工作，协调解决疫情应对和处置工作中出现的问题，确保工作有效开展。各相关单位和机构应当在强化各项常规预防控制措施的同时，采取以病例管理和密切接触者筛查为主的防控措施，严防结核病在校园内传播蔓延。

（一）及时确诊并报告

1. 各级各类医疗机构的临床医生，对就诊的学生及教职员工肺结核疑似患者或已确诊患者必须按照《传染病信息报告管理规范》要求规范地填写传染病报告卡，尤其是在患者的工作单位栏中要详细、准确地填写患者所在学校及班级名称，在 24 小时内进行网络报告。非结核病定点医疗机构应当按《结核病防治管理办法》要求将患者转诊到结核病定点医疗机构。

2. 结核病定点医疗机构对学校师生中因症就诊或转诊的肺结核可疑症状者要详细询问病史和临床表现等，按照肺结核的诊疗规范进行胸部 X 光片检查、痰菌实验室检查，按照肺结核诊断标准作出明确诊断。确诊的学校肺结核患者应当及时在结核病管理信息系统中进行登记。

3. 同一学校同一学期发现 2 例及以下患者，疾病预防控制机构应当及时向患者所在学校反馈；发现 3 例及以上有流行病学关联的患者时，应当向同级卫生计生行政部门、上级疾病预防控制机构和学校报告、反馈。

（二）患者密切接触者筛查

1. 疾病预防控制机构一旦发现确诊病例，应当及时组织开展病例所在学校师生密切接触者的筛查工作（密切接触者筛查及处理方案见附件3）。

2. 学校应当积极配合筛查工作，要密切关注与确诊病例同班级、同宿舍学生及授课教师的健康状况，宣传并要求学生进行自我观察，一旦出现咳嗽、咳痰等肺结核可疑症状，应当及时就诊。

3. 对接受预防性治疗的在校学生，校医或班主任应当在疾病预防控制机构的指导下督促其按时服药、定期到结核病定点医疗机构随访复查。

（三）治疗管理

1. 结核病定点医疗机构对确诊病例提供规范抗结核病治疗。对休学在家的病例，居住地的疾病预防控制机构应当组织落实治疗期间的规范管理；对在校治疗的病例，学校所在地的疾病预防控制机构应当与学校共同组织落实治疗期间的规范管理，校医或班主任应当协助医疗卫生机构督促患者按时服药并定期复查。

2. 疾病预防控制机构要指导学校做好疑似病例的隔离工作。疑似病例确诊后，学校应当及时登记，掌握后续治疗和转归情况，对不需休学的学生，应当安排好其在校期间的生活及学习。

（四）休复学管理

1. 结核病定点医疗机构的医生，对符合下述病情条件之一的学生病例，应当开具休学诊断证明。根据休学诊断证明，学校对患肺结核的学生采取休学管理。

（1）菌阳肺结核患者（包括涂片阳性和/或培养阳性患者）；

（2）胸部 X 光片显示肺部病灶范围广泛和/或伴有空洞的菌阴肺结核患者；

（3）具有明显的肺结核症状；

（4）结核病定点医疗机构建议休学的其他情况。

2. 患者经过规范治疗，病情好转，根据下列条件结核病定点医疗机构的医生可开具复学诊断证明，建议复学，并注明后续治疗管理措施和要求。学校凭复学诊断证明为学生办理复学手续并督促学生落实后续治疗管理措施。

（1）菌阳肺结核患者以及重症菌阴肺结核患者（包括有空洞/大片干酪状坏死病灶/粟粒性肺结核等）经过规范治疗完成全疗程，初治、复治、耐多药患者分别达到其治愈或治疗成功的标准。

（2）菌阴肺结核患者经过 2 个月的规范治疗后，症状减轻或消失，胸部 X 光片病灶明显吸收，后续 2 次痰涂片检查均阴性，并且至少一次痰培养检查为阴性（每次痰涂片检查的间隔时间至少满 1 个月）。

3. 对教职员工肺结核患者的休、复课管理，可参照学生休、复学管理要求执行。

三、学校结核病突发公共卫生事件的应急处置

一所学校在同一学期内发生 10 例及以上有流行病学关联的结核病病例，或出现结核病死亡病例时，学校所在地的县级卫生计生行政部门应当根据现场调查和公共卫生风险评估结果，判断是否构成突发公共卫生事件。县级以上卫生计生行政部门也可根据防控工作实际，按照规定工作程序直接确定事件。学校结核病突发公共卫生事件应当在政府的领导下，严格按照《突发公共卫生事件应急条例》及相关预案的要求，积极开展应急处置工作，落实各项应急响应措施，最大限度地减轻疫情的危害和影响。

（一）事件核实与上报

卫生计生行政部门会同教育行政部门及时对学校结核病突发公共卫生事件进行调查与核实，并组织专家进行风险评估。如确认发生突发公共卫生事件，应当按照《国家突发公共卫生事件应急预案》等规定，确定事件级别。卫生计生行政部门应当在事件确认后 2 小时内向上级卫生计生行政部门和同级政府报告，并告知同级教育行政部门。

（二）现场流行病学调查和密切接触者筛查

在学校的支持配合下，疾病预防控制机构应当及时开展现场流行病学调查和密切接触者筛查工作，根据疫情情况合理确定筛查范围。对密切接触者中初次筛查结核菌素皮肤试验非强阳性者，应当在 2—3 个月后再次进行结核菌素皮肤试验筛查，以便早期发现初次筛查时仍处于窗口期的新近感染者。

（三）健康教育与心理疏导

学校应当在医疗卫生机构的指导和协助下，强化开展全校师生

及学生家长结核病防治知识的健康教育和心理疏导工作，及时消除其恐慌心理。

（四）校园环境卫生保障

学校应当加强公共场所通风、改善学校环境卫生，并在疾病预防控制机构的指导下做好相关场所的消毒工作。

（五）事件评估

卫生计生和教育行政部门应当及时了解医疗卫生机构和学校各项应急响应措施的落实情况，对应急处置情况组织开展综合评估，包括事件的危害程度、发展趋势、所采取的措施及效果等。

四、监督与管理

卫生计生和教育行政部门应当定期联合组织督导检查，将学校结核病防控工作作为对学校和医疗卫生机构年度考核的重要内容。对未按照有关法律、法规和规范等要求落实各项防控措施的单位和个人责令改正，对报告不及时、疫情处置不力等原因造成疫情扩散的单位和个人进行问责，构成犯罪的，依法追究刑事责任。

附件1：

新生入学和教职员工常规体检结核病检查方案

一、幼儿园、小学及非寄宿制初中入园（入学）新生体检应当询问肺结核密切接触史和肺结核可疑症状，对有肺结核密切接触史者开展结核菌素皮肤试验。

二、高中和寄宿制初中的入学新生应当进行肺结核可疑症状筛查和结核菌素皮肤试验；对肺结核可疑症状者和结核菌素皮肤试验强阳性者需要进行胸部 X 光片检查。

三、大学入学新生采用肺结核可疑症状筛查和胸部 X 光片检查，重点地区和重点学校也可同时开展结核菌素皮肤试验。

四、教职员工健康体检中应包括胸部 X 光片检查。

对肺结核可疑症状者、或结核菌素皮肤试验强阳性者、或胸部 X 光片检查异常者需到结核病定点医疗机构接受进一步检查。

附件 2:

学校结核病健康教育宣传核心知识

一、肺结核是长期严重危害人民群众身体健康的慢性传染病;

二、肺结核主要通过呼吸道传播,人人都有可能被感染;

三、咳嗽、咳痰 2 周以上,应当怀疑得了肺结核,要及时就诊;

四、不随地吐痰,咳嗽、打喷嚏时掩口鼻,戴口罩可以减少肺结核的传播;

五、规范全程治疗,绝大多数患者可以治愈,还可避免传染他人;

六、出现肺结核可疑症状或被诊断为肺结核后,应当主动向学校报告,不隐瞒病情、不带病上课;

七、养成勤开窗通风的习惯;

八、保证充足的睡眠,合理膳食,加强体育锻炼,提高抵御疾病的能力。

附件 3:

密切接触者筛查及处理方案

一、筛查范围判定

肺结核病例的密切接触者是指与肺结核病例直接接触的人员,主要包括同班师生、同宿舍同学。如果在同班、同宿舍师生筛查中新发现了 1 例及以上肺结核病例,需将密切接触者筛查范围扩大至与病例同一教学楼和宿舍楼楼层的师生;同时,根据现场情况判定,也可适当扩大筛查范围。另外,要对与病例密切接触的家庭成员进行筛查。

二、筛查方法

15 岁及以上的密切接触者,必须同时进行症状筛查、结核菌素皮肤试验和胸部 X 光片检查，以便早期发现感染者和肺结核患者。

15 岁以下的密切接触者，应当先进行肺结核症状筛查和结核菌素皮肤试验，对肺结核可疑症状者以及结核菌素皮肤试验强阳性者开展胸部 X 光片检查。

对肺结核可疑症状者、结核菌素皮肤试验强阳性者、胸部 X 光片异常者应当收集 3 份痰标本进行痰涂片和痰培养检查，培养阳性菌株进行菌种鉴定和药物敏感性试验。

三、筛查后处理

对筛查发现的疑似肺结核患者转到属地的结核病定点医疗机构进一步检查确诊。

对密切接触者，要加强卫生宣教和随访观察。随访观察期间一旦出现肺结核的可疑症状，应当及时到结核病定点医疗机构就诊检查。

对筛查发现的胸部 X 光片未见异常并且排除活动性肺结核，但结核菌素皮肤试验强阳性的密切接触者，在其知情、自愿的基础上可对其进行预防性服药干预；拒绝接受预防性服药干预者应在首次筛查后 3 月末、6 月末、12 月末到结核病定点医疗机构各进行一次胸部 X 光片检查。